Theodor Spoerri

unter Mitwirkung von J. Hodel

Kompendium der Psychiatrie

mit Berücksichtigung der medizinischen Psychologie

**Klinik und Therapie
für Studierende und Ärzte**

8., erweiterte Auflage

4 Testkarten

W0245671

1975
S. Karger · Basel · München
Paris · London · New York · Sydney

1. Auflage 1961: XII + 132 S., 4 Testkarten
Auslieferung in Westdeutschland: Gustav Fischer Verlag, Stuttgart
2. Auflage 1963: X + 138 S., 4 Testkarten
Auslieferung in Westdeutschland: Gustav Fischer Verlag, Stuttgart
3., veränderte Auflage 1965: X + 142 S., 4 Testkarten
Auslieferung in Westdeutschland: Akademische Verlagsgesellschaft,
Frankfurt a. M.
4., veränderte Auflage 1966: X + 150 S., 4 Testkarten
Auslieferung in Westdeutschland: Akademische Verlagsgesellschaft,
Frankfurt a. M.
5., vollständig überarbeitete Auflage 1969: XVI + 224 S., 4 Testkarten
Auslieferung in Westdeutschland: Akademische Verlagsgesellschaft,
Frankfurt a. M.
6., vollständig überarbeitete Auflage 1970: XVI + 224 S., 4 Testkarten
7. Auflage 1973: XVI + 224 S., 4 Testkarten

Traduction française, Editeurs G. Doin & Cie, Paris
Traducción al español, Ediciones Toray, S.A., Barcelona (2. ed.)
Nederlandse vertaling, Agon Elsevier, Amsterdam
Traduzione italiana in preparazione: Casa Editrice Dr. Francesco Vallardi,
Milano
Tradução portuguesa, Editor Livraria Atheneu S.A., Rio de Janeiro

Das Titelbild entstammt Sebastian Brants «Stultifera navis», «Das Narren-
schiff», gedruckt 1497 von Johann von Olpe in Basel

S. Karger AG, Arnold-Böcklin-Strasse 25, CH–4011 Basel (Schweiz)

Inhalt

Grundbegriffe der Psychiatrie

Spezielle Psychiatrie

Psychiatrische Untersuchung

[1] Bearbeitet von Dr. phil. G. LUKÀCS, wissenschaftlicher Mitarbeiter, Psychiatrische Universitätspoliklinik Bern.
[2] Bearbeitet von Dr. med. J. HODEL, stellvertretender Direktor, Psychiatrische Universitätspoliklinik Bern.
[3] Bearbeitet von Dr. phil. J. BERGOLD, Diplompsychologe, Psychiatrische Universitätspoliklinik Bern.

Vorwort zur 8. Auflage

Die neue, *8. Auflage* hat eine einschneidende Umgestaltung erfahren. Die medizinische Psychologie ist zu einem Hauptteil erweitert worden; seit kurzem Pflicht- und in einigen Ländern auch Prüfungsfach, hat sie noch kein deutliches Gesicht; trotz einiger Lehrbücher und zugleich wegen deren verschiedenartiger Konzeption kann noch keine Übereinstimmung bestehen, was, wie und in welchem Umfang nun im einzelnen gelehrt und geprüft werden soll. Da Soziologisches – soweit für die medizinische Psychologie relevant – zu den wesentlichen Inhalten gehört, ist das Konzept einer Soziopsychologie gegeben. Dass unser Vorschlag ein Versuch und nach den zu machenden Erfahrungen revisionsbedürftig ist, liegt auf der Hand.
Ferner wurde im Registerteil die WHO(=ICD)-Klassifizierung berücksichtigt. Sie zielt darauf hin, aus der babylonischen Nosologienvielfalt zu einer gemeinsamen Sprache der Diagnose zu gelangen. Das ist ein langer Lernweg, da es nicht um ein einfaches Umbenennen, sondern um ein Wahrnehmen der Krankheitsphänomene in neuen Kategorien geht. Das deutsche Glossar (HELMCHEN, H.: Diagnosenschlüssel und Glossar psychiatrischer Krankheiten. 3. Aufl. Springer, Berlin 1973) bringt Zusätze und Abänderungen; doch bevor nicht weitere praktische Erfahrungen im Hinblick auf eine erneute Revision der WHO-Klassifizierung gesammelt sind, hält unser Kompendium an der traditionellen Einteilung fest.

November 1973   TH. SPOERRI

Die Abschnitte *Zyklothymie, Toxikomanie und Intoxikationspsychosen* wurden überarbeitet, derjenige über *Medikamentöse Therapie* erfuhr einige Ergänzungen. Die *Sozialpsychologie* wurde von G. LUKÀCS, die *Verhaltenstherapie* von J. BERGOLD bearbeitet.

April 1974   J.H.

Einleitung

Anleitung zum Gebrauch

Dieses Büchlein ist aus folgenden Gründen für Studenten und Ärzte geschrieben: Die heutigen Lehrbücher wachsen zu Ungetümen an; der Examenskandidat ertrinkt im Stoff und weiss nicht mehr, «was er wissen muss». Auch der praktische Arzt, der sich über eine Frage orientieren will, hat nicht die Zeit, sich in die komplizierte psychiatrische Redeweise einzulesen; so findet er den kurzen, handlichen Rat nicht, den er braucht.

Unser Kompendium sucht dem abzuhelfen. Nun ist ein Kompendium aber eine komprimierte Zusammenfassung, und der Leser wünscht, das in wenige Worte Gedrängte vielfach ausführlicher und damit verständlicher erklärt zu haben.

Dann ist er auf eines der umfangreichen Lehrbücher angewiesen. Da diese aber je nach Land oder Schule verschieden sind, nimmt das Kompendium eine Mittelstellung zwischen den Lehrmeinungen ein. Es versucht, ein *Basiswissen* zu geben, von dem aus der Zugang zu anderen Ordnungen wie höheren Schwierigkeitsgraden des psychiatrischen Wissens möglich ist.

Für den Leser, der an Spezialproblemen interessiert ist, finden sich Hinweise auf Monographien und kurzgefasste Handbücher der Fachliteratur[1].

---

[1] BLEULER, E. und BLEULER, M.: Lehrbuch der Psychiatrie (Springer, Berlin 1969).

WEITBRECHT, H. J.: Psychiatrie im Grundriss (Springer, Berlin 1973).

REDLICH, F. C. und FREEDMAN, D. X.: Theorie und Praxis der Psychiatrie (Suhrkamp, Frankfurt a. M. 1970).

JUNG, R.; MAYER-GROSS, W. und MÜLLER, M.: in GRUHLE Psychiatrie der Gegenwart (Springer, Berlin 1960–1967).

FREEDMAN, A. M. and KAPLAN, H. J.: Comprehensive textbook of psychiatry (Williams & Wilkins, Baltimore 1967).

ARIETI, S.: American handbook of psychiatry (Basic Books, New York 1959–1966).

Rat für den Studenten

Das Kompendium ist nur brauchbar, falls er gleichzeitig die theoretischen Vorlesungen hört und die praktischen Übungen absolviert. Er beginne mit der Lektüre am Anfang und halte die Reihenfolge im wesentlichen ein; Verweisungen nach vorne oder weiter hinten kann er zur Vorbereitung oder Rekapitulation des Stoffes nachgehen. Die Sukzession hält sich für die Hauptkapitel an den Aufbau des medizinischen Curriculums. Für die *medizinische Psychologie* trage er den regionalen Unterschieden Rechnung und ergänze durch Aufzeichnungen des Lokalkolorits.

Der zweite Teil über die *Grundbegriffe der Psychiatrie*, ihre Methoden, Modelle und Mechanismen ist nur in Ausnahmefällen Gegenstand einer selbständigen Pflichtvorlesung und wird meist in die Veranstaltungen über spezielle Psychiatrie einbezogen. Hier ist der Zugang zum Stoff für verschiedene Studenten verschieden. Die einen lesen die «Grundbegriffe» nur zur Orientierung und merken sich, wo nachzuschlagen ist, wenn sie später einen Begriff erklärt haben wollen. Den andern ist die gründliche Lektüre eine Erleichterung für das Verständnis der klinischen Bilder. Der vernünftige Prüfer wird eine genaue Kenntnis dieser allgemeinen Psychiatrie nicht verlangen.

Der Hauptteil über *spezielle Psychiatrie* muss eingehend gelesen und gelernt werden. Vom vierten und fünften Teil über psychiatrische Untersuchungen und Therapie sind vor allem die jeweiligen Prinzipien zu wissen.

Das Allerwichtigste ist mit einem *Randbalken* gekennzeichnet. Der Examenskandidat beherzige, dass jeder Prüfer sein Steckenpferd hat, dessen Kenntnis dem Kandidaten in der Prüfung wohl ansteht.

Rat für den Arzt

Er lese das Kompendium nicht als Ganzes, ausser er habe ein spezielles Interesse an der Psychiatrie und wolle das Vergessene gesamthaft auffrischen. Er halte sich an das Stichwortverzeichnis, das ihn zu dem führt, was er wissen will. Stösst er hier auf nicht erklärte Begriffe, so gelangt er wieder über das Stichwortverzeichnis zu dem Ort, wo der Begriff erläutert ist. Angaben über die Behandlung finden sich jeweils anschliessend an die Darstellung der betreffenden Krankheiten, Genaueres und Kurschemata im Therapieabschnitt.

Der Arzt in einer Allgemein- oder fachärztlichen Praxis wird sich vor

allem für die Kapitel «Arzt-Patient-Beziehung», «Pharmakotherapie», «Notfallsituation» und «kleine Psychotherapie» (Gespräch,
Autogenes Training) interessieren. Auch im Abschnitt über Psychosomatik wird er Anregungen zum psychologischen Verständnis der
Krankheitsbilder seiner speziellen Disziplin finden, doch lässt sich
Psychosomatik nicht lesend und zudem in kompendienhafter Knapp-
heit erlernen. Erschwerend tritt hinzu, dass der heute praktisch tätige
Arzt nur selten auf eine Ausbildung im Studium zurückblicken kann,
die ihm Kenntnisse über funktionelle und neurotische Störungen
systematisch vermittelt hat. Aber auch die Kenntnis der Psychiatrie im
engeren Sinne (Schizophrenien, Depressionen, Epilepsien usw.) wird
in den kommenden Jahren für den Arzt wieder besondere Bedeutung
erlangen, da mit den Fortschritten der ambulanten und Sozialpsychiatrie der psychisch Kranke vermehrt zu Hause leben, zu den Patienten
seiner Sprechstunde zählen wird und Familie sowie Arbeitgeber über
den Umgang mit ihm den Rat ihres Arztes suchen werden.

Allgemeine Bemerkungen
Der *kritische Leser* ist sich bewusst, dass Kondensierung und Aus-
wahl des Stoffs bereits zu den Voraussetzungen unseres Unternehmens
gehören. Unvermeidbar sind die Konsequenzen: Die Verkürzung
eines Sachverhalts schliesst perspektivische Veränderungen der Beziehungen zu anderen Fakten ein. Was isolierende Definition, geraffte
Beschreibung, eindeutige Interpretation an Kürze, Klarheit und Lern-
barkeit einbringen, lassen sie an Proportion, Gestalthaftigkeit und
kleinen (oft besonders bedeutsamen) Unterschieden einbüssen. Die
Überbetonung des Systematischen macht das Gebiet der Psychiatrie
zwar leichter begeh- und überschaubar, bringt aber die Nachteile
eines Systems mit sich, dessen Beschränkung und Unlebendigkeit gerade die heutige Psychiatrie entgehen und seine Funktion auf Ord-
nungs- und Verständigkeitshilfe beschränken will, um die Psychiatrie
nach verschiedensten Richtungen hin zu öffnen und erneuernden Einflüssen (sozialen von aussen, produktiven von innen) auszusetzen.
Auf der anderen Seite häuft ein Kompendium (eklektisch) Einzel-
fakten, die divergenten Lehrmeinungen entstammen, ohne sie mehr-
schichtig koordinieren zu können. Dieses hat den (z.T. unfreiwilligen)
positiven Effekt, dass durch den Eindruck des «Zusammengestückten»
die Heterogenität und grundsätzliche Unvollständigkeit der Psychia-

trie deutlich wird. Dass durch die Gedrängtheit der Darstellung Dimensions- und Niveauverschiedenes daher zusammenkommt, entbehrt oft nicht einer gewissen Komik.

Grundprobleme
der medizinischen Psychologie

Medizinische Psychologie und Psychiatrie

Die medizinische Psychologie[1] ist aus der Psychiatrie entstanden. Während die Psychiatrie die Lehre von den seelischen Krankheiten und Abnormitäten ist, umfasst die medizinische Psychologie die normalpsychologischen und psychopathologischen Kenntnisse, die im gesamtärztlichen Bereich erworben und angewendet werden. Enge Beziehungen sind für die medizinische Psychologie zur sogenannten «kleinen Psychiatrie» gegeben: für die Neurosenlehre, die Psychosomatik sowie für die Arzt-Patient-Beziehung und sozialpsychologische Zusammenhänge. Die Basisprobleme sind beiden gemeinsam, und was Grundsätzliches über Modelle und Methoden der medizinischen Psychologie gesagt wird, gilt ebenso für die Psychiatrie. Das folgende Grundkonzept soll eine Ordnungshilfe sein, die psychischen Störungen in einen überschaubaren Rahmen zu gruppieren. Was die Orientierung in der Phänomenfülle erleichtern soll, wird dem Anfänger häufig zu abstrakt erscheinen; dann überlese er diesen Abschnitt rasch, ohne ihn im einzelnen verstehen zu wollen, und nehme ihn am Schluss der Lektüre nochmals vor, um das Gelesene einem Grundkonzept einzufügen.

1. Grundkonzept der Verhaltens- und Erlebensstörungen
1.1. Ätiologisch-pathogenetische Modelle
Gesundes Verhalten und Erleben wird durch das Zusammenwirken biologischer, psychodynamischer und sozialer Mechanismen ermöglicht. Von diesen Funktionsbereichen nehmen seelische Störungen ihren Ausgang, sei es, dass sie hierin primär ihre Ursache haben (Ätiologie), oder dass sie sekundär durch die Aktivierung des somati-

---

[1] KRETSCHMER, E.: Medizinische Psychologie (Thieme, Stuttgart 1970).
DELAY, J. und PICHOT, P.: Medizinische Psychologie (Thieme, Stuttgart 1973).
ENKE, H. und ANTONS, K.: Kursus der medizinischen Psychologie (Urban & Schwarzenberg, München 1971).

schen oder psychischen «Systems» ihre Krankheitsform erhalten
(Pathogenese).

1.1.1. Somatische Faktoren. Die Verhaltensauffälligkeit geht auf die
gestörte Hirnfunktion, auf konstitutionell-anlagemässige Faktoren
zurück oder entsteht durch das Erleben einer Körperkrankheit
(zerebrobiologisches Modell).

1.1.2. Psychische Faktoren. Die Störung ist durch Konflikte der
Triebe, Bedürfnisse, Strebungen und Einstellungen bedingt *(psycho-
dynamisches Modell).*

1.1.3. Soziale Faktoren. Pathogene Familienverhältnisse, soziale Dis-
kriminierung, ethnische Herkunft sind die Konfliktquellen *(sozio-
ökonomisches Modell).*

1.1.4. Somatische, psychische und soziale Faktoren. Sie können sich
wechselseitig beeinflussen und in quantitativ-qualitativ verschiedener
Ausprägung an der Störung beteiligt sein *(multikonditionales Modell).*
Tritt im Wirkungskreis der verschiedenen Systeme der somatische
Faktor primär in Erscheinung und bewirkt sekundär den psychischen
Faktor (bzw. dessen Entstehungsbedingung), so spricht man von
somatopsychisch und – vice versa – von *psychosomatisch.*

1.2. Verbal-averbales Medium der Kommunikation
Verhalten wird beobachtet und Erleben mitgeteilt und durch Einfühlung nachvollzogen. Was von diesen Informationen empfangen und
verarbeitet werden kann, hängt von der Aufnahmefähigkeit und
-bereitschaft des «Kommunikationsempfängers» ab, dessen Reaktionen ihrerseits das Verhalten und Erleben des Kommunikations-
partners wieder beeinflussen. So realisieren sich die seelischen Störungen innerhalb des Informationsfeldes zwischen dem Kranken und
seiner Umgebung, und zwar durch die Sprache und ein ohne Sprache
«sprechendes» Verhalten der Motorik.

1.2.1. Verbale Kommunikation. Inhalt des Gesprochenen, Wortschatz
und formaler Ablauf geben die seelische Störung wieder.
1.2.2. Averbale Kommunikation. Informationen werden durch Mimik,
Gestik und Sprechqualitäten vermittelt.

1.2.3. Verbal-averbale Kommunikation. Aussage durch die Sprache und Ausdrucksgehalt der Mimik-Gestik geben übereinstimmende, ergänzende oder widersprüchliche Informationen.

1.3. Bewusstheitsgrad psychischer Phänomene
Über Beweggründe, Zusammenhänge und Ziele des Verhaltens und Erlebens liegt beim Patienten ein Mehr oder Weniger klaren Wissens vor. So lassen sich für die psychischen Störungen verschiedene Bewusstseinsgrade aufzeigen, die von «*bewusst*» bis zu «*nichtbewusst*» bzw. «*unbewusst*» reichen.

1.4. Zukunftsbezogene = finale Modelle
Therapeutisches Handeln oder Nichthandeln hängt davon ab, welchen Stellenwert die Krankheit im Gesamt der Lebensbezüge zugewiesen erhält und welche Mittel eingesetzt werden, um den Zustand der Gesundheit wiederherzustellen und damit Heilung zu erreichen.

1.4.1. Therapeutische Ziele. Die Befreiung oder Verminderung von Schmerz und Leiden muss oft anstelle einer eigentlichen Heilung treten. Für «Heilung» bzw. Besserung wird das Verschwinden der Krankheitssymptome (z. B. Angst, Halluzinationen) in der Regel, aber keineswegs immer, als Voraussetzung angesehen. Heilungskriterien im eigentlichen Sinne hängen von der Verschiedenartigkeit des Menschenbildes ab. So ist die Behandlung auf Wiedererlangung von Leistung und Wohlbefinden ausgerichtet, falls Arbeits- und Genussfähigkeit die anthropologisch relevanten Kriterien sind. Nichtstören gesellschaftlicher Ordnung, Protest gegen soziale Konformität oder hedonistische Prinzipien sind weitere verschiedenartige Kriterien des «Normalen» bzw. «Gesunden» und damit Heilungsziele. Verwirklichung der Persönlichkeit oder existentielle Gesichtspunkte bedingen einen Reifungsprozess, der eine aussermedizinische Dimension zum Heilungskriterium erhebt.

1.4.2. Therapeutische Methoden. Sie entsprechen den verschiedenen Modellen des kausal-ätiologischen Konzepts. So werden somatische Faktoren in der Pharmakotherapie eingesetzt, psychische in der Psychotherapie, soziale in der Milieu- oder Soziobehandlung. Genese und Therapie einer Krankheit können verschiedenen Bereichen angehören, d. h. eine psychogene Störung kann pharmakotherapeutisch und eine neurozerebrale Erkrankung vorwiegend soziotherapeutisch behandelt werden.

Zusammenfassend lassen sich für die Störungen des Verhaltens und Erlebens folgende Dimensionen differenzieren:

1. Zerebroorganische, psychodynamische und sozioökonomische Modelle der Genese.
2. Verbale und averbale Informationen in der Kommunikation.
3. Bewusste und unbewusste Motivierungen.
4. Verschiedenartige Ziele und Methoden der Therapie.

2. Klinische und experimentell-quantitative Methode

2.1. Klinische Methode

Sie stützt sich als phänomenologische Methode auf die Beobachtung von Einzelfällen, und zwar auf Beobachtung des äusseren Verhaltens und des inneren Erlebens (Introspektion). Durch Einfühlung (Empathie) versucht der Beobachter, die wahrgenommenen Phänomene nachzuvollziehen. Erklären ist der Nachweis eines kausalen Zusammenhanges, Verstehen bezieht sich auf einfühlbare Motivations- und Sinnzusammenhänge. In der Deutung und Interpretation wird ein Phänomen zu einem Modell (z.B. Krankheitsbild) in Beziehung gesetzt. Das Phänomen wird dadurch zu einem Symptom, d.h. zu einem Anzeichen für etwas, durch das das Symptom bewirkt wird. Kommen gewisse Symptome regelhaft gemeinsam vor, so bilden sie ein Syndrom. Die klinische Methode orientiert sich am Einzelfall, dessen Einmalig-Individuelles in der Lebensgeschichte, im Zustandsbild und der Umweltkonstellation aufgefunden wird; das Krankhafte wird innerhalb dieses jeweiligen Soseins verstanden und erklärt. Die persönliche Beziehung zwischen Krankem und Arzt spielt die tragende Rolle, speziell für therapeutische Entscheidungen. Aus der Kenntnis vieler Einzelbeispiele bildet sich die klinische Erfahrung. Sie ist die Grundlage des Eindruckes der Regelhaftigkeit einer Störung, d.h. eines Allgemeinen im Individuellen, wie z.B. das Erkennen eines typischen psychodynamischen Schemas oder Krankheitsbildes.

2.2. Experimentell-quantitative Methoden

Objektive, messende Verfahren (Psychometrie) gelangen durch Vergleich mehrerer Personen oder Merkmale der gleichen Person unter einem bestimmten Gesichtspunkt zu Gesetzmässigkeiten. Derartige Methoden sind Kennzeichnungsverfahren (Checklist), Rangordnungs-, Einstufungs-(Skalierungs-) und Crossverfahren. Für eine experimentelle Situation (z.B. Testuntersuchung) müssen die Versuchsbedingungen gleich und wiederholbar sein, um eine oder mehrere Variablen (veränderliche Merkmale) zu prüfen.

Die experimentell-quantitativen Methoden müssen intersubjektiv übereinstimmen (Objektivität), zuverlässig messen (Reliabilität) und wirklich und gültig das messen, was sie sollen (Validität).

2.3. Zwischen Anekdote und Zahl

Der klinischen Methode kann vorgeworfen werden, dass sie anekdotisch, subjektiv ist, nur das historisch Einmalige des Einzelfalles sieht und dadurch mit Vorurteilen verallgemeinert. Anderseits erfasst sie kein Merkmal isoliert, sondern hat ein Auge für Proportionen und das Wesentliche. Gerade diese Proportionsqualitäten lassen die Beziehung zwischen der Person des Kranken und der Störung erkennen, was nicht aus der Summe von Einzelmerkmalen errechenbar ist.

Der experimentellen Methode wird entgegengehalten, dass sie nur messen kann und misst, was klinisch irrelevant ist; dass der Therapeut eine «Absage an die Zahl» erteilt, weil er nie wissen kann, auf welcher Seite der Prozentzahlen der Heilungschancen sein Patient steht; dass auch die quantitative Methode nicht absolut objektiv ist, weil der Ansatzpunkt schon einen Vorentscheid beinhaltet (wie man in den Wald ruft, so tönt es zurück). Anderseits strebt man nach Regelhaftigkeit und braucht hierzu Vergleichbarkeit, um Voraussagen über Krankheitsverläufe machen zu können.

Der Gegenüberstellung von klinischer und experimentell-quantitativer Methode entspricht die philosophische Unterscheidung von ideographischer und nomothetischer Methode. Keine Antithese, sondern Ergänzung ist anzustreben. In die Augenlosigkeit der Zahl bringt die klinische Proportionserfahrung Leben, die ihrerseits erst durch quantitativ-vergleichbare Verfahren für überindividuelle Regeln brauchbar wird. Anders ausgedrückt: Der klinische Eindruck der Regelhaftigkeit von Einzelfällen ist Grundlage für sinnvolle Hypothesen, die durch experimentell-quantitative Methoden zu bestätigen sind. Diese objektiven Resultate bedürfen wieder der klinischen Interpretation.

3. Medizinische Anthropologie

Anthropologie kann Wissenschaft und Lehre vom Menschen sein. In der Lehre vom Menschen wird ein Menschenbild entworfen, das weltanschaulich bedingt ist (christlich, marxistisch, humanistisch, biologistisch, soziologistisch). Auf dieses Menschenbild hin werden Einzelerkenntnisse formuliert und geordnet und das theoretische Fragen und praktische Verhalten ausgerichtet. Dem Vorteil eines Sicherheit und Geschlossenheit gebenden Systems steht die Gefahr des Dogmatismus entgegen, der des «offenen Horizontes» verlustig geht. Die Medizin setzt sich aus einer Vielfalt wissenschaftlicher Einzelerkenntnisse zusammen. Zu ihr gehört ebenso die biologische «erste Natur» des Menschen wie dessen «zweite Natur», die soziale, mit gesellschaftlichen Normen und tradierten Werten. Der «Mensch als Einheit» hat hier nur als Idee Gültigkeit und gliedert sich in der empirischen Wirklichkeit auf in verschiedene Gegebenheits- und Funktionsbereiche mit Neben- und Miteinander heterogener Aspekte. Das «richtige» Wissen vom Menschen ist «entdogmatisiert» (GADAMER). Wissenschaft vom Ganzen des Menschen ist der Versuch, die verschiedenen Einzelerkenntnisse unter kritischer Reflexion einer Leitvorstellung zu integrieren.

Eine Mittelstellung zwischen Lehre und Wissenschaft vom Menschen nehmen Strömungen ein, die sich an der Ganzheit und Einheit orientieren und, empirisch fundiert, dem Menschen in seiner Krankheit einen umfassenden Sinn geben.

Was ohne weltanschaulichen Vorentscheid die Darlegung psychologisch-psychiatrischer Fakten begleiten kann und muss, ist ein *Problembewusstsein*, das einzelne Tatbestände und Meinungen auf anthropologisch Grundsätzliches hin befragt und den Bezug aufs Ganze interpretierend herstellt. Der persönlichen, weltanschaulich bedingten Einstellung des Lesers ist innerhalb der Dimensionen der Probleme Spielraum für die eigene Stellungnahme gegeben.

Derartige anthropologische Dimensionen sind: Leben um jeden Preis erhalten – sterben lassen oder ermöglichen. Biologisches Leben – menschenwürdige Lebendigkeit. Individualisierung – Verallgemeinerung. Soziale Anpassung – persönliche Eigenentwicklung. Abweichendes Verhalten als soziale Nonkonformität – abweichendes Verhalten als Möglichkeit einer neuen Zukunftsmoral. Theoretisches Wissen – praktische Anwendung. Gesichertes Wissen – noch nicht

Wissbares. Schuldbewusstsein aus religiöser Verantwortung – pathologisch bedingtes Schuldgefühl. Wahnsinn als Krankheitssymptom – Wahnsinn als verschlüsselte Wahrheit. Pharmaka als Sozialisierungsmittel – Pharmaka als Verstellung von Einsicht. Fehlverhalten pathologisch bedingt – Fehlverhalten als Mut zum Konformitätsverzicht u. a.

Definition der medizinischen Psychologie

Die medizinische Psychologie vermittelt psychobiologische, -physiologische, -soziale und -dynamische Kenntnisse über die Grundlagen seelischer Störungen und über das Verhalten und Erleben des seelisch wie des körperlich Kranken. Der zukünftige Arzt soll bereits zu Anfang des Studiums im praktischen Umgang mit dem Kranken über die Art seines Umgangs mit dem Patienten und die eigenen Reaktionen nachdenken. Er lernt den Patienten beobachten, ihm zuzuhören und mit ihm zu sprechen, so dass er – noch bevor er die genaue Kenntnis der Nosologie besitzt, die ihm in der Klinik vermittelt wird – das Kranksein zum vorneherein in Zusammenhang mit Lebensgeschichte und sozialer Situation sieht.

Die verschiedenen Kapitel der medizinischen Psychologie lassen sich unter die Hauptgesichtspunkte der *Kommunikation* und der *Arzt-Patient-Beziehung* subsummieren. Wir beginnen jedoch mit dem Abschnitt «Neurophysiopsychologie», da uns hier der Einstieg für den somatisch geschulten Mediziner am leichtesten zu sein scheint. Grundsätzlich ist aber jedes Kapitel für sich lesbar, so dass die Reihenfolge der Lektüre variiert werden kann.

Neurophysiopsychologie

1. Leib-Seele-Problem

Materialistische, spiritualistisch-monistische und dualistische Theorien sind metaphysische Fragestellungen (primär nur Körper oder Seele oder Zweiteilung). Mit der Idee des psychophysischen *Organismus* wird Körperliches und Seelisches als Einheit und hierarchisch in Schichten gegliederte Ganzheit gesehen. Leibliches und Seelisches verhalten sich zueinander komplementär (d.h. ergänzen sich). Jede der beiden Geschehensreihen wird für sich beschrieben und verstanden. Ihrer Wechselbeziehung liegt nicht nur das Kausalprinzip zugrunde (Körperliches als Ursache bewirkt Seelisches und umgekehrt), sondern ein wechselseitiges Abhängigkeitsverhältnis (Interdependenz).

In der Theorie des «Gestaltkreises» wird eine kreisartige Verbundenheit von Körper und Seele angenommen, die sich auf einen gemeinsamen Sinn hin gegenseitig «vertreten» können (reziprokes Verhältnis, Prinzip der Stellvertretung).

Leib und Seele als Einheit, Ganzheit vorauszusetzen, ihre Dichotomie zum Scheinproblem zu erklären (mit DESCARTES als Prügelknaben), wird heute oft zum allzu raschen Lippenbekenntnis, um darzutun, dass man psychosomatisch im rechten Glauben stehe. Was als Eines und Ganzes – auch in Divergenz und Uneinigkeit – erlebt wird, bleibt aber als Problem der Beziehung für das Erkennen unlösbar.

Die Leib-Seele-Theorien sind metaphysische Theorien. Pragmatisch erscheint die Annahme einer (interdependenten) Wechselbeziehung zwischen Körperlichem und Seelischem am brauchbarsten.

2. Neuropsychologisches
2.1. Kortex

Seelisches Erleben wird durch das zentrale Nervensystem (ZNS) ermöglicht. Quer- und Längsverbindungen zwischen kortikalen und subkortikalen Bereichen bilden strukturelle und funktionelle Einheiten, die sich wechselseitig steuern, d.h. aktivieren und hemmen.

Im *Grosshirn* werden die Informationen aus verschiedenen Regionen des ZNS zum «höheren» Verhalten koordiniert. Der Kortex integriert die Einzelleistungen innerhalb des psychophysischen Organismus; er gewährleistet die Kommunikation zwischen Innen- und Aussenwelt und verbindet die rezeptiven und expressiven Funktionen (Input/Output) zu einem gerichteten Gesamtverhalten. Diese Integration zu differenzierten Kommunikationssystemen, wie Sprache, Urteilen, Lernen und Handeln, führen zum «höheren», für den Menschen spezifischen, individuellen und kollektiven Leben.

Da die Leistung des Kortex die eines Koordinators ist, ist man heute mit der Lokalisation bestimmter Funktionen zurückhaltend.

Schädigungen ziehen lokale und – durch Ausfall der Regulation – allgemeine Störungen nach sich. Lernvorgänge sind bei der Lokalisierung mitbeteiligt; bei lokalen Ausfällen können, vom Lernen unterstützt, andere Hirnregionen teilweise Funktionen übernehmen. Allgemein gilt: Je höher organisiert und später erworben eine Funktion ist, um so leichter ist sie störbar (und vice versa).

Als *Werkzeugstörungen* bezeichnet man relativ umschriebene Störzentren mit dem Ausfall einer speziellen Hirnleistung, z.B. Aphasie, Agnosie, Apraxie und deren Mischformen (s. hierzu Lehrbücher der Neurologie[2]).

Psychische Verhaltensweisen scheinen an die Intaktheit bestimmter Hirnpartien gebunden zu sein. *Stirnhirn:* Willensmässige Aktivität und innere Zuwendung; Rolle bei Schmerzerleben. *Stirntemporalregion:* Organisation der Sprachfähigkeit. *Temporalhirn:* Weitgehend ungeklärt, vermutlich Speicherungen von Erinnerungen; Rolle bei Angsterleben. *Parietalhirn:* Orientierung im Raum und am eigenen Körper. *Okzipitalhirn:* Koordination optischer Erlebnisse.

Klinische Beispiele: Hirnlokales Psychosyndrom S. 111; Leukotomie S. 217.

2.2. Dienzephal-hypophysäres System

Zwischen- und Mittelhirn, speziell Hypothalamus, mit enger Beziehung zum *Endokrinium* und *autonomen Nervensystem,* werden als «vegetatives Hirn» bezeichnet. Sie sind die Grundlage des Instinktverhaltens und Integrationszentrale für angeborene Verhaltensschemata und Notfallreaktionen.

Auf den Hypothalamus wirken sensorische, kortikale, humorale, hormonale, retikuläre und limbische Einflüsse ein. Im Hirn gebildete Neurohormone sind wirksam. Die vegetativen Zentren (Vagus/Sympathikus) stehen in Verbindung mit der Hypophyse, die ihrerseits die Nebennierenaktivität steuert. Die verschiedenen Komponenten des Trieb- und Affektverhaltens werden zu dynamischen Schemata zusammengekoppelt. Für diese Verhaltensmuster finden sich im Hypothalamus lokalisierte Erregungs- und Hemmungszentren, die vom Kortex gebremst werden (mit Rückkopplungseffekten). So stellt das dienzephal-hypophysäre System eine wichtige zentrale Schaltstelle dar.

Tierexperimentelle Beispiele: Nach Reiz- und Ausschaltungsversuchen von W. R. HESS am Katzengehirn: Auslösung von Automatismen, wie Kauen, Lecken, Fressdrang, Schlaf, Sexualität, Annäherung, Flucht usw. Durch Verbindung der lokalen Reizpunkte zu anderen zentralnervösen und peripheren Bereichen, mit

---

[2]   MUMENTHALER, M.: Neurologie (Thieme, Stuttgart 1969).
GLEES, P.: Das menschliche Gehirn (Hippokrates, Stuttgart 1968).

denen sie eine Funktionseinheit bilden, kann es zu komplizierten Verhaltens-
sequenzen kommen (z.B. Schlafstelle aufsuchen). Ausdrucksbewegung, Vegetativum, Stimmung und Handlungsabfolge sind gekoppelt. – Versuche an der
dekortikalisierten Katze zeigen, dass minimale Reize eine Wutreaktion auslösen
können, eine «Pseudowut», da der Anpassungsbezug an die Situation fehlt. Ursache ist der Ausfall der hemmend-integrierenden Wirkung des Kortex.
Klinische Beispiele: Entbremsung von Instinktfunktionen, sonst im Gesamtverhalten integriert, bei funktionellem oder neuropathologischem «Abbau» der
Kortexfunktion. Apallisches Syndrom S. 111, organische Abbauprozesse S. 111.

Neurohormone, wie Noradrenalin, Dopamin, Serotonin, werden
heute in ihrer Wirkung auf die Psyche diskutiert. Fragliche Beziehung
des Serotonins zu Meskalin, LSD.

Subkortikale Zentren spielen bei *Lernvorgängen* eine Rolle. Emotional-
triebhaftes Verhalten ist an Lernprozessen beteiligt. Experimentelle
intrakranielle Selbstreizung weist auf ein «Lust-Unlust-System» hin
(z.B. statt Hungerbefriedigung wird Belohnung durch elektrische
Selbstreizung gewählt). Diese und andere Experimente versprechen
eine neurophysiologische Fundierung gewisser psychodynamischer
Vorgänge (z.B. Suchtverhalten?).

2.3. Limbisches und retikuläres System

Das *limbische System* (viszerales Hirn) umfasst Rinden- und subkortikale Anteile, Faserverbindungen zum Mittelhirn und Beziehungen zur Peripherie. Der limbische Kortex schliesst phylogenetisch alte und junge Hirnteile zu einer Funktionseinheit zusammen.
Er ist ein übergeordneter, zentraler Modulator der Triebhandlungen
und Stimmungen. Vegetativ innervierte Organe werden durch das
limbische System beeinflusst.

Der Amygdaloidzirkel dient der Selbsterhaltung des Individuums (speziell orales
Verhalten); der Septumzirkel gewährleistet die Erhaltung der Art (speziell Sexual-
verhalten).
Klinische Beispiele: Psychosomatische Störungen S. 148, Angriffspunkt des
Benzodiazepins; Ausfall des Amygdaloidzirkels: Klüver-Bucy-Syndrom.

Das *retikuläre System* besteht aus der Substantia reticularis mit Verbindungen zur Peripherie und zur Hirnrinde. Es reguliert die Wachheit, d.h. die Vigilanz (Bewusstsein als Wach-Schlaf-Schaltung). Stimulierung des aufsteigenden Teils führt zu unspezifischer Aktivierung
der Hirnrinde (arousal reaction), Reizung des deszendierenden Teils
zu einer Desaktivierung mit entsprechender Senkung des Bewusst-
seinsniveaus, d.h. Vigilanzverminderung.

Verschiedene Wachheitsgrade, von Hypervigilität, «normaler» Vigilanz, Schläfrigkeit bis zum Koma, werden unterschieden (Niveau I–VII). Hypervigilität als extreme Wachaktivität ist für selektive Aufmerksamkeit und geordnetes Handeln eher ungünstig. Wachheitsgrad lässt sich durch Selbst- und Fremdbeobachtung sowie Elektroenzephalogramm (EEG) verifizieren.

Klinische Beispiele: Hirnorganische, toxische Bewusstseinsveränderungen, speziell bei Drogenabusus S. 114; Schlaf, Traum, Hypnose S. 60; Angriffspunkt der Barbiturate, Beziehung zu Wirkungsmechanismus der Neuroleptika S. 203.

2.4. Multifaktorielle zentralnervöse Konzeption

Der Mechanismus innerhalb des ZNS und in der Beziehung zur Peripherie ist der eines komplexen Feed-back-Systems. Motivierte Verhaltensweisen können Rückkopplungseffekte auf das dienzephale System über Sinnesreize und physikalisch-chemische Faktoren des inneren Milieus ausüben[3]. Früher gemachte Erfahrungen vermögen den Zustrom sensorischer Impulse zu beeinflussen. So wird angenommen, dass bei der Wahrnehmung des Schmerzes das kortikale System durch einen Gate-control-Mechanismus (MELZACK) im Rückenmark bereits den Reizzustrom von der Peripherie her steuert. – Auch die Aufmerksamkeit scheint periphere Rückkopplungseffekte aufzuweisen: Bei einer Katze werden die durch Metronomschläge ausgelösten Impulse im Nervus cochlearis registriert. Bringt man eine Maus ins Gesichtsfeld der Katze und engt ihre Aufmerksamkeit hierauf ein, so wird die Perzeption der Metronomschläge bereits in der Peripherie gedrosselt, d. h. im Nervus cochlearis lassen sich keine Aktionsströme mehr nachweisen.

2.5. Elektroenzephalogramm

Ableitung der in den Hirnganglienzellen entstehenden Potentialschwankungen durch – auf den Kopf aufgesetzte – Kontaktelektroden (Elektrokortikographie: direkte Ableitung vom freigelegten Hirn).
Normales EEG: α-Wellen (8–13 Hz Frequenz) sind der Grundlagerhythmus, bei Augenschluss und Entspannung beobachtbar (vor allem parietookzipital), bei Augenöffnen blockiert und durch β-Wellen

---

[3]   DELAY, J. und PICHOT, P.: Medizinische Psychologie, p. 71 (Thieme, Stuttgart 1973).

ersetzt (14–30 Hz). Amplitudendifferenzen der Hirnseiten bis 50% möglich. Häufig EEG unregelmässig (bei etwa 15%).

EEG beim Kind: Langsame, hochvoltige Potentiale, dysrhythmisches Kurvenbild (gelegentlich bei erwachsenen Psychopathen beobachtbar).

Schlaf-EEG: Mit zunehmender Schlaftiefe Verschwinden der α-Wellen, Auftreten von θ-Wellen (4–7 Hz), später Schlafspindeln, δ-Wellen (1–3 Hz).

Diffuse Hirnaffektion: Allgemeinveränderung mit diffus dysrhythmischen, langsamen Potentialen.

Lokalisierte Hirnaffektion: δ-Fokus (mit Phasenumkehr). Provokation, Indikation s. Epilepsie S. 95.

3. Psychophysiologisches

3.1. Ergotropes und trophotropes Funktionssystem

Die körperlichen Begleiterscheinungen psychischer Basisvorgänge werden durch das autonome, vegetative Nervensystem (Sympathikus/Parasympathikus) auf nervös-humoralem Weg gesteuert (Hypothalamus; retikuläres, limbisches System).

Die ergotrope Reaktion ist vorwiegend sympathikoton, die trophotrope Reaktion vorwiegend parasympathikoton; teilweise Miterregung des antagonistischen Systems ist aber die Regel, vor allem bei chronischem emotionalem Stress. Die ergotrope Reaktion zielt auf Aktion (Wachheit, Erregung) mit Beschleunigung der Herz- und Atemtätigkeit, Aktivierung der Muskelleistung usw. Die trophotrope Reaktion dient der Erholung (Schlaf, Lethargie) mit Verlangsamung der Herz- und Atemfrequenz, Hemmung der Muskelleistung usw.

3.2. Vegetative Begleiterscheinungen der Affekte

Die Alltagserfahrung nimmt Erröten, Blasswerden, Schwitzen, Tonusauffälligkeiten des Gesichts und der Körperhaltung als unmittelbaren Ausdruck von Gefühlszuständen. Neben diesen im Expressiv- und Kommunikationsverhalten direkt sichtbaren Phänomenen werden funktionelle und sogar organische Veränderungen innerer Organe naiv-unreflektiert als affektbedingt angesehen. In sprachlichen Wendungen wird das Ineinander von Körper und Seele psychophysisch neutral symbolisiert oder direkt ausgesprochen.

Einige *Sprachbeispiele:* Blasswerden vor Ärger, Zornes- und Schamröte, Angstschweiss, matter Blick, Aus-der-Haut-Fahren, dicke Haut haben, Atem verschlagen, frei aufatmen, Sprache verschlagen, Ärger hinunterschlucken, zum Kotzen, «Schiss» haben, «Tüpflischiisser», vor Kummer bricht Herz, Herz hüpft vor Freude, Herz bleibt vor Schreck stehen, vor Ärger kommt die Galle hoch, Kummerspeck, zu Tode erschrecken usw.

Wissenschaftlich ist über das vegetative Muster einzelner Affekte und ihre gegenseitige Abgrenzung bisher wenig bekannt. Mit Hilfe des Polygraphen werden speziell für Angstreaktionen folgende Funktionen registriert: Atmung (Frequenz, Tiefe, Regelmässigkeit), Blutdruck (systolisch, diastolisch), Puls (Frequenz, Regelmässigkeit), Hautdurchblutung (Hyperämieschwelle), elektrischer Hautwiderstand (psychogalvanisches Phänomen), Muskeltonus (Elektromyogramm), Hirnstromaktivität (Elektroenzephalogramm). – Art des Reizes und individuelle Disposition (Ausgangslage, Gewöhnung) spielen eine Rolle. – Besonders günstige experimentelle Bedingungen liegen in Hypnose und Autogenem Training vor. Ergebnisse (teilweise) vergleichbar mit Befunden bei Realsituationen. Automatische Registrierung während des normalen Tagesablaufs, z. B. des Blutdrucks, lassen Schwankungen in Abhängigkeit von Erlebnissen messen. – Polygraphische Messung vegetativer Phänomene bei Beantwortung bestimmter Fragen findet als «Lügendetektor» Anwendung. Forensischer Gebrauch ist zweifelhaft.

Lernvorgänge können physiologische Phänomene beeinflussen. Durch Erfahrungen in bestimmten Lebenssituationen werden physiologische Abläufe verändert. Richtiges oder inadäquates Verhalten kann durch das Konditionieren von Reizen gelernt werden (konditionierte Reaktion S. 22). Einzelne vegetative Funktionen, z. B. Herzfrequenz, Blutdruck, werden experimentell durch Verstärkung (S. 22) zu verändern versucht.

Ein *psychovegetativer Circulus vitiosus* kommt dadurch zustande, dass z. B. ein angstbedingtes Herzjagen seinerseits Angst mit zusätzlichen vegetativen Phänomenen bewirkt (Aufschaukelung).

Zu *sekundären* physiologischen Veränderungen kommt es, falls die physiologischen Begleiterscheinungen andere körperliche Störungen nach sich ziehen, z. B. durch Hyperventilation bedingte Alkalose verursacht tetanische Symptome.

Klinische Beispiele für vegetative Begleiterscheinungen der Affekte: Pulsanstieg bei bestimmten Themen in Interview; Blutdruck- und Pulsanstieg in Examen; Blutzuckeranstieg vor Operation. Cholesterin- und Lipiderhöhungen bei

Examensbelastung. Nach Spannungsgespräch Anstieg der freien Fettsäuren (BOGDONEFF), eventuell unterschiedliche Ausscheidung der Katecholamine je nach Angstqualität. Auslösung von Asthmaanfall bei Konfliktthema. Schreck bewirkt Gallenkolik. Förderung des Gallenflusses durch Freude, Hemmung durch Ärger (WITTKOWER). Hypnotisch suggeriertes Essen verschiedener Speisen zeigt verschiedene Magensaftzusammensetzungen (HEYER) usw.

3.3. Stress

Unter dem Begriff *Stress* (Stressoren, Stressreaktion) werden alle Bedrohungen und Belastungen aus dem inneren und äusseren Milieu zusammengefasst, die geeignet sind, einen Organismus in akute Spannung zu versetzen und eine psychophysiologische Abwehrreaktion auszulösen. Stress stellt die Grundlage für die psychosomatischen Störungen dar.

Während unter Stress der Zustand der Überbelastung verstanden wird, sind die Stressoren verursachende Faktoren und die Stressreaktion die Antwort des Organismus hierauf. Der Begriff «Stress» wird aber auch für Ursache und Antwort verwendet (ohne Differenzierung in Stressor und Stressreaktion).

Die *Stressoren* sind seelischer und körperlicher Natur. Extreme Belastungen (z.B. Konzentrationslager) sind allgemein wirksame Stressoren, während die häufigeren individuell wirksamen Stressoren eine entsprechende Bereitschaft voraussetzen, die eine Situation für das betreffende Individuum als Belastung oder Bedrohung qualifiziert.
Die Ereignisse, die einen psychophysischen Spannungszustand hervorzurufen geeignet sind, müssen zu dem jeweiligen Individuum «passen» und setzen eine entsprechende Persönlichkeitsstruktur und Lebensgeschichte mit Beziehung zu frühkindlichen Objektpersonen voraus. Individualspezifische «Versagungs- und Versuchungssituationen» (S. 142) lassen im späteren Leben die «passenden» Stressoren wirksam werden.
Die *Stressreaktionen* (Adaptationssyndrom, Kampf-Flucht-Reaktion usw.) werden durch das dienzephal-hypophysäre System (S. 9) vermittelt. Sie sind biologische *Notfallreaktionen*, die man als Versuche verstehen kann, das gestörte Gleichgewicht des psychophysischen Organismus wiederherzustellen (Homöostase nach CANNON). Nach der klassischen Auffassung löst Stress eine reizunspezifische Verhaltensfrequenz von Antwortmustern aus, das allgemeine Adaptationssyndrom (SELYE). Heute wird der Begriff der Stressantwort weiter gefasst und ist nicht mehr streng an den Ablauf verschiedener

Phasen gebunden. Als Beispiel für spezielle Schemata (pattern), die sich verschiedenen Phasen des Adaptationssyndroms zuordnen lassen, wird die Kampf-Flucht- und Rückzug-Reaktion näher beschrieben (S. 15). – Gegenüber den Begriffen «Trauma», «Konfliktreaktion», «Krise» weist sich der Begriff «Stress» durch seinen psychophysiologischen Charakter aus.

Tierexperimentelle Beispiele: Hungrige Ratte hat gelernt, durch Druck auf Taste Futter zu erhalten; mit diesem Druck wird später elektrischer Schlag verbunden. Dadurch Konflikt, ob sie Hunger befriedigen oder Schlag vermeiden will (Konkurrenz von Appetenz- und Aversionsmotivation). Es kommt zu Angstverhalten, Nahrungsverweigerung und psychosomatischen Störungen. Beispiele für «gelernte» Verhaltensauffälligkeiten (sog. experimentelle Neurose).
Bei sensibilisiertem Meerschweinchen wird durch Reinjektion von Allergen anaphylaktischer Schock ausgelöst, wobei gleichzeitig Glockenschlag gegeben wird. Es kommt zu einer konditionierten Reaktion: Glockenschlag vermag (ohne Reinjektion) Schock auszulösen, jedoch nur, falls gleichzeitig Stresssituation besteht (durch intensive Lichtbestrahlung, Bedrohung).
Klinische Hinweise: Psychosomatische Krankheiten (S. 148), z.B. unter Stress Verlust der Resistenz gegen Infektionen, Stress als Teilbedingung bei allergischen Störungen, Notstandsamenorrhoe als Folge von allgemeinem Stress.

3.4. Kampf-Flucht- und Rückzug-Reaktion

Kampf-Flucht-Verhalten (fight-flight pattern): Vorwiegend ergotrop gesteuert, auf Aktivität ausgerichtet. Bei gerichteter Aktion (Angriff, Wut, Flucht) rasche Atmung, regelmässig, tief; Anstieg von Blutdruck und Herzfrequenz; Extremitäten warm, trocken. Bei ungerichteter Angst: Atmung unregelmässig, Extremitäten eher kalt, feucht.

Experimentelle Untersuchung: Simulierte Kampfsituation mit hochgradiger Erschöpfung; durch diesen chronischen Stress: Adrenalinabfall korreliert mit Müdigkeit, ferner EKG-Veränderungen (ST–T-Senkung), Erhöhung der Senkungsgeschwindigkeit, Anstieg des proteingebundenen Jods, Abfall des Serumeisens (LEVI). – Veränderung der Katecholamine (Noradrenalin, Epinephrin) je nach gerichteter oder ungerichteter Angst wird diskutiert.

Komplikationen durch das Verhaltensmuster der Kampf-Flucht-Reaktion entstehen, falls trotz physiologischer Bereitstellung zur Aktion keine Aktion möglich ist. Hierdurch kommen die *Bereitstellungsstörungen* zustande.

Klinische Beispiele: Bei der Hyperventilationstetanie (S. 154) entsteht durch Angst die «Bereitstellung» des Körpers zur Flucht; da keine Aktion erfolgt, kein Verbrauch des durch Hyperventilation gesteigerten O_2, dadurch Alkalose usw. – Eine *Synkope* (Ohnmacht) wird durch bereitgestellte, aber nicht mögliche Fluchtreaktion (z.B. beim Zahnarzt!) ausgelöst; bei vermehrter Muskeldurchblutung fehlt wegen ausbleibender Aktion Pumpwirkung, daher verminderte zerebrale Durchblutung.

Rückzugverhalten (withdrawal-conservation pattern): Affektive Haltung der Hoffnungslosigkeit, des Aufgebens (giving up); physiologisch energiesparende Deaktivierung (verminderter Muskeltonus, geringe Durchblutung, auch der Schleimhäute, spez. gastrointestinal).

Tierexperimentelles Beispiel: Ratten geben bei Schwimmen in engem Gefäss nach einiger Zeit ohne körperliche Totalerschöpfung auf, jedoch Weiterschwimmen nach «Lernen» einer Rettungsmöglichkeit, ebenso bei aktivierenden Reizen (RICHTER). *Klinische Beispiele:* Bei Verletzung von Tabus der Stammesgemeinschaft Erlebnis der Ausweglosigkeit der Situation; dadurch sog. Voodootod. – Während langer Gefangenschaft ohne stimulierende Aktivierung zunehmende Apathie mit Gestimmtheit der Hoffnungslosigkeit; dadurch Todesfälle möglich (z.B. Gefangenenlager in Korea). – Hospitalismussyndrom bei Säuglingen (S. 178): Durch Trennung von Mutter Lethargie, Störung der Nahrungsaufnahme; häufige Sterblichkeit.
Besonders bekanntes Beispiel für Wirkung emotionaler Zustände auf innere Organe ist Experiment von WOLF und WOLFF: An Magenschleimhaut (Fistel) zeigt sich hyperfunktionelle Reaktion (Steigerung von Sekretion, Motilität, Durchblutung) bei Konfliktsituation mit gebremster Angriffstendenz. Hypofunktionelle Reaktion (Verminderung der Motilität, Durchblutung, Sekretion) bei Ausweichtendenz (Fall Tom). – Gleiche Beobachtungen durch ENGEL (Fall Monika). Analoge Erscheinungen an Kolonprolaps beobachtbar.

Ein weiteres Verhaltensmuster der Notfallreaktion ist das *Schreckverhalten* (startle pattern): Augenblinzeln, Heben der Schultern, Spannung der Halsmuskulatur usw. – In Rahmen der Notfallreaktionen gehören ebenfalls die hypobulischen Mechanismen (KRETSCHMER) mit Totstellreflex und Bewegungssturm.

3.5. Allgemeines Adaptationssyndrom
Das allgemeine Adaptationssyndrom (SELYE) beschreibt verschiedene Phasen der Stressreaktion: 1. Alarmreaktion (zunächst Schock-, dann Gegenschockphase mit Umkehr der Schocksymptome). 2. Resistenzstadium (bei chronischen oder wiederholten Reizen gesteigerte Abwehr). 3. Erschöpfungsstadium (Erlahmung der Resistenz; Symptome wie bei Alarmreaktion, jedoch irreversible Schädigung).

Klinische Hinweise: Verschiedene Stadien psychosomatischer Krankheiten (S. 149) lassen sich pathophysiologisch in bezug auf die einzelnen Phasen des Syndroms interpretieren[4].

---

[4]   BRÄUTIGAM, W. und CHRISTIAN, P.: Psychosomatische Medizin, p. 150 (Thieme, Stuttgart 1973).

Angeborenes Verhalten und Lernvorgänge

1. Anlage und Umwelt
Angeborene Verhaltensweisen sind anlagebedingt (Synonyme: konstitutionell, hereditär, erbbedingt), während Lernvorgänge, durch die Umwelt vermittelt, zu erworbenen Verhaltensweisen führen. Der Organismus entwickelt sich durch Interaktionen zwischen Anlage und Umwelt. Die Anlage eröffnet den Zugang zu einer bestimmten Art von Umwelt, wie diese das Manifestwerden der Anlage fördert oder hemmt. Für Erbfaktoren und Lernvorgänge gilt das Prinzip der wechselseitigen Ergänzung (Komplementarität) und Abhängigkeit (Interdependenz).

Der Reifegrad des Organismus bedingt die Realisierung der Anlage und der Lernmöglichkeit. So ist der Spracherwerb gebunden an ein menschliches ZNS (Anlage), das Hören von Sprachen (Lernen) und das Erreichen der Entwicklungsstufe des 2./3. Jahres (Reifegrad). Für Tierarten gibt es erbbedingte sensible Perioden, in denen Lernvorgänge prägend sind. Für den Menschen ist die Periode des Kleinkindes die für Lernvorgänge empfängliche Entscheidungszeit.

Familien- und Zwillingsforschung differenzieren zwischen Erb- und Umweltfaktoren und untersuchen, welche Merkmale umweltstabil oder -labil sind und welche Umwelteinflüsse die Manifestierung einer Krankheitsanlage oder das Gesundbleiben (trotz Anlage) begünstigen. Psychische Merkmale sind im allgemeinen durch Umweltfaktoren formbarer als körperliche. Für psychische Störungen ist stets ein «mehr oder weniger» von Anlage und Umwelt wirksam und deren Wechselbeziehung in Abhängigkeit vom Alter entscheidend.

Stammbaumforschung: Für Erblichkeit spricht, falls gleiche Merkmale, Krankheiten in Verwandtschaftsnähe vorkommen. – *Zwillingsforschung:* Vergleich von eineiigen (EZ) und zweieiigen (ZZ) Zwillingen. Vergleich von EZ unter verschiedenen Lernbedingungen, in unterschiedlichem Milieu aufgewachsen (Methode des Kontrollzwillings). Vitalerer Zwillingspartner weniger krankheitsanfällig. Einzelne psychische Funktionen sind verschieden stark erbgebunden; Intelligenz deutlich anlageabhängig, ebenso gewisse Persönlichkeitsfaktoren, wie Aktivität, Umgänglichkeit, Neurotizismus usw.
Klinische Hinweise: Zusammenwirken von Anlage und Umwelt im Einzelfall schwer analysier- und trennbar. Konstitutions- und Milieufanatiker (Lerntheoretiker, Psychoanalytiker) stehen einander gegenüber; letztere meist therapeutisch positiver eingestellt.
Auch für «erworbene» Neurose gewisse Beteiligung hereditärer Faktoren; so z. B. bei Phobie Konkordanz (als Mass für den Einfluss der Heredität) für EZ

höher als bei ZZ. Ähnliche Verhältnisse bei psychosomatischen Krankheiten (z. B. Bronchialasthma). Anderseits beträgt bei der sog. «endogenen» Schizophrenie Konkordanz bei EZ nur 25–40%, bei ZZ 10% (Resultate unterschiedlich). Nachuntersuchungen mit Kontrollzwilling: Allgemein scheint ausgewogene affektive Dauerbeziehung in frühster Kindheit gesundheitsfördernd zu sein.

2. Instinktverhalten

Instinkthandlungen sind angeborene, artspezifische Bewegungsweisen, die den Ablauf primärer Triebe (S. 55) durch assoziierte, z. T. komplizierte Verhaltensmuster sichern.

Das Appetenzverhalten ist zielgerichtet, motiviert (z. B. sexuelle Spannung drängt zu Befriedigung), spricht auf spezifische Schlüsselreize an (z. B. bestimmte Merkmale des Sexualpartners), die eine formstarre, gleichförmig ablaufende Endhandlung auslösen (z. B. Sexualakt). Diese Erbkoordinationen nennt man angeborene Auslösermechanismen (AAM).

Der AAM ist sowohl von Innenreizen (Stimmung, Triebspannung) als auch von Aussenreizen abhängig. Überwiegen Innenreize, kann es zu *Leerlaufhandlungen* kommen. Wird ein Triebablauf gehemmt, kann sich die Erregung auf anderen Trieb verschieben *(Übersprungshandlung)*.

Tierpsychologische Beispiele: Bei Truthühnern löst bestimmte Geschwindigkeit und Grösse eines fliegenden Objekts automatische Fluchtreaktion aus. Demutshaltung des unterliegenden Wolfes bewirkt Aggressionshemmung des Siegers. Balzverhalten bei Vögeln kann durch grosse Triebspannung ohne Partner ablaufen (Leerlaufbewegung). Aggressionshemmung beim Hahn aktiviert Pickbewegungen (Übersprungsphänomen).

Vergleiche von Instinktverhalten zwischen verschiedenen Tierarten (Ethologie) und dem Menschen zeigen: Je höher ein Lebewesen organisiert ist, desto mehr wird das (primäre) Instinktverhalten durch (sekundäre) Lernprozesse ergänzt, in andere Verhaltensweisen eingebaut und umfunktioniert. Im Verlauf der menschlichen Entwicklung werden angeborene Reflexe und Instinktmechanismen gehemmt oder in höheres Verhalten integriert.

Klinische Beispiele: Saugen, Sperren, Schnappen gehören zur normalen Primitivmotorik des Säuglings; mit der Reifung des ZNS werden sie funktionslos und überbaut.
Das Lächeln funktioniert beim Säugling zunächst als AAM. Anfangs genügt zur Auslösung des Antwortlächelns punktförmiger Reiz, später Ober-, dann Unter-

gesichtsattrappen. Ab 8. Monat werden zunehmend verschiedene Gesichter erkannt und das Lächeln individuelle Begrüssung. So entwickelt sich Lächeln vom AAM zur verfügbaren Funktion des sozialen Kontakts und individuellen Ausdrucks weiter.

Funktionelle und hirnorganische Abbauvorgänge führen durch Fortfall der kortikalen Hemmung zu Desintegrierung und Entbremsung von Instinktmechanismen und Primitivmotorik. Die abbaubedingte Regression (S. 113) lässt im Aufbau höheren Verhaltens integriertes «Rohmaterial» wieder sichtbar werden.

Klinische Beispiele: Primitivmechanismen, wie Saugreflex, Bulldogphänomen, Kopfpendeln usw. bei apallischem Syndrom S. 111, Alterskrankheiten S. 111. Gewisse primitivmotorische Verhaltensweisen bei chronisch Schizophrenen funktionell bedingt. Stereotypie S. 84.

3. Konstitutionstypen

Zwischen Körperbau und Temperament (Grundhaltung der Affektivität, des Antriebs) bestehen nach KRETSCHMER Korrelationen: Dem leptosomen Körperbau entspricht das schizothyme bzw. schizoide Temperament («-thym» ist die Temperamentseigenart innerhalb des Normalen, «-oid» die abnorme Variante), dem pyknischen Körperbau das zyklothyme (-oide) Temperament, dem athletischen das visköse (Zusammenfassung der Merkmale S. 20).

Unterschiede in psychologischen Funktionen sind beschrieben. Schizoide: Grössere Spaltungsfähigkeit, Formseher; Zykloide: Erregbarkeit rascher abklingend, Farbseher, mehr assoziativ als perseverativ. – CONRAD setzt die Typen zu Wuchstendenzen und Lebensalter in Beziehung.

KRETSCHMER sieht bei Leptosom-Schizoiden erhöhte Krankheitsbereitschaft für Schizophrenie, bei Pyknisch-Zykloiden für manisch-depressive Krankheit und bei Athletikern – weniger ausgeprägt – für Epilepsie.

Korrelationen zwischen Körperbau und Temperament halten genauen Nachprüfungen nicht stand. Trotzdem entspricht das «... lasst dicke Leute um mich sein, der Cassius ist mir zu mager...» einem Kommunikationsstereotyp, das, wenn auch falsch, doch im Umgang wirksam ist. Ebenso ist es unrichtig, dass die Konstitutionstypen eine Vorform oder Bedingung für spätere Psychosen sind, wobei die Wirksamkeit als Teilkomponente noch abzuklären ist. Gesichert scheint zu sein, dass robust-athletischer Körperbau häufig mit psychischer Robustheit gekoppelt ist (v. ZERSSEN).

Wenn auch die Beziehungen zwischen Körperbau und Temperament bestritten sind, haben Begriffe wie pyknisch, leptosom-asthenisch, athletisch-schizoid und zykloid als gebräuchliche *Benennungen* für den klinischen Alltag Bedeutung. Relativ häufig findet sich pyknischer Körperbau bei manisch-depressiver Krankheit (S. 90) und schizoider

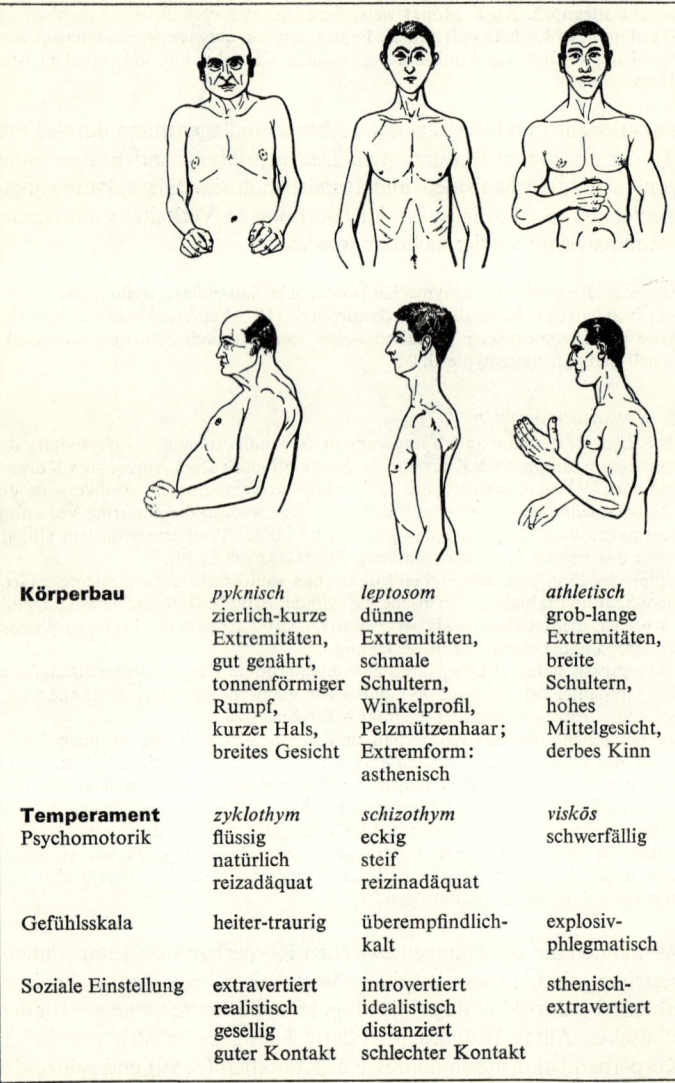

Körperbau	*pyknisch* zierlich-kurze Extremitäten, gut genährt, tonnenförmiger Rumpf, kurzer Hals, breites Gesicht	*leptosom* dünne Extremitäten, schmale Schultern, Winkelprofil, Pelzmützenhaar; Extremform: asthenisch	*athletisch* grob-lange Extremitäten, breite Schultern, hohes Mittelgesicht, derbes Kinn
Temperament Psychomotorik	*zyklothym* flüssig natürlich reizadäquat	*schizothym* eckig steif reizinadäquat	*viskös* schwerfällig
Gefühlsskala	heiter-traurig	überempfindlich- kalt	explosiv- phlegmatisch
Soziale Einstellung	extravertiert realistisch gesellig guter Kontakt	introvertiert idealistisch distanziert schlechter Kontakt	sthenisch- extravertiert

Charakter präpsychotisch bei Schizophrenen (S. 78). Pykniker haben eher einen günstigen Verlauf bei Schizophrenie als Leptosome.
Die «*extravertierte*» und «*introvertierte*» Einstellung (auf die Aussen- bzw. Innenwelt ausgerichtet) ist in den Begriffen «zyklothym» und «schizothym» enthalten, jedoch nicht an die Temperamente gebunden.
Der «*sthenischen*» (aktiven, sich durchsetzenden) Grundhaltung wird die «*asthenische*» (passive, schwächliche) gegenübergestellt. In anderem Sinne wird asthenisch als Extremvariante des leptosomen Körperbaus bezeichnet.

Von *Mischtyp* spricht man bei gemeinsamem Vorkommen verschiedener Konstitutionselemente.
Als *dysplastische* Spezialtypen werden eunuchoide, intersexe und infantil-hypoplastische Körperbauformen zusammengefasst.
Es sollen Korrelationen zu psychischen Anomalien, wie Triebstörungen und Infantilismen, bestehen.
Typologie von SHELDON: Korrelationen zwischen dem morphologischen (Morphotyp) und Persönlichkeitstyp (psychologische Variable). Entsprechungen zur Kretschmerschen Typologie: endomorph-viszeroton = pyknisch-zyklothym; mesomorph-somatoton = athletisch-viskös; ektomorph-zerebroton = leptosom-schizoid.

4. Lernvorgänge
4.1. Lernbegriff
Lernen ist ein Vorgang, durch den Verhaltensweisen erworben oder verändert werden. Im Verlauf der Entwicklung führen Umwelteinflüsse zur Anpassung angeborener Instinktmechanismen und Reifungsvorgänge an soziale Bedingungen und zum Neuerwerb von Verhaltensmustern (soziales Lernen). Seelische Störungen sind z.T. als Lernen von Fehlhaltungen interpretierbar.

Der Lerneffekt zeigt sich in Verhaltensveränderungen und ist nicht direkt beobachtbar. Lernen und Verlernen kann nicht-bewusst oder bewusst erfolgen. – Abhängigkeit von der Motivation (Beweggrund, Zielstrebigkeit); mittelstarke Motivation für Lernen am günstigsten, ebenso jugendliches Alter, gute Intelligenz. – Lernkurven zeigen S-förmigen Verlauf (anfangs langsames, dann rasches und wieder langsameres Lernen); Abweichungen individuell und durch Vorkenntnisse bedingt. – Wesentlich für Lernen ist Begriff der Assoziation: räumlich-zeitliche Verknüpfung von Vorgängen.
Klinische Beispiele: Sogenanntes Lernen s. Entwicklungspsychologie, speziell Sozialisation S. 51. Psychogene Störungen als «falsches» Lernen deutbar (Nachahmung, S. 23). Entsprechend Psychotherapie, speziell Verhaltenstherapie, «Umkonditionieren» der Störung, Lernen neuer Haltungen S. 230.

4.2. Klassisches Konditionieren: Lernen durch Reiz-Reaktions-Kopplung (Prinzip der Kontiguität)

Ein ursprünglich neutraler Reiz tritt gleichzeitig auf mit einem unbedingten Reiz (UCS = unkonditionierter Stimulus), der – im Sinne eines angeborenen Reflexes – eine unbedingte Reaktion (UCR = unkonditionierte Reaktion) auslöst. Der Lernvorgang besteht darin, dass der anfangs neutrale Reiz allein die Reaktion auslösen kann, so dass der neutrale Reiz zum bedingten Reiz (CS = konditionierter Stimulus) und die Reaktion zur bedingten, *konditionierten* Reaktion (CR) wird. Lernen ist somit die Verkopplung von Reiz und Reaktion (Stimulus/Response = S/R).

Tierpsychologisches Beispiel: Der berühmte Hund von PAWLOW zeigt auf den Reiz «Futter» (UCS) die angeborene Reaktion (UCR) der Speichelsekretion. Wird mehrfach mit dem Futter gleichzeitig ein Glockensignal (neutraler Reiz) gegeben, so vermag nunmehr der Glockenton (CS) allein, d.h. ohne Futter, die Speichelsekretion (CR) auszulösen. Durch Kopplung Glockenton/Sekretion ist eine konditionierte Reaktion zustande gekommen.

4.3. Operantes Konditionieren: Lernen durch Erfolg

Beim operanten, instrumentellen Konditionieren ist die Aktivität des Organismus entscheidend (operare = arbeiten), und zwar wird das Verhalten durch die Konsequenzen, die seine Handlungen in der Umwelt haben, verändert. Führt das Verhalten zum Erfolg (Befriedigung, Bedürfnisreduktion), wird es durch diese Konsequenzen verstärkt, d.h. konditioniert, und damit «gelernt» (Effektgesetz).

Verstärkung (reinforcement) geschieht durch Belohnung: Angenehme Konsequenzen führen dazu, dass Verhalten in Zukunft häufiger auftritt. Umgekehrt *Bestrafung:* Unangenehme Konsequenzen schwächen Verhaltenstendenz. – Zur Erreichung einer gewünschten Verhaltensweise wird in aufeinander aufbauenden Lernschritten vorgegangen (shaping), wobei jede erreichte Etappe «verstärkt» wird.

Bei positiver Verstärkung lässt Auftreten von angenehmen Konsequenzen und bei negativer Verstärkung Aufhören von unangenehmen Konsequenzen das Verhalten häufiger werden. – Gelernte Belohnungen sind sekundäre Verstärker. – Bei intermittierender Verstärkung wird nur jede zweite, dritte oder spätere Reaktion (unregelmässig) belohnt (Lernsituation im Alltagsleben).

Ein gelerntes Verhalten, dem keine Konsequenzen folgen, wird schwächer, gelöscht *(Extinktion).*

Löst ein bestimmter Reiz eine Reaktion aus, so können auch diesem ähnliche Reize die Reaktion bewirken *(Generalisierung)*. *Transfer* liegt vor, falls ein vorausgegangener Lernvorgang den Erwerb eines neuen Verhaltensmusters erleichtert.

Tierexperimentelle Beispiele: Im Problemkäfig gelingt es einer Ratte – nach Prinzip «Versuch und Irrtum» – durch Druck auf Taste Futter zu erhalten; sie lernt durch diesen Tastendruck, Nahrung zu bekommen (erfolgbestimmtes Lernen). Durch Aufhören der Verstärkung oder Bestrafung (mittels elektrischen Schlags) Verschwinden der Reaktion.
Klinische Beispiele: Im Interview nehmen Äusserungen des Patienten zu, die vom Untersucher durch Zuwendung, Bestätigung verstärkt werden. Bettnässen wird dadurch «bestraft», dass im Moment des Nässens Klingelsignal ertönt (S. 231). Phobieentstehung z.B. durch Liftfahren mit Angst, Übertragung auf ähnliche beengende Situationen (Generalisierung). Therapie Dekonditionierung von mit Angst gekoppelten Situationen (durch Entspannung usw., S. 230).

4.4. Lernen durch Nachahmung, Einsicht (Modellernen u.a.)

Verhalten anderer Personen (Modell) wird beobachtet und gleich oder ähnlich imitiert. Belehrungen über geeignetes Verhalten, Probespielen zukünftiger Handlungen braucht Einsicht, Erkennen (also kognitive Faktoren: Wahrnehmung, Denken usw.).

Klinische Beispiele: z.B. Selbstbehauptungstraining (S. 231), aufgrund von Einsicht, Strategie sthenischeren Umgangs, eventuell nach Probeagieren mit Therapeut als stellvertretendem Lernen.
Über Kontiguität-, Reinforcement- und kognitive Theorie s. Lerntheorie S. 62.

Kommunikation

1. Elemente der Kommunikation

Kommunikation ist eine soziale Interaktion, der angeborenes wie erlerntes Verhalten zugrunde liegt. Die zwischen Sender und Empfänger ausgetauschten Informationen sind verbale und averbale, bewusste und nicht-bewusste Mitteilungen. Die Beziehung zwischen den Kommunikationspartnern ist kein linearer Ursache-Wirkungs-Ablauf, sondern ein kreisförmiger Prozess mit wechselseitiger Rückkopplung (Feed-back-Mechanismus). Die verschiedenen Elemente des Kommunizierens ergeben die *Kommunikationsformel: wer, mit wem, wie, was, wann und wozu*. Anders ausgedrückt: Der Kommunikator («wer») sendet dem Kommunikanten («wem») das Kommunique («was», «wie», d.h. Informationsinhalt mittels averbaler-verbaler Zeichen), und zwar in bestimmter Situation («wann») und mit bestimmter Wirkung («wozu»).

2. Ausdruck

Ausdruck ist *averbale* Information und wird vermittelt durch Mimik, Gestik, Sprechstimme, Blickkontakt, räumlichen Abstand und die allgemeine äussere Erscheinung (Körperhaltung, Kleidung usw.). Vegetative Begleiterscheinungen der Affekte (S. 12) haben Ausdruckswert. Das Kommunizieren mit nicht-sprachlichen Phänomenen ist Ausdruck, der seinerseits als Ausdruck wieder Eindruck macht. Die Wechselwirkung von Ausdruck-Eindruck spielt für die affektive Seite der Arzt-Patient-Beziehung (S. 41) eine wesentliche Rolle. Klinische Diagnosen stützen sich mehr oder weniger bewusst auf Eindrucksurteile, speziell wo Averbales und Verbales (z.B. Mimik und Sprachinhalt) nicht zueinander passen, d.h. inadäquat sind. Fehlerquellen des Eindrucks (s. soziale Wahrnehmung) sind stark vereinfachende, affektiv-wertende Stellungnahme und Projektion eigener Affekte und subjektiver Vorerfahrungen. Ausdrucksphänomene können nicht isoliert beurteilt werden; sie sind mehrdeutig und bedürfen der Kenntnis der körperlich-seelischen Situation und sprachlicher Informationen. Es lassen sich folgende Ausdrucksregeln aufstellen:

1. Ausdruck ist mehrdeutig; spezielle Unterscheidung von expressiven und pseudoexpressiven Phänomenen.

Beispiele: Fazialislähmung ist pseudoexpressiv, da motorische Ausfallserscheinung. – Statisches Bild eines Depressiven lässt nicht entscheiden, ob traurige Verstimmung oder körperliche Erschöpfung vorliegt. – Verzerrte Gesichtszüge können Wut oder Zerbeissen eines Gegenstandes sein.

2. Kenntnis der Situation des Vorher, Jetzt und Nachher sowie des sprachlichen Kontextes bestimmt die Adäquatheit des Ausdrucks.

Beispiele: Überhaucht-gehetzte Sprechweise und unruhig-sichernder Blick kann erst als Ausdruck innerer Angst qualifiziert werden, falls eine Schrecksituation vorausging. – Abwenden im Gespräch, scheinbar unmotiviertes Stirnrunzeln wird rückblickend «adäquat», falls entsprechender Sprachinhalt nachfolgt. – Lächeln ist inadäquat, falls Gesicht dabei traurig-unbewegt bleibt (oder/und) Redeinhalt, Situation nicht dazu passen.

3. Im Ausdruck kann weniger, mehr und anderes erscheinen, als im bewussten Erleben gegenwärtig ist.

Beispiele: Mit Lächeln kann innere Gereiztheit zu verstecken versucht werden. – Unbewegter Gesichtsausdruck eines Schizophrenen zeigt nicht, was in ihm vorgeht. – Unruhig-zupfende Fingerbewegungen, Hyperventilation können Indikatoren für Angst sein, obwohl Angst im bewussten Erleben nicht gegenwärtig, sondern verdrängt ist.

4. Ausdruck ist individuell, kulturell und krankheitsbedingt verschieden.

Beispiele: Innere Zustände averbal erscheinen zu lassen, ist individuell und nach Status, Rolle verschieden. – Kulturelles Kommunikationsrepertoire sehr unterschiedlich; Grundbefindlichkeiten, wie Angst, Freude, werden aber interkulturell gleich beurteilt.

5. Ausdrucksverstehen stützt sich auf bewegten Ausdruck, d.h. auf Psychomotorik (Oberbegriff für alle Bewegungen, in denen Seelisches sich ausspricht). Somit ist Ausdruck nicht Physiognomik (Deutung fester Körperformen). Auch in der Schrift realisiert sich dynamischer Ausdruck (Graphologie).
Erkennen von Ausdruck kann bei Tieren durch angeborene Auslöserschemata bedingt sein (z.B. Anblick von Schlange löst bei Affen instinktiv Fluchtreaktion aus). Auch das *Kindchenschema* (S. 45) hat AAM zur Grundlage. Vermutlich bei Menschen ebenfalls AAM in Ausdruck-Eindruck-Beziehung wirksam. Wesentlich ist aber Erlernen des kulturell verschiedenen Kommunikationsrepertoires mit symbolischer Bedeutung der Gesten und mimisch-pantomimischen Ausdrucksbewegungen. Averbaler Ausdruck der Sprechstimme mit oft sinnlosen Lautbildungen sowie Körperkontakt spielt grosse Rolle in Mutter-Kleinkind-Verhältnis wie in anderen affektbetonten Situationen.
Theoretische Grundlagen des Eindruck-Ausdrucks: Einfühlungs- oder Rudimententheorie (Carpenter-Prinzip, d.h. Wahrnehmung einer Bewegung ruft Tendenz zu gleicher Bewegung hervor).
Eine nicht-verbale Sprache, bei der Gesten feste Bedeutungen haben, ist die Taubstummensprache.

3. Soziale Wahrnehmung

Wahrnehmung ist nie «objektive Registrierung der Wirklichkeit», sondern wird durch eine Reihe von *physiologischen, psychologischen* und *sozialen Bedingungen* zu einem aktiv-selektiven, «subjektiven» Prozess. Unter dem Begriff *soziale Wahrnehmung* werden systematische, nicht-zufällige Komponenten des Eindruckes (S. 24) zusammengefasst, die eine veränderte oder verfälschte Wahrnehmung des Mitmenschen, vor allem in dessen Ausdrucksverhalten, bewirken.

1. Auf der *physiologischen Ebene* werden nur bestimmte Reize aufgenommen (Augen registrieren nur elektromagnetische Schwingungen von 400 bis 700 nm, Ohren Druckschwingungen zwischen zirka 16 bis maximal 20000 Hz).

2. Eine weitere Reduktion und Systematisierung der Wahrnehmungsreize erfolgt auf *psychologischer Ebene*. Nach den Gestaltgesetzen werden nicht Einzelreize, sondern «Gestalten», also zusammenhängende Ganzheiten, wahrgenommen und erlebt. So werden Teile, die näher zusammenstehen oder eine geschlossene Figur bilden, in einem Zusammenhang gesehen, bilden eine Ganzheit. Die «Eindeutigkeit» einer Gestalt hängt weiter ab von der Beschaffenheit ihres Umfeldes und von ihrer Abhebung davon (= Übergang zu sozialen Bedingungen).

3. Das soziale Umfeld des Betrachters entscheidet mit darüber, wie er sein Gegenüber wahrnimmt (= *Ebene der sozialen Bedingungen*). Dazu gehören persönliche Eigenarten und Reaktionsweisen, wie Neigung zu Imitation, Suggestibilität und Konformität. Weitere relevante Momente sind Familie, Gruppenzugehörigkeit, Rolle und Status (Beruf, Nationalität, Zugehörigkeit zu Minorität usw.), ferner Lerngeschichte, Erfahrung und Kompetenz. Wichtiger Begriff ist dabei das *Stereotyp*, d.h. vereinfachende, im voraus bestehende, schematisierende, mit positiven oder negativen Vorzeichen behaftete (gut, schlecht, faul usw.) Art des Sehens. Wird auf die eigene Gruppe bezogen als «*Autostereotyp*» oder auf Fremde bezogen als «*Heterostereotyp*» bezeichnet *(Vorurteile)*. Die Strukturierung, Propagierung und Aufrechterhaltung von sozialen Stereotypen durch Mode und Werbung sowie durch Einfluss der Massenmedien ist nicht zu unterschätzen. Der momentanen *gruppendynamischen Situation* schliesslich kommt ebenfalls eine bestimmende Rolle zu (Gruppe, S. 33: Sitzanordnung, räumliches Zueinander, Rolle und Status der Anwesenden bestimmen Wahrnehmung des andern mit).

Klinisches Beispiel: Junger Assistent (Erfahrung, Kompetenz) sieht und beurteilt einen ungepflegten, linkischen Patienten (Gestaltgesetze, Abhebung vom sozialen Hintergrund des gepflegten «Gesunden») in Gegenwart eines autoritär-belehrenden Oberarztes (Status und Rolle, welche das Hin und Her zwischen

Imitation, Konformität und Prestige bedingen) in einem kleinen Untersuchungs-
zimmer zusammengepfercht («Er ist mir zu nah» = nichtverbale Kommunikation) wahrscheinlich anders als unter «normalen» Umständen.

4. Sprache

Sprache ist Übermittlung von Informationen durch verbale Zeichen. Funktionen der Sprache sind Ausdruck, d. h. Mitteilung über
den Zustand des Senders, Appell, d. h. Beeinflussung des Empfängers,
und Darstellung, d. h. Information über Objekte und Sachverhalte.
Sprache ist ein System von Zeichen, das Bedeutungen (Symbole) vermittelt. Die Zeichen müssen feststehende Bedeutung haben, damit ein
zwischenmenschliches Verstehen möglich ist. Ein verschiedenes
Sprachniveau kann Missverständnisse aufkommen lassen; z. B. falls
Arzt und Patient verschiedenen Sozialschichten angehören und hierdurch die Sprache eine «andere» ist.

4.1. Allgemeines

Semiotik ist Zeichenkunde, Semantik die Lehre von den Bedeutungen
der Zeichen, Syntaktik Zeichenstruktur und -übermittlung. – Als
«Psycholinguistik» werden phonetische und lexikalische Sprech- und
Sprachveränderungen untersucht.
Die Verständlichkeit des gesprochenen Wortes sinkt bei Ausschalten
der hohen Frequenzen und damit der Konsonanten um 90% (Alters-
schwerhörigkeit!). Lässt man von einer Rede zirka einen Viertel aus-
fallen, so leidet die Verständlichkeit kaum, da aufgrund von Gestaltgesetzen das Nichtgehörte ersetzt wird. Erst ab etwa 50% Ausfall tritt
deutliche Erschwerung des Verständnisses ein. – Lee-Effekt: Es kommt
zu Stottern, falls eine Versuchsperson (Vp) während des Sprechens die
eigene Rede über Kopfhörer verzögert hört.
Nur der Mensch hat Sprache; das menschliche Gehirn ist Voraussetzung für das Erlernen der Sprachsymbole. Beim Tier finden sich
verschiedenartige Ansätze. So hat die «Sprache» der Bienen Symbol-
wert (Geschwindigkeit, Richtung des Schwänzel- oder Rundtanzes).
Die Affen verfügen über eine beträchtliche Anzahl emotionaler Laut-
signale, mit denen sie sich verständigen. Lediglich aufgrund von
Dressur lernen Papageien bestimmte Situationen mit bestimmten
Worten zu verbinden.

Über menschliche Sprachentwicklung S. 46.

4.2. Standardisiert-strukturiertes und nicht-standardisiertes, unstrukturiertes Interview

Interview ist eine geplante verbale Kommunikation mit bestimmtem Ziel. Im vollständig strukturierten, standardisierten Interview ist kein Bewegungsspielraum für die Gesprächspartner gegeben, sondern in diesem «Gesprächskorsett» sind die Fragen und deren Reihenfolge genau festgelegt, und es kann nicht mehr dabei herauskommen, als gefragt wird (Typ: Fragebogen). Im halbstandardisierten Interview kann die Reihenfolge und Art der Fragen flexibel gehandhabt und nach Thema variiert werden (Typ: gezielte Exploration). Im unstrukturierten Interview liegt keine Regel vor, das Fragen kann ganz dem Gefragten angepasst werden, und der Untersucher ist wie der Untersuchte in Zahl und Art der Fragen und Antworten frei (Typ: psychoanalytisches Gespräch). Bei der geschlossenen Frage werden mögliche Antworten in der Frage vorgelegt, aus denen der Patient seine Antwort auswählen kann. Hier soll der Patient etwas wiedererkennen, wodurch die Gefahr der Suggestivwirkung gegeben ist. Die geschlossene Frage gehört zum strukturierten Interview oder ist in das semistrukturierte eingestreut; sie vermittelt präzise Auskunft, ist zeitsparend. Die geschlossene ist ebenso eine gezielte Frage, da sie auf etwas Bestimmtes beispielsweise eine Ja- oder Nein-Antwort haben will (Alternativfrage).

Weitere geschlossene Fragen: Im Identifikationstyp wird gefragt, wer, wo, wann, wieviel und was vorgekommen ist. In der Mehrfachauswahl, z.B. Skalafrage, werden verschiedene Möglichkeiten, z.B. Symptom kommt immer, häufig, selten vor, angeboten.

Bei der offenen Frage, die für das unstrukturierte Interview typisch ist, gibt es einen unspezifischen Anstoss zum Reden, ohne die Antwort einzuengen. Sie fördert den Gesprächskontakt und bringt innere Probleme zum Vorschein, benötigt aber Zeit. Das fragende Wiederholen einer Äusserung des Patienten gehört in den Randbereich der offenen Frage.

In der indirekten – im Unterschied zur direkten – Frage wird das Thema nicht unmittelbar angegangen. Hier äussern sich vor allem gefühls- und wertbetonte Einstellungen. Bei Abwehrhaltung des Patienten sind vor allem offene und indirekte Fragen indiziert. Man muss aber auch direkt fragen können, z.B. nach Halluzinationen bei Schizophrenen oder Symptomen einer Depression.

Weitere Frageformen: In der Ergänzungsfrage ergibt sich die weitere Frage aus der vorherigen Antwort. In den Sondierungsfragen wird zusätzliche Bedeutung von Antworten auf offene Fragen erfasst. Die Rangierfragen schneiden bei offenen Fragen Abschweifungen ab und bringen zur Sache zurück. Kontaktfragen sind Themen aus dem Alltagsleben, die die Peinlichkeit des ersten Kontaktes überwinden helfen. Bekräftigungsfragen sind Fragen, die das Selbstvertrauen stärken usw.

Ein «hartes» Interview ist das Verhör, bei dem Fragen wie Schnellfeuer erfolgen und gewisse Antworten schon vorausgesetzt werden. Im Gegensatz hierzu ist das «weiche» Interview der Typ des analytischen und «Non-directive»-Gesprächs. Von Sympathie getragene Beziehung lässt den Gesprächspartner sich völlig frei äussern; Fragen dienen nur dazu, den Gesprächsfluss aufrechtzuerhalten. Das «neutrale» Interview ohne jede Gefühlsbeziehung ist vor allem für das standardisierte Interview typisch.

4.3. Sprachstörungen

In der normalen Umgangssprache sind die verschiedenen Sprachschichten zur Vollsprache integriert. Durch psychotische Störungen kann das komplexe System «Sprache» in verschiedene Funktionsschichten, und zwar die motorische, affektive, mitteilungsmässige Symbol- und Metaschicht desintegriert werden. In der elementarsten «vorsprachlichen» Schicht findet sich die motorische Sprache (ohne neurologische Störung): Produktion von Lautfolgen ohne Bedeutungsgehalt, z.B. beim kindlichen Lallmonolog und sinnlosen Lautäusserungen hirnorganischer Abbauzustände. In der affektiven Sprache bedeuten Laute bereits etwas, drücken inneren Zustand des Sprechers aus, haben Ausdruckswert. So findet sich bei Angst ein Wegfallen alles Überflüssigen, Sprache nimmt Telegrammstil an oder zerfällt in Einzeläusserungen, die Stimmungsgehalt direkt wiedergeben. In der Mitteilungssprache steht Appellatives im Vordergrund. Sprache muss möglichst eindeutig sein, um den Empfänger durch Sprachsignale zu steuern und wechselseitige Beziehung möglich zu machen (Kommunikationswert). In pathologischen Formen kann dieses Kommunikative karikiert werden, falls beim völlig abgebauten Senilen sinnlose Lautäusserungen in pseudokommunikativem Frage-Antwort-Singsang (Dialogslalie) produziert werden. Die Symbol- und Metasprache findet sich abgeändert vor allem in den Neologismen und symbolhaften Formulierungen Schizophrener[5].

4.4. Kybernetik, Informationstheorie

Das Kommunikationsmodell der Sprache – ebenso wie die nicht-verbale Kommunikation, Ausdruck, Gesten usw. – ist als Beispiel der Informationsübermittlung geeignet. Die vom Sender abgegebene Nachricht (output) muss entsprechend dem Übermittlungskanal verschlüsselt (kodiert) werden. Der Empfänger muss die erhaltene Nachricht (input) wieder dekodieren. Kodierung und Dekodierung setzt ein zumindest teilweise übereinstimmendes Zeichenrepertoire (Sprachschatz) der Kommunikationspartner voraus. Je unwahrscheinlicher das Eintreffen einer Nachricht ist, desto grösser ist ihr Informationsgehalt.

Klinisches Beispiel: Der Patient sagt (output) auf deutsch (verbaler Code), es gehe ihm schlecht (Code betreffend Gesundheitszustand). Der Arzt hört zu (input), versteht es (Decodierung aufgrund des Repertoires von Sprache und ärztlichem Wissen).

«Banalitäten» übermitteln wenig Information, sind überflüssig (redundant). Redundanz ist ökonomisch gesehen also überflüssig (vgl. Entropiebegriff in Physik), sie kann jedoch die Verständlichkeit erhöhen, Fehlerkorrekturen ermöglichen. Die menschlichen Übermittlungskanäle arbeiten sehr unökonomisch.

Als Einheit der Informationsmenge gilt 1 bit als notwendig, um 2 Informationen zu unterscheiden (Ja-Nein-Antwort). Die übermittelte Information ist entweder *digital kodiert* (die Zeichen sind zählbare Symbole, nach Vereinbarung, *ohne* Ähnlichkeit mit dem Abgebildeten) oder *analog kodiert* (der Abbildungsprozess weist eine «Ähnlichkeit» mit dem Abgebildeten auf, ist nicht zählbar, sondern kontinuierlicher Ablauf). *Digitale Informationen* sind die sprachlichen Inhaltszeichen, die Wörter; hauptsächlich analog ist der Gefühls- und Beziehungsaspekt der Übermittlung: Tonfall, Gesichtsausdruck, «ikonische» Handgesten, Haltung usw. (S. 24).

Die *syntaktische Information* besteht aus der *grammatikalischen Struktur* der Nachricht, aus der *Kanalkapazität* (Störungsfreiheit) und aus

---

[5]   KAPLAN, B.: The study of language in psychiatry. American Handbook of Psychiatry, vol. III (Basic Books, New York 1966).
SPOERRI, TH.: Sprachphänomene und Psychose (Karger, Basel 1964).

der *Kapazität des Repertoires* (Sprachschatz). Die Menge solcher Informationen lässt sich aus den angeführten Grössen errechnen.

Die *semantische Information* ist eine Funktion des Inhaltes der Sprache; sie ist mengenmässig heute noch kaum messbar. *Pragmatische Information* ist schliesslich eine Übertragung von Anstössen zum Handeln.

Die kybernetischen Modelle gewinnen in letzter Zeit in einem rapiden Entwicklungsprozess immer grösseren Einfluss auf das psychologisch-physiologisch-medizinische Denken, ebenso in den Bereichen Soziologie, Ökonomie, politische Wissenschaften usw. Sie zeigen die formalen Ähnlichkeiten auf, die den offenen (Lebewesen) oder geschlossenen (Maschinen) Systemen durchwegs gemeinsam sind. Durch Fühler (Sinnesorgane) werden Informationen aufgenommen und mit einem Sollwert verglichen (dieser kann sich im Sinne einer Anpassung an veränderten Umständen ändern, sog. ultrastabile Systeme), nötigenfalls modifiziert (feed-back), und werden als Handlungsimpuls verwendet. Durch diese Vorgänge kann der Organismus (psychisch und biologisch zu verstehen) seine dynamische Gleichgewichtslage beibehalten (Homöostase).

Kybernetische Vorgänge können mit Computern (analog oder digital) simuliert werden. Computer sind nicht nur grosse, rasche Rechenmaschinen, sondern verfügen über «Organe» für Gedächtnis, Selbststeuerung usw.; sie speichern Daten und vollziehen nach vorgeschriebenem Plan (Programm) automatisch bestimmte Operationen (z.B. Diagnosestellung)[6]. Sie liefern unter Umständen Lösungen, auf die (wegen der Komplexität des dazu führenden Weges) der Programmierer selbst nicht gekommen wäre.

4.5. Inhalts- und Beziehungsaspekt

Jeder Kommunikationsprozess hat einen Inhalts- und Beziehungsaspekt. Gerade bei affektiven Kontakten, z.B. Zusammenleben in einer Familie, Arzt-Patient-Verhältnis, steht die persönliche Beziehung zwischen den Kommunikationspartnern im Vordergrund. Eine überspitzte Formulierung lautet: Es ist unmöglich, nicht zu kommunizieren; damit will gesagt sein, dass ein Nichtwollen oder Nicht-

---

[6]   JAFFE, J.: Psycholinguistics and computional linguistics. American Handbook of Psychiatry, vol. III (Basic Books, New York 1966).
PIERCE, J. P.: Phänomene der Kommunikation (Wien 1965).

können zum Kommunizieren (z.B. ablehnende Haltung bei Kindern, Mutismus bei Schizophrenen) immer eine Weise der Beziehung und damit der Kommunikation darstellt.

Die Mitteilung des Inhalts erfolgt vorwiegend digital (über abstrakte Zeichen, z.B. Worte), während der Beziehungsaspekt durch analoge Kommunikationsweise vermittelt wird (über Ähnlichkeitsbeziehungen, Symbole, Ausdrucksgebärden). Widersprüchliche Informationen der gleichen Person innerhalb der digitalen und analogen Kommunikation können zu erheblichen Beziehungskonflikten führen, z.B. wenn freundliche Stimme, Lächeln durch gegensätzlichen Inhalt des Gesagten kontrastiert wird.

4.6. Formen der Kommunikation

Eine Kommunikation ist *symmetrisch*, falls gleich viele Informationen qualitativ-quantitativ ausgetauscht werden; sie ist *asymmetrisch* bei einem deutlichen Gefälle (z.B. *asymmetrische* Kommunikation in der Hypnose, da sich Patient völlig nach Suggestionen des Hypnotherapeuten verhält). Weiter können die zwischenmenschlichen Interaktionen symmetrisch (spiegelbildlich), *komplementär* (sich ergänzend) oder *konträr* (gegensätzlich) sein.

Double-bind: Beziehungsfesseln durch *paradoxe Kommunikation.* So können Informationen, die ein schizophren Erkrankter von seinen Eltern erhält, derart doppeldeutig sein, dass sie durch ihre Widersprüchlichkeit unlösbar sind (z.B. Gegensatz zwischen intellektueller Aussage und affektivem Gehalt). Der Schizophrene reagiert nun in seiner Abhängigkeit entsprechend gleich. Dadurch entsteht zwischen den Partnern ein Zirkel wechselseitiger Gebundenheit (double-bind).

Klinisches Beispiel für paradoxe Kommunikation: Mutter schenkt dem Sohn zwei Hemden. Er zieht eines an, worauf sie: «Du liebst mich nicht, sonst hättest du das andere angezogen.»

Sozialpsychologie

1. Isolierung

Die kommunikative Beziehung zur Umwelt ist die Grundbedingung zur psychischen Gesundheit. *Isolierungsexperimente* zeigen, dass der Ausfall sensorischer Rückkoppelungen (Abschirmung taktiler, akustischer und optischer Reize) nach wenigen Stunden Halluzinationen auftreten lässt[7]. Die Sozialpsychologie untersucht die Aspekte des Verhaltens, welche sich beim Individuum als Teil einer strukturierten Gesellschaft herausgebildet haben. Die Themenkreise entstammen der Soziologie, der Psychologie sowie der psychologischen, Sozial- und Kulturanthropologie (S. 38). Es handelt sich z.B. um soziale Bedingungen der Einstellung (S. 34), der Intelligenz (S. 69), die Entstehung von Gruppen (S. 33), Rollen, Normen und Wertorientierungen, Prozesse der sozialen Wahrnehmung (S. 25), soziales Lernen (S. 21) und Sozialisation (Entwicklungspsychologie, S. 44).

2. Tierpsychologische Beispiele für Gruppen- und Sozialverhalten

AAM können zu sozialen Signalen weiterentwickelt werden und neue Funktionen erhalten. Im Paarungsverhalten zeigt sich häufig die Mitaktivierung von Angriff und Fluchtbereitschaft. Dem Imponiergehaben des Überlegenen, bei Affen oft mit Drohgesten und sexuellen Manipulationen verbunden, entspricht das Demutsgebaren des Unterlegenen. Kämpfe dienen der Erhaltung des Besitzes oder Territoriums (z.B. individuelle Schlafstelle, Familienrevier). Die Rangordnung innerhalb einer Gruppe zeigt die «Hackreihe» im Hühnerhof. Das ranghöchste Tier (α-Tier) darf alle unter ihm stehenden bis zum rangtiefsten Tier (ω-Tier) hacken, nicht aber umgekehrt. Ranghöheres Tier ist gegenüber wenig im Rang unter ihm stehenden Tieren besonders empfindlich, grosszügiger gegenüber rangmässig viel tieferstehenden. Neuankömmlinge müssen unten in der Rangordnung anfangen, bis sie sich den ihnen zukommenden Platz erobert haben. Paaren sich rangtiefe Dohlenweibchen mit ranghohen Männchen, so steigen sie zu deren Rang auf. Das Balzverhalten ist bei manchen Arten kompliziert; starke Triebspannung kann es wegfallen lassen. Homosexuelle Handlungen kommen unter Männchen und Weibchen vor, auch gleichgeschlechtliche «Ehen» bei Graugänsen; ob es jedoch echte, fixierte Homosexualität gibt, ist fraglich. Onanie bei Säugetieren ist häufig (z.B. Affen, Bären). Junge Affen können durch sexuelle Manipulationen bei ranghohen Alttieren sich soziale Vorteile verschaffen. Für Jungtiere gilt soziale Hierarchie nur beschränkt. Speziell gegenüber Kleintieren Aktivierung von Pflegeinstinkten bei Alttieren («Kindchenschema»). Tierisches Verhalten ist im einzelnen kompliziert, bei verschiedenen Arten anders und Ergebnis einer Entwicklung aus Instinktverhalten und Lernen.

3. Gruppenpsychologie

3.1. Definition

Eine Gruppe ist mehr als nur eine Ansammlung von Menschen. Charakteristische Merkmale sind die Interaktion zwischen den einzelnen Gruppengliedern und die Struktur des Ganzen. Die Kom-

---

[7]   RUFF, R.R.: Isolation and sensory deprivation. American Handbook of Psychiatry, vol. III (Basic Books, New York 1966).

munikation erfolgt in sog. Primärgruppen direkt (von Angesicht zu Angesicht), sie sind dementsprechend klein. Dauerhafte Primärgruppen sind Familien, eher temporäre bildet der Arzt und sein Patient.

3.2. Primär- und Sekundärgruppen

Die Bildung der *Primärgruppe* kann spontan erfolgen. Freiwillig, durch entsprechende Motivation und gegenseitige Anerkennung, durch gemeinsame Ziele sowie durch Herausdifferenzierung von Rollen und Normen. Mit der Entstehung des Gruppenklimas entwickeln sich die Auto- und Heterostereotype: «wir» und «die anderen» (Anm.: Das Kind wird allerdings «unfreiwillig» in eine Familie hineingeboren!). *Künstliche Gruppen* entstehen durch besondere Zielsetzung (Beispiel: Therapiegruppe), *formelle Gruppen* werden durch Statuten und Vorschriften geregelt, *informelle Gruppen* werden durch Motivation zusammengehalten (schliessen sich nicht gegenseitig aus).

Sekundäre Gruppen, wie z. B. Bewohner einer Siedlung, Personal eines Betriebes usw., kommunizieren nicht direkt miteinander.

3.3. Motive, Einstellungen, Gruppendynamik

Die Mitglieder einer Gruppe werden von dieser in vielfältiger Weise geformt. Identifikation mit andern und Nachahmung (soziales Lernen S. 21) erleichtern die Interaktionen, stärken die *Gruppenkohäsion* und wirken auf das Individuum zurück. Prestigesuggestion geht von einem führenden Gruppenmitglied aus oder folgt dem Majoritätseffekt (mit vielen Gruppenmitgliedern ist man eher konform, s. Gruppenstruktur S. 36). *Konformität* heisst, die Norm der betreffenden Gruppe übernehmen, ausserhalb der Gruppennorm Stehende *(Randfiguren)* werden von der Gruppe bestraft (z. B. lächerlich gemacht usw.).

Motive und Beweggründe des Verhaltens werden durch gemeinsames Ziel und/oder Aktion modifiziert, der Anreiz dazu geht von der Gruppe oder von einzelnen Gruppenmitgliedern aus. So können sich auch *Einstellungen* und Haltungen verändern: Vorurteile, «Gruppenmoral», unkritische Bejahung der eigenen und Verdammung von fremden Gruppen (Stereotyp S. 26). Wesentliche Bedingung ist dafür die soziale Wahrnehmung (S. 25).

Gruppen unterscheiden sich voneinander im Grade ihrer Strukturierung: Leistungs-, Freizeit-, rassische und religiöse Gruppen. In
der höchststrukturierten Gruppe übernimmt jedes Mitglied eine
spezifische *Rolle* (Aufgabe). Der Gruppenführer ist ein Koordinator,
der die Aktivität der Gruppe auf das gemeinsame Ziel bezogen leitet.
Seine *Führungsrolle* ist relativ. Einige Führungsfunktionen sind z.B.:
Experte, Planer; Verkörperung von Vorbild, als Ideologe; Ausübung
von Kontrolle, Belohnung und Bestrafung. Meistens sind zwei Personen führend, nämlich der geistige, tatmässige Führer und der
Beliebteste (emotionelle Führer) der Gruppe. Die Gruppe prägt den
Führer ebenso wie er die Gruppe. Der *Führungsstil* geht von *autoritär*
über *demokratisch* bis zum «laisser faire» (praktisch keine Führung
mehr). Die beiden erstgenannten Formen sind zweifellos wirksamer,
wobei aktuell und nach aussen hin zwar die autoritär, auf die Dauer
und gruppenintern die demokratisch geführte Gruppe wirkungsvoller
ist. Die autoritär geführte Gruppe zerfällt sehr oft in rivalisierende
Cliquen, wenn der Führer abwesend ist, während die demokratische
Gruppe aus ihrer Motivation heraus weiter kooperiert.
Prestige, Macht und Beeinflussbarkeit des einzelnen lassen sich messen
(Beispiele: autokinetisches Phänomen = subjektive Wahrnehmung
einer Bewegung richtet sich nach der Meinung der Mehrheit einer
Gruppe, experimentell zu beweisen mit Beurteilung der «Bewegungs-
richtung» eines fixen Lichtpunktes in einem dunklen Raum; *Suggestion* des Nach-vorne-Fallens bei geschlossenen Augen = man neigt
sich tatsächlich nach vorn; *Hypnose* als Extremform von Suggestion).
Die Gesamtheit der Interaktionen ergibt die *Gruppendynamik*, wobei
die Wirksamkeit der Kommunikationsnetze von grosser Bedeutung
ist. Diese funktionieren in verschiedenen Gruppen unterschiedlich:
Geschwindigkeit der Prozesse im Kreis gering, in Kette und Stern
hoch; Kontakte im Kreis instabil, in Kette stabiler, im Stern stabil
und eindeutig. Im Gegensatz dazu ist die «Zufriedenheit» der Grup-
penmitglieder im Kreis am grössten, im Stern am geringsten.
Einen dynamischen Aspekt bildet die Gruppenentscheidung. Diese
beeinflusst den einzelnen viel mehr als von aussen hineingetragene,
in der Gruppe nicht diskutierte Meinungen. Die Produktivität der
Gruppe ist grösser als die Summe der Einzelproduktivitäten. Vor
allem die durch Gruppenentscheidung zustande gekommene *Gruppennorm* ist ein starkes Motiv für die Aktivität des einzelnen. Weiter

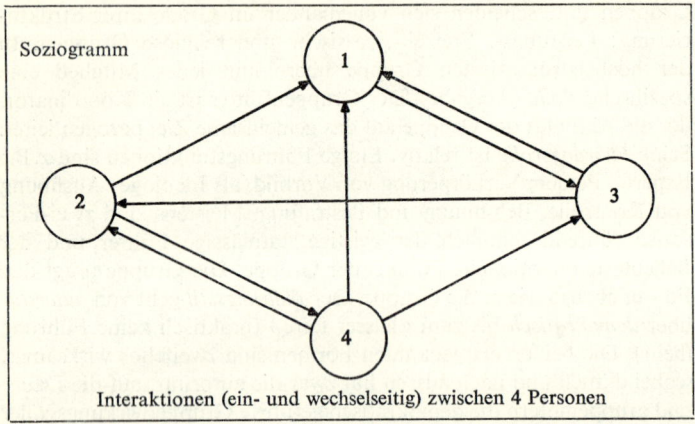

Soziogramm

Interaktionen (ein- und wechselseitig) zwischen 4 Personen

ergibt sich bei Kooperation der Mitglieder für die Gruppe schon rein statistisch eine höhere Effektivität (Beispiel: gemeinsames Suchen nach einem verlorenen Gegenstand ist effektiver durch gemeinsame Aktion bei gegenseitiger Information durch Kommunikation). Der Grad der Gruppenkohäsion schliesslich ergibt sich aus Kooperativität und gegenseitiger Sympathie.

3.4. Messung, Soziometrie

Die *Messung* von Gruppenstruktur und -dynamik erfolgt durch *soziometrische* Methoden. Das *Soziogramm* zeigt positive und negative Interaktionen sowie emotionale Bezüge zwischen den Mitgliedern auf und lässt eine numerische Berechnung zu (Alpha- und Omega-, zentrale und periphere Figuren).

Interaktionen in der Gruppe (Kommunikation S. 23) beziehen sich auf gemeinsame Gruppenaktivität oder Gruppenziel, auf Bestand und Entwicklung der Gruppe oder auch auf persönliche Bedürfnisse, die sich in der Gruppe am leichtesten befriedigen lassen. Verschiedene Techniken erlauben formale und inhaltliche Analyse der Interaktionen (BALES-Skalen[8]).

---

[8] BALES, R. F.: Interaction process analyses (Addison-Wesley, Cambridge 1950).

Status und Rolle sind wesentliche Kennzeichen für ein Individuum in der Gruppe. Verhaltensweisen, welche jemand von andern erwarten kann, definieren sein Prestige, Stellung oder Status. *Was andere von ihm erwarten, ist seine Rolle.* Rolle ist demnach der dynamische Aspekt des Status und wird (durch die Gesamtheit der Verhaltensweisen) benutzt, um den Status kontinuierlich zu bestätigen. «Eine Rolle spielen» kann auch ein Versuch sein, die eigene (wirkliche) Persönlichkeit zu verdecken.

Zu jeder Rolle gehören in der Gruppe *Gegenrollen;* mit jedem Gruppenwechsel wechselt auch die Rolle des einzelnen (in der Familie ist man nicht derselbe wie im Büro). Einfache Rollen kommen dem einfachen Gruppenmitglied zu, komplexe Rollen dem Führer. Verschiedene Rollen zu gleicher Zeit (z. B. Schule und Familie: Lehrerin identisch mit der Mutter) können zu *Rollenkonflikten* führen. Schliesslich haben Rollen auch verschiedene Funktionen, wobei z. B. in primitiven Kulturen Familien- und Arbeitsrollen identisch sind, während sie in unserem Kulturbereich meist völlig getrennt sind (Kulturanthropologie S. 38). *Rollenwahl* hängt ab von Persönlichkeit, von Erwartungen und Rollenmodellen (Vorbild) des einzelnen, weiter von Erziehung, Alter, Geschlecht usw.

Klinische Implikationen: Wenn man krank wird, verändert sich die umgebende soziale Struktur schlagartig. Patient und Arzt bzw. Spital bilden neue, bisher unbekannte Gruppierungen mit eigenen Gruppennormen. Pflichten und Rechte des Kranken sind von denjenigen des Gesunden sehr verschieden (Arzt-Patient-Beziehung S. 41). Die Gruppenpsychotherapie (S. 225) bedient sich der Möglichkeit, welche sich aus der Handhabung der Gruppendynamik (Rollen, Rollenspiel, Psychodrama) ergeben.

4. Epidemiologie

Schizophrenie, manisch-depressive Psychose, Neurosen und psychosomatische Krankheiten kommen in allen Kulturen vor, ihre Entstehungsbedingungen und Formen sind aber von der jeweiligen Kultur abhängig (transkulturelle Psychiatrie).

Die Häufigkeit psychischer Erkrankungen (Morbidität) ist schwer feststellbar (verschiedene Kriterien der Diagnose, des Schweregrades); die Angaben schwanken zwischen etwa 10–30 %. Behandlung und Hospitalisierung sind sicherer zu bestimmen (Zahlen über Erkrankungshäufigkeit finden sich in den Abschnitten über die einzelnen Krankheiten). Flüchtlinge und Auswanderer sollen mehr psychische Störungen haben (Verlust alter Bindungen, Anpassung an neues

Kulturmilieu); Behandlungen scheinen in zweiter Generation der Einwanderer häufiger. Hospitalisierungsquote ist bei Stadtbevölkerung grösser. Niedere Schichten (sozial, ökonomisch) zeigen deutlich mehr psychische Krankheiten. Vermehrt Depressive, Charakterneurotische in höchsten Klassen. Bei Sucht keine durchgehenden Klassenunterschiede. Hospitalisierte Schizophrene häufiger in niederen Klassen. Bei gehobenem Standard mehr Klagen über psychische Symptome, häufiger Psychotherapie. Endogene Psychosen bewirken im allgemeinen eher sozialen Abstieg, Charakterneurosen durch Leistungsüberbewertung eher Aufstieg.
Über Suizid S. 181.

5. Kulturanthropologie
Sie beschäftigt sich, von Ethnologie, Psychologie und Soziologie herkommend, mit den kulturbedingten Möglichkeiten menschlichen Verhaltens. Durch Tradition werden Verhaltensweisen überliefert, gelehrt und gelernt, was die jeweilige kulturelle Eigenart ausmacht. *Kultur* beinhaltet gemeinsame *Sprache* sowie *Symbolisierung* und *Kategorisierung* von Ereignissen, die mehr oder weniger allgemein gültige Art, die Welt zu sehen und darüber zu denken sowie vereinbarte Formen der sozialen Interaktion, gemeinsame Regeln, Konventionen, *Normen*, *Werte* und *Glaubenssysteme*, Technologie und Zivilisation. Bestimmte Epochen fördern die Entwicklung bestimmter individueller oder massenpsychologischer Phänomene, wie z.B. die psychischen Epidemien der Teufelsbesessenheit, den religiösen Fanatismus im Mittelalter, die Leistung als höchsten Wertbegriff in der Konsumgesellschaft. Wechsel und Mischungen von Kulturbereichen sowie Wandlungen innerhalb einer Kultur führen zu Anpassungs- und Identifizierungsproblematik, was den Nährboden für psychische Störungen abgeben kann.
Die sozialen Beziehungen sowohl in Primitiv- wie auch in höchstentwickelten Kulturen sind äusserst kompliziert und vielfältig. *Totem* und Tabus sind Prinzipien der sozialen Organisation bei Naturvölkern. Sagen und Mythen von übernatürlichen Kräften bilden ein abgeschlossenes, von den Betroffenen geglaubtes Weltbild, das Deutungen weder benötigt noch erlaubt. So können unkritische Analogieannahmen zwischen *Mythen* und Trauminhalten (das kollektive Unbewusste) irreführend sein, auch wenn primitive Kulturen gewisse Parallelen bei Psychotikern, Neurotikern, Kindern usw. erkennen lassen (Ethnopsychiatrie). *Tabus* sind das Zusammenleben regelnde, feierliche *Verbote*. Übertretung kann zum «Tabutod»

(Voodootod S. 16) führen. Mit *archaisch* ist das seelisch Ursprüngliche gemeint, sowohl in persönlicher als auch in kultureller Hinsicht.
Denken und Handeln ist *prälogisch*, anschaulich, enthält *Symbole*,
Verdichtungen und *Verschiebungen*, die Dinge werden als beseelt
erlebt *(Animismus)*. Mit *Mana* erfüllte Personen und Dinge
sind tabu, sie werden durch magische Praktiken beherrscht
(Beschwörungs-, Analogie-, Erneuerungszauber und -riten). Es
bestehen grosse Differenzen in Zeit- und Wirkungsvorstellun-
gen im Gegensatz zu unseren Raum-, Zeit- und Kausalitäts-
kategorien.

Die Struktur der Gesellschaft ist bestimmt durch Matriarchat oder
Patriarchat. Im Gegensatz zu unserer Kultur existieren andere, in
denen die noch nicht oder nicht mehr Leistungsfähigen eine grosse
Rolle spielen (Gerontokratie). Übergangsriten kommen vor zur Erleichterung des Erwachsenwerdens von Kindern durch feierliche
Rollenbestätigung. Normen, Status und Rollen bestimmen, wer was
zu tun und wer was zu erwarten hat. Der kulturelle Wert und die
Verteilung bestimmter Rollen ist vielgestaltig: Bei Primitiven sind
familiäre und güterherstellende Funktionen assoziiert, bei uns
hingegen nicht mehr. Ebenso variiert die Verteilung der Rollen
auf die Geschlechter. Durch prägende Frustrierungen und Ver-
wöhnungen in der frühen Kindheit werden die verschiedenen
Volkscharaktere *(Basispersönlichkeit)* zu erklären versucht (Denk-
techniken, Sicherheitssysteme, Über-Ich-Bildung, Wunsch nach
Anerkennung, Einstellung gegenüber dem Übernatürlichen). Ordnung, Pünktlichkeit, Leistung und Zwangsphänomene charakteri-
sieren die Leistungsgesellschaft. Bei Kopfjägern wird schroffes
Abstillen für starke Aggressionen als Stammescharakteristik verantwortlich gemacht. Strikte Gewöhnung an Sauberkeit führt
zum «analen Charakter».

Die Umstrukturierung unserer heutigen westlichen Kultur ist –
schlagwortartig formuliert – durch Wandel von der patriarchalisch-
autoritären, wertgebundenen Hierarchie zur «demokratischen» Funk-
tionsgemeinschaft gekennzeichnet. Ausgleich der Stände, Recht auf
Gesundheit, sozialer Aufstieg und Sicherheit sind Parolen des modernen Wohlfahrtstaats. Durch Einfluss der Technisierung, Massenmedien, Kommunikationsmittel ergibt sich eine starke Lenkung «von
aussen», die grössere Anpassungsfähigkeit am Wechsel der Umwelt-

bedingungen notwendig macht. Als Gegenströmung gegen die moderne Leistungs-, Konsum- und Massengesellschaft, gegen «Establishment» und System überhaupt bilden sich gegenwärtig Protestbewegungen von Jugendlichen, die, obwohl durch das Pubertätsstreben nach neuer Identität ermöglicht (S. 50), doch kultursoziologisch Bedeutung und Wirkung haben. Die Gruppen sind heterogen (Beatnicks, Gammler, Provos, Hippies, Situationisten, Yippies, Studenten der «neuen Linken», teils mehr anarchistisch-politisch engagiert, teils eudämonistisch-passiv mit Kultivierung einer Drogenreligion (Phantastikamissbrauch S. 120), jedoch einheitlich in Ablehnung freiheitsbeschränkender Systeme und dem Abbau alter Tabus (und der Schaffung neuer Tabus). So entstehen rasch wechselnde Formen einer fraglich dauerhaften Subkultur des «Undergrounds»[9] mit Versuchen neuer Modi des Zusammenlebens und dem Verlangen nach kreativer Individualität. Die Ziele sind (z. T. gewollt) unbestimmt. Vielleicht ermöglichen die verschiedenen Krisen der letzten Zeit (Energie, Rohstoffe, Währung) eine Besinnung auf andere Werte als technischen Fortschritt und Leistung um jeden Preis.

Kulturanthropologische Belange der Medizin: Status und Rolle des Medizinmannes und des Arztes. Entscheidungen bezüglich «normal», «ab-normal» und «krank» werden getroffen. Abhängig von kulturellen Werten wird festgestellt, ob der Kranke an seinem Zustand Schuld trägt. Im Gegensatz zu den somatischen Erkrankungen haben bestimmte «Geisteskrankheiten» in unserer Kultur eine Sonderstellung. Rechte und Pflichten des Arztes und des Patienten (Arzt-Patient-Beziehung S. 41) sind von der Kultur mitdeterminiert, die Übergänge zur medizinischen Anthropologie (S. 6) sind fliessend.

6. Sozialpsychiatrie und psychische Hygiene

Als Sozialpsychiatrie werden die soziokulturellen Bedingungen seelischer Störungen für das Einzelindividuum und für Gruppengemeinschaften sowie die Therapie durch soziale Massnahmen S. 222) zusammengefasst[10]. Die psychische Hygiene (mental health) dient – durch sozialpsychiatrische Prophylaxe – der Vorbeugung seelischer Störungen.

---

[9]   Hohlstein, W.: Der Untergrund (Luchterhand, Neuwied 1969).
[10] Strotzka, H.: Einführung in die Sozialpsychiatrie (Rowohlt, Hamburg 1965).

Arzt-Patient-Beziehung

Die psychosoziale Wechselbeziehung zwischen Arzt und Patient ist durch einen *sozial festgelegten Kodex* und ein *persönlich-affektives Verhältnis* ausgezeichnet. Diese Arzt-Patient-Beziehung ist die Grundlage für die Diagnostik und für jede Therapie.

1. Von seiten des Patienten
Aufgrund des überlieferten Arztbildes bringt er dem Arzt Vertrauen entgegen, das durch gesetzliche und Standesvorschriften geschützt wird (Praxisbewilligung, Berufsgeheimnis). Er wählt seinen Arzt, bringt den Anspruch auf dessen Leistung mit, die er mit einem Honorar entschädigt. Vor allem erwartet er Berufsethos, Genauigkeit der Diagnose und ärztliche Hingabe (wesentlich seltener z.B. Herzlichkeit, Autorität)[11]. Er bringt (grösstenteils diffuse) Vorstellungen über die Ursache der Beschwerden mit («Krankheitsangebot» nach BALINT), und der Wunsch, eine Diagnose zu hören, ist meist der Wunsch nach Auskunft über die Heilbarkeit. Der Status des Kranken verpflichtet ihn, sich den ärztlichen Anforderungen zu fügen und Genesungswillen zu haben. Anderseits erlaubt ihm die Rolle als Patient, vom Arzt abhängig zu werden, sich von ihm seine Arbeitsunfähigkeit und Pflegebedürftigkeit gegenüber Angehörigen und Arbeitgeber bestätigen zu lassen. Die Entbindung von Verantwortung, Verlangen nach Zuwendung und Hilfe sind Zeichen einer Regression auf eine kindliche Abhängigkeitsstufe. Die Krankheitszeichen können auch benützt werden, um Geltung zu gewinnen, Situationen auszuweichen oder Schuldgefühle zu befriedigen usw.

2. Von seiten des Arztes
Den geschilderten Rollenerwartungen entsprechen die Regeln des ärztlichen Berufes und seiner Pflichten (vom motivierten Arzt als Berufung und Verpflichtung erlebt). Es gilt, das rechte Mass zu finden zwischen Nähe und Distanz, Gewähren von Geborgenheit und Zurückhaltung gegenüber den regressiven Ansprüchen des Kranken. Die Entwicklung eines Vertrauensverhältnisses ist wesentlich, das auch

---

[11] Umfrage bei franz. Bevölkerung, zit. nach DELAY, J. und PICHOT, P.: Medizinische Psychologie, p. 372 (Thieme, Stuttgart 1973).

Frustrierungen ertragen lässt. Gut gemeinte Vergleiche (der Arzt als Vater, Bruder, Freund des Patienten) gehen fehl, denn seine Autorität, sein Mitfühlen oder eine andere Haltung sind – um spezifisch ärztlich zu sein – wertmässig und affektiv neutral. Darum ist ein guter Arzt oft kein guter Arzt für die eigene Familie. Ein persönlicher Stil im Umgang fördert die Begegnungsechtheit, jedoch nur, falls er auch in Kleinigkeiten in bezug auf seine Wirkung durchdacht und gesteuert ist. Jede Äusserung des Arztes hat einen suggestiven Begleiteffekt, da die Suggestibilität für die Äusserungen des Arztes beim Kranken gesteigert ist. Daher spricht man auch von der «Droge Arzt»[12]. Verschreibt man ohne ärztliche Suggestion eine Placebosubstanz, so wirkt das Placebo allein bereits so suggestiv, dass ein Drittel der Patienten eine Besserung verspürt. Die Wirkung steigert sich entsprechend (abgesehen vom pharmakodynamischen Effekt), falls der Arzt selbst von der Wirksamkeit eines Mittels überzeugt ist und dem Patienten diese Einstellung weitergibt. Das Sichengagieren des Arztes ist ein entscheidender Therapiefaktor. So sind auch die Resultate verschiedener psychotherapeutischer Methoden im grossen und ganzen gleich, jedoch im Beginn einer neuen Therapieära oftmals am besten, da der Arzt sich am meisten einsetzt und sich ärztliche Motivierung mit Neugier und Ehrgeiz des Pioniers verbinden.

3. Interaktionen von Arzt und Patient
Beobachtung, Befragung und Gespräch ermöglichen die wechselseitige Kommunikation, speziell die affektive Beziehung (Übertragung).

3.1. Beobachtung
Die *Beobachtung* beginnt bei Eintritt des Patienten ins Sprechzimmer. Averbaler Ausdruck und Psychomotorik (S. 24) geben bereits Hinweise, bevor Worte gewechselt werden. Die Art der Schilderung (sachlich, dissimulierend, übertreibend) mit begleitenden Ausdrucksbewegungen (Grimassen, Wegblicken, Verlegenheitsgesten usw.) vermitteln Einblick in das Krankheitsverhalten. Diese naive Beobachtung wird strukturierter, falls der Untersucher durch eine Frage ein Verhalten provoziert, das für die Ausdruckskategorie einer Krankheit

---

[12]   BALINT, M.: Der Arzt, sein Patient und die Krankheit (Klett, Stuttgart 1957).

relevant sein kann. Das Beobachtete ist aber stets durch die Erwartungseinstellung mitbestimmt (kein Beobachter beobachtet das gleiche). Während der Arzt beobachtet, wird er zugleich vom Patienten selbst beobachtet. Der Patient wird in seinem Verhalten dadurch beeinflusst, ob der Arzt ruhig-gesammelt ist, zuhören kann, sich dem Patienten ganz und nicht nur scheinbar zuwendet und auf seine averbale Abwehr oder Kontaktsuche entsprechend reagiert (ohne dem Patienten das Gefühl eines Beobachtungsobjektes zu geben).

3.2. Befragung

Das *Befragen* sollte bei der ersten Konsultation zugunsten des Zuhörens zurücktreten, der Arzt verhält sich eher passiv. Das Weiterreden wird durch indirekte Fragen unterstützt, wobei der Patient in der Themenwahl frei bleibt («unstrukturierte», «weiche», «offene» Befragung). Später wird die Befragung gezielter, speziell bei der Anamneseerhebung, und das Verhalten des Arztes aktiver. Die Extremform einer Befragung nach festem Schema mit direkten, z.T. Alternativfragen findet sich nur bei gerichtlichen Einvernahmen oder wissenschaftlichen Fragebogen («harte», «strukturierte», «geschlossene» Befragung). Auch hier sind Suggestivfragen stets zu vermeiden. Die Exploration gibt Arzt und Patient mehr Spielraum. Mit teils direkten, teils ungerichteten Fragen wird versucht, Ereignisse aus der inneren Lebensgeschichte «herauszuholen», zum aktuellen Leiden in Beziehung zu setzen und das Symptom auf diesem Hintergrund zu verstehen. Der Gegenpol zur «harten» Befragung wird durch die völlig unstrukturierte Gesprächsführung mit «freiem Assoziieren» in der analytischen Therapie gebildet; die Gesprächsbeziehung ist insofern asymmetrisch, als der Arzt passiv bleibt und nur selten von sich aus neue Themen einführt.

3.3. Gespräch

Das eigentliche ärztliche *Gespräch* ist zugleich ein Fragen, Antworten und Zuhören, das wechselseitig von Arzt und Patient geführt wird. Es nimmt eine Mittelstellung zwischen strukturierter Befragung und unstrukturiertem Modus ein (semistrukturiert). Durch seinen Charakter als verstehender, entspannender und klärender Dialog enthält es Elemente der gezielten Befragung, der Exploration wie der freien Spontanäusserung (S. 218).

3.4. Affektive Beziehung

Die *affektive Beziehung* des Patienten zum Arzt nimmt im Verlauf der Behandlung zu, da der Kranke zur Sachkenntnis des Arztes Zutrauen hat, sich von ihm als Persönlichkeit verstanden und geschützt fühlt und Heilung erhofft. Er meint zwar seinen Arzt persönlich, jedoch nicht in seiner individuellen Eigenart. Da der Arzt für ihn der «Arzt» bleiben soll, wirken ausserärztliche, intime Kontakte meistens störend. Nur so kann er dem Arzt gegenüber eine affektive Haltung entwickeln, die seine eigenen Emotionen «rein» enthält und nicht durch das Individuelle des Arztes gebremst, filtriert oder umgefärbt wird. FREUD hat als das Wirksame der Arzt-Patienten-Beziehung die *Übertragung* erkannt, in der unbewusste affektive Einstellungen auf den Arzt projiziert und Beziehungen zu Intimpersonen wiederholt werden (S. 233). Als Gegenübertragung wird die unbewusste Antwort des Arztes auf die Übertragung des Patienten bezeichnet. Seine eigenen affektiven Haltungen und ungelösten Konflikte werden hier aktiviert. Vor allem bei der Behandlung neurotischer, d.h. konfliktkranker Persönlichkeiten ist es notwendig, dass der Arzt die eigenen Konflikte kennt und nicht durch komplexhafte Reaktionen die Therapie seines Patienten gefährdet. Damit ist nicht gemeint, dass der Arzt seine eigenen Emotionen ganz ausklammert («verdrängt»), sondern dass er insofern affektiv neutral ist, als er seine gefühlsmässige Zuwendung zum Kranken steuern und variieren kann.

Entwicklungspsychologie

Biologische, psychologische und soziale Faktoren bestimmen als Reifungs- und Lernvorgänge das Werden der Persönlichkeit. Die intellektuelle, emotionale und psychosexuelle Entwicklung, die kommunikative Auseinandersetzung mit der Umwelt vollziehen sich in *Phasen*, die bestimmten Lebensaltern zuzuordnen sind.

Besondere Bedeutung haben die *Säuglings- und Kleinkindzeit* mit der prägenden Beziehung der Mutter zum Kind, das *Trotzalter* (3–4 Jahre) mit dem Streben nach Selbständigkeit durch Protest sowie die *Pubertät* als Phase der intellektuell-emotionalen und sexuellen Reife mit der Suche nach Identität und dem Übergang ins Erwachsenenalter.

Ausmass und Zeitpunkt der einzelnen Stufen und ihre Leistungen zeigen grosse individuelle und kulturelle Unterschiede (z.B. Datum des Abstillens, der Reinlichkeit). Die folgende Zuordnung von Leistungen zu bestimmten Lebensaltern ist typisiert, beim Einzelfall finden sich Phasenverschiebungen und -überlagerungen.

1. Erstes Jahr: Stadium der Abhängigkeit, Oralität, ersten Objektbeziehungen[13]

Der Säugling ist als «physiologische Frühgeburt» ganz auf Pflege durch Umgebung angewiesen. Angeborene Reflexe und Instinkte sind vorwiegend um (orale) Nahrungsaufnahme gruppiert. Im Wach-Schlaf-Zyklus überwiegen zunächst regelmässige und unregelmässige Perioden von Schlaf, Schläfrigkeit (Schlafalter). Das passive Verhalten mit Reaktionen der Unlust herrscht vor, ausser bei oraler Befriedigung des Hungers (Lust-Unlust). Allmähliche Zunahme der Wachheit und aktiven Zuwendung (Zuwendealter). Ab 3. Monat sensomotorische Betätigungen (mit Funktionslust), Fingersaugen, rhythmische Bewegungen, Fixieren, Hören und Produzieren von Geräuschen. Ab 4. Monat Greifen, zunächst am eigenen Körper, dann Objekte und Personen. Bis Ende des 1. Jahres Kriechen, Sitzen, Stehen.

Stufenweise entwickeln sich die Objektbeziehungen und die Realitätserfassung. In der Wechselbeziehung zur Umwelt (circular reaction) lernt das Kind, dass das Bedürfnis nach Nahrung mit bestimmtem Verhalten verbunden werden muss. Ab 2.–3. Monat erste erlernte Anpassung. 5.–8. Monat: Interessante Ereignisse werden wiederholt, die Funktionslust wird zum Handeln mit Ziel. 8.–12. Monat: Die erworbenen Schemata werden auf neue Situationen angewendet. 12.–16. Monat: Entdeckung neuer Bedeutungen durch aktives Experimentieren.

Die Kommunikation mit der Mutter (bzw. einer bestimmten Pflegeperson) gibt Geborgenheit. Schon in ersten Monaten lautliche und mimische Reaktionen auf Umwelt; Antwortlächeln zunächst unspezifisch (AAM), auch durch Gesichtsattrappen auslösbar. Die Mutter ihrerseits reagiert auf das «Kindchenschema» (grosser Kopf, hohe Stirn, Stupsnase, tolpatschige Bewegungen usw.) instinktiv mit emotionaler Zuwendung. Ab 8. Monat erfolgt individuelles Mimikerkennen. In dieser Zeit treten bei Trennung von der Mutter Angst-

---

[13] ENGEL, G.: Psychological development in health and disease (Saunders, Philadelphia 1962).

reaktionen auf (8.-Monats-Angst). Das Gefühl der bedingungslosen Annahme durch die Mutter ist die Voraussetzung für das Erlebnis des *Vertrauens*. Fehlt dauerhafte Beziehung zu einer Person (für Ernährung, Pflege, Hautkontakt), so kann Rückzug auf sich selbst oder Gleichgültigkeit die Folge sein (Depression, Autismus; s. Hospitalisierung). Der Säugling erlebt zunächst die Mutter als Teil seines Selbst, z.B. Brustwarze als Teil seines Mundes (Mutter-Kind-Identität). Gegen Ende des 1. Jahres lernt das Kind, die Mutter als getrenntes Objekt zu erleben (d.h. mit eigener Identität und Rolle). Es lernt zu warten (Frustrationstoleranz). Dieses Wartenkönnen bedingt, dass das Kind anfängt, in sich eine Vorstellung von der Mutter zu haben.

Das orale Einverleiben vermittelt den Modus des Hineinnehmens (ERICKSON); dieses Grundlage für Introjektion (Abwehrmechanismus des unreifen Ich, um Objektverlust z.B. der Mutter zu überwinden). Introjektion führt zu Identifikation: Qualitäten des Objekts, z.B. Mutter, werden übernommen.
Primärer Narzissmus: Vor Existieren von Objekten libidinöse Zuwendung auf eigene Person konzentriert.
Über Entwicklungsbegriffe Assimilation-Akkommodation (PIAGET) s. ENGEL[14].
Ethologische Beispiele: Bedeutung der Mutter-Kind-Beziehung für Prägung späteren Verhaltens geht aus Tierexperimenten (HARLOW) hervor. Aufzucht von Affen mit Mutterattrappen zieht Störungen des emotionalen und sexuellen Verhaltens nach sich, die sich ebenfalls auf Beziehung zu eigenen Jungen später negativ auswirken.

2. Zweites bis drittes Jahr: Phase der Körperbeherrschung, Analität, Sprachentwicklung

Mit dem Erlernen von Gehen und Sprechen beginnt die spezifisch menschliche Entwicklung des Kleinkindes. Vergnügen an muskulärer Aktivität, Neugier über Körperteile und -funktionen, Erlernen der Sphinkterkontrolle. Erziehung zur Reinlichkeit bedeutet für das kindliche Ich einen Verzicht, ein «Geschenk» an die Mutter. Das Verhalten in der analen Phase ist eine Vorform des Gebens-Behaltens im mitmenschlichen Kontakt. Häufig zeigt sich eine Tendenz zum (halb neugierig, halb krafterprobend) lustvollen Zerstören (anal-«sadistisch»).

Sprachentwicklung: Reaktion auf Stimme in ersten Wochen; über Nachahmung, Lautproduktion, Lallen (bis 4. Monat). Nachlassen der Lallmonologe bis

---

[14] ENGEL, G.: Psychological development in health and disease (Saunders, Philadelphia 1962).

8. Monat, dann präzisere Lautgebung. Aktion und Laut ursprünglich in Bedeutung nicht geschieden; im Gesamtverhalten wird Verbales allmählich deutlicher. Sprache wird Fortsetzung des Handelns mit verbalen Mitteln. Zunächst 1-, dann 2-Wort-Sätze. Zunehmend symbolische Funktion. Über Telegrammstil (Agrammatismus) zu allen Satztypen (3 Jahre).

3. Drittes bis viertes Jahr: Selbständigkeit, Trotzalter, phallisch-ödipale Phase

Selbständigkeitsdrang und Eigenwille führen zu Zwiespalt und Trotz gegenüber den Eltern, zu sozialen Konflikten mit den Geschwistern. Die stärkere Zuneigung zum andersgeschlechtlichen Elternteil kann von sexueller Miterregung begleitet sein (z.B. Vater wird abgelehnt, Mutter geliebt). Diese Initiative ruft Schuldgefühle hervor. Spielen am Genitale (Onanie), Fehlen des Gliedes beim Mädchen bewirkt Kastrationsängste (evtl. Kastrationskomplex als Grundlage von Neurosen).

Zusammenhänge bei Knaben und Mädchen grundsätzlich ähnlich (Mädchen muss von erster Beziehungsperson Mutter zu Vater wechseln; Fehlen des Genitales als Bestrafung erlebt; «Penisneid»). Verbotene Wünsche und Phantasien werden verdrängt; Beginn der Ausbildung eines Über-Ich.
Abwehrformen neben der Verdrängung sind Verneinung, Verschiebung, Verkehrung ins Gegenteil. Objektbesetzungen (Vater bzw. Mutter) werden aufgegeben, durch Identifizierung ersetzt; ins Ich introjizierte Elternautorität bildet Kern des Über-Ich. Ödipale Situation (Dreiecksbeziehung) gilt für unsere westliche Kultur. Sachliches Verhalten der Eltern hilft diese Krisenzeit positiv zu überwinden.

Das Kleinkind beginnt sich mit dem gleichgeschlechtlichen Elternteil zu identifizieren (Knabe mit der Rolle des Vaters, das Mädchen folgt dem Vorbild der Mutter). Hierzu gehört auch das spielerische Zeigen der Genitalien («exhibitionistisches» Imponiergehaben, Urinierturniere, «Döckterlispiel»). Es ist die Zeit des Fragealters, der lustbetonten Wiederholungen; das Denken zeigt magisch-animistische Züge, ohne scharfe Trennung von Phantasie und Wirklichkeit.

4. Fünftes bis siebtes Jahr: Vorschulalter, Beginn der Latenzperiode

In der emotionalen und triebmässigen Entwicklung tritt eine Beruhigung ein. Schamhaftigkeit drängt das Interesse am Triebhaften, speziell gegenüber Erwachsenen, in den Hintergrund (sog. sexuelle Latenzperiode bis Pubertät). Der Aktionsraum erweitert sich über die Familie hinaus (Kindergarten, gleichaltrige Spielgefährten). Die

Phantasie konzentriert sich auf Märchen (Gut/Böse), im Spiel werden Regeln beachtet (Ernst-Spielalter). Das Realitätsprinzip gewinnt gegenüber dem Lustprinzip an Boden. Das Denken ist wirklichkeitsangepasster.

5. Ab siebtem Jahr: Schulalter

Die Schule verlangt vom Kind Leistung und Einordnung. Die Beziehung zu neuen Autoritäts- und Konkurrenzpersonen übt das Kind in Anpassung und Selbstbehauptung. Da der Schulbeginn regional verschieden ist, kann die körperlich-seelisch-intellektuelle *Schulreife* nur «ortsüblich-altersgemäss» definiert werden; eine gewisse Konzentrations- und Anpassungsfähigkeit ist jedoch Voraussetzung.

Körperlich meist Zeitpunkt des ersten Gestaltwandels, der Streckung (Faustregel für Extremitätenstreckung: mit rechtem Arm kann über den Kopf linkes Ohrläppchen ergriffen werden). Diskrepanzen im körperlichen und seelischen Entwicklungstempo sind häufig (Akzelerierung bzw. Retardierung). Für ein unreifes Kind kann die Schule eine Überforderungssituation sein, auf die es mit Unsicherheit, Trotz, Ressentiment antwortet.

Bei fraglicher Schulreife Untersuchung durch Erziehungsberater oder Psychiater, die mit lokalen Schulverhältnissen vertraut sind. Fehlende Reife, intellektuell und charakterlich, kann konstitutionell-anlagemässig oder durch Verwöhnung, Verwahrlosung, Neurosen, Oligophrenien bedingt sein.

6. Exkurs

6.1. Erziehung

Rezepte für die «richtige Erziehung» lassen sich nicht geben; Einzelratschläge, die dem übrigen Erziehungsstil zuwiderlaufen, verwirren die Eltern und bringen das Kind dazu, dass es nicht mehr weiss, woran es ist. Ausgenommen sind psychische Störungen, wo der Arzt den Eltern klar sagen muss: Tut das und tut jenes nicht. Leichter als positive Rezepte für die Normalerziehung lässt sich sagen, wie Erziehung nicht sein sollte: despotisch, dogmatisch, moralisierend, überfordernd, ängstlich-egoistisch, verwöhnend, verwahrlosend, ungleichmässig.

Es kommt auf die Gesamthaltung der Eltern an, wobei die alte Regel von Liebe und Beispiel noch immer die treffendste ist. Einigkeit der Eltern, Vorbildsein, bedingungsloses Annehmen des Kindes ohne Verhätschelung, Konsequenz ohne Härte, Humor ohne Läppischtun und ein wenig «Machenlassen» ohne Ängstlichkeit oder Gleichgültigkeit dürften die besten Voraussetzungen dafür sein, dass das Kind lernt, sich selbst zu behaupten, ohne zum kaltherzigen Egoisten zu werden, und sich anzupassen, ohne ein Anpasser zu sein. Die Geschwister tun zusätzliche Erziehungsarbeit, die von den Eltern toleriert, aber in Grenzen gehalten wird. Die Stellung der Geschwisterreihe schafft typische Konfliktmöglichkeiten: Einzelkinder sind leicht eigensüchtig, altklug, ängstlich; das ältere Kind ist oft auf kleinere Geschwister eifersüchtig; das Jüngste kann ebenso verwöhnt wie nicht ernst genommen und als Nachzügler zum Einzelkind werden. Dass sich die Erziehungsform dem Lebensalter des Kindes anpasst, ist selbstverständlich. Das Vorschulkind wird man auf der einen Seite «machen lassen» und nicht durch zu viel Erziehung in der Entwicklung stören; auf der andern Seite sind gewisse Grundregeln auf dieser Stufe nur durch massvolle Dressur, Belohnung und Strafe (konditioniertes Verhalten) erlernbar. Das Schulkind wird für Rat und Erklärung zugänglich (ohne sie ins Uferlose zu verwässern). Bewahren des Kindes sollte sich auf Extremsituationen beschränken und nicht die Selbsterfahrung hintertreiben, die sich aus eigenem Misserfolg und Glücken bildet. Ein Wort zur «Körperstrafe» des Kleinkindes: Sind die Eltern temperamentvoll, so schadet ein Klaps nicht; er kann das Kind sogar umschalten. Doch sollte die Strafe noch warm sein (für den Affekt der Eltern wie das Gedächtnis des Kindes) und von beiden einander nicht nachgetragen werden.

6.2. Sexuelle Aufklärung
Ein Zeitpunkt kann nicht angegeben werden. Die Aufklärung sollte Bestandteil der Gesamthaltung der Eltern sein, die auch die sexuelle Sphäre einschliesst. Orientiert man zu früh, so vergisst es das Kind wieder; zu spät oder unvollständig, wird es verklemmt-neugierig. Auf Fragen soll man sachlich-klar antworten. Beziehung der Eltern zum Kind sollte auf Desexualisierung tendieren, d. h. weder prüde noch schamlos sein. Auf Möglichkeit von «Verschleipfern» (etwa: böser Mann, der Schokolade gibt) sollte schon im Kindergartenalter hingewiesen werden (Einzelheiten will das Kind meist gar nicht wissen). Mit Schuleintritt ist das Kind meistens über den Geburtsvorgang orientiert; über Zeugung usw. im frühen bis mittleren Schulalter. Mädchen kurz vor der Menarche sollten auf das erste Eintreten der Periode vorbereitet werden (etwa: kleine Blutung als Zeichen normaler Reifung...).

6.3. Massenmedien, speziell Fernsehen
Gewinnen für das Kind immer mehr an Bedeutung. Auf der einen Seite vermitteln sie anregende optische Eindrücke, auf der andern Seite verführen sie zum passiven Konsumieren. Um die Gefahr der Abstumpfung zu vermeiden, Beschränkung auf geeignete Fernsehprogramme, mit denen sich das Kind auseinandersetzt (Wiedererzählen, Aktivitätserweiterung usw.).

7. Ab elftem Jahr Reifungsjahre: Vorpubertät, Pubertät und Adoleszenz
Hormonale, lebensgeschichtliche, erlebnisreaktive und soziale Faktoren steuern die psychologische Reifung. Bei Knaben ist die Entwicklung gegenüber der bei Mädchen um zirka 1 Jahr verzögert. Die körperliche Reifung (Körperform der Erwachsenen, sekundäre Geschlechtsmerkmale, Menses, Pollution) beginnt heute früher (zirka 2 Jahre im Vergleich zu vorausgehenden Generationen); sie setzt vor der psychischen Umstrukturierung ein.

Kurzformel für die Etappen des Persönlichkeitswandels: Von der positiven Instinktbindung über die negative Protestphase zur neutralen Reife.

In der *Vorpubertät* (11.–12. Jahr) beginnt Opposition gegen kindliche Objektbindungen, speziell zwiespältig-ambivalente Auflehnung gegen Autoritätspersonen. Die Geschlechter gehen einander aus dem Weg. Die Knaben schliessen sich zu Gruppen oder Banden zusammen (häufig mit strengen Regeln, Riten, Mutproben); die Mädchen neigen zu intensiven, geheimnistuerischen Freundschaften. Diese Gruppenbildungen haben eine deutlich homoerotische Fassade. Die Annäherung der Geschlechter erfolgt meist im Schutz der Gruppe.

Die psychosexuelle Reifung der *Pubertät* (12.–16. Jahr) führt zum Primat der genitalen Sexualität. Das Triebziel bleibt noch unsicher; es kann das eigene Geschlecht sein (sogenannte Entwicklungshomosexualität). Die Onanie wird als Ventil für die Triebspannungen geübt. Heterosexuelle Spielereien kommen heute in diesem Alter immer häufiger vor.

Aufleben prägenitaler Impulse (exhibitionistisch, sadomasochistisch) und homosexueller Tendenzen kann als Abwehr (Regression) gedeutet werden, die in der Angst vor dem genitalen Kontakt mit dem andersgeschlechtlichen Partner begründet ist (Aktivierung der Kastrationsfurcht).

Die Ablehnung der alten Autoritäten, das Infragestellen überkommener Werte, das Streben nach Selbständigkeit oder Anderssein, die Orientierung an neuen Leitbildern, das passive Sichzurückziehen oder der aktive Abenteuerdrang sind verschiedene Formen der gleichen Grundtendenz: zu einer eigenen *Identität* zu gelangen. In der *Adoleszenz* (17.–18.–19. Jahr) tritt eine Beruhigung, Stabilisierung ein. Neue Identifizierungen werden gefestigt, und es gelingt immer mehr, die eigene Identität in Einklang mit der sozialen Umgebung zu bringen. Das Hereinwachsen in den Beruf und die Aufgaben des Erwachsenenalters beginnt.

Die frühere Interpretation der Pubertät als Zeit der Introversion mit idealistischer Haltung und Absolutheitsansprüchen (SPRANGER) wird als überholt angesehen. Im Gegenteil soll für die heutige Zeit typisch sein: Skepsis gegenüber Ideologien, Zurückhaltung gegenüber jedem Engagement, eher realistische Einstellung (SCHELSKY). Die Haltung des Jugendlichen soll eher extravertiert sein, sachlicher, illusionsloser; die Unsicherheit gegenüber der Umgebung und sich selbst wird weniger emotional und intellektuell als motorisch abreagiert (Musik- und Tanzexzesse, Motorradraserei), gelegentlich auch gefährliche Spiele mit dem passiven Abenteuer der Phantastikadrogen (S. 120). Die Auflehnung gegen Autorität wird zur Auflehnung gegen Ordnung überhaupt. All dies sind Abwehr- oder Bewältigungsmöglichkeiten der Pubertät, die je nach der soziologischen Gegebenheit wechseln.

8. Frühes und mittleres Erwachsenenalter: Beruf, Ehe und Familie

Extravertierte Aktivität kennzeichnet das frühe Erwachsenenalter des Mannes mit Streben nach beruflichem und sozialem Aufstieg. Das Spielen mit der Vielfalt der Möglichkeiten weicht der Beschränkung auf ein realisierbares Ziel. Konfliktquellen sind Selbstbehauptung und Einordnung in Auseinandersetzungen mit Vorgesetzten und Untergebenen, Einspielen auf Regeln des Konkurrenzkampfes, die Gleichzeitigkeit verschiedener Rollen (Beruf, Familie, Freizeit usw.).

Der *Ehe* gehen heutzutage für den Mann wie die Frau meistens voreheliche Liebesbeziehungen mit andern Partnern voraus. Im Anfang des Erwachsenenalters kann es zu starkem erotisch-sexuellem Erleben kommen, das an Tiefe und Intensität später nicht mehr erreicht wird. Der Partnerwechsel macht dann einer reiferen Dauerbeziehung Platz. Die Ehe verlangt die Übernahme neuer Rollen, Anpassung an den und Akzeptierung des anderen. Eheschwierigkeiten stammen häufig aus Enttäuschung, dass Partner nicht der Erwartung entspricht, dass verdrängte, frühkindliche Umgangsweisen (mit Eltern, Geschwistern) im Alltag wieder aufleben, und dass im Partner eigene Tendenzen bekämpft werden (z.B. Eifersucht aufgrund von eigenen Untreuewünschen). Schwierigkeiten ergeben sich häufig bei charakterlich verschieden, aber neurotisch ähnlich strukturierten Partnern. Die Übernahme aktiver und passiver Rolle nach innen und aussen spielt sich langsam ein. Mann und Frau sollten jeder für sich eigene Interessen wie zusammen gemeinschaftliche Betätigungen pflegen.

Die *Familie* bringt Verpflichtung, sich mit der Rolle des Vaters und der Mutter zu identifizieren. Schwierigkeiten mit den eigenen Eltern gehen in die Beziehungen zu den Kindern ein. Konflikte zwischen den Ehepartnern sollten nicht vor den Kindern ausgefochten, noch mittels der Kinder agiert werden (z.B. Ähnlichkeiten eines Ehepartners mit Kind führen zu einseitig bejahender oder ablehnender Haltung). Deutliche Trennung der Rolle des Vaters und der Mutter schafft für das Kind ein entsprechendes Vorbild. Heute vollzieht sich der Wandel von der patriarchalischen Grossfamilie zur kleinen Partnerschaftsfamilie.

Der veränderte Lebensstil, vor allem unter städtischen Verhältnissen, öffnet den Zugang zu anderen Gruppen (für die Eltern wie für die Kinder), wodurch die bisherige Familienstruktur abgewandelt wird. Im *mittleren Lebensalter* tritt eine Stabilisierung der Berufsverhältnisse ein. Enttäuschungen über den erreichten Status, Fehlen von Aufstiegsmöglichkeiten sind Konfliktquellen. Die Produktivität ist von Stagnation bedroht. Das Grosswerden der Kinder bedeutet für die Mutter oft eine Frustrierung; ihre Berufswünsche bringen eigene Erfolge oder verpasste Möglichkeiten ins Spiel. Das Klimakterium beweist das Aufhören der biologisch-vitalen Funktionen. Mit dem Nachlassen der körperlichen Aktivität, der Empfindlichkeit für Stresssituationen kommt es auch (bei äusserem Erfolg) zur Frage nach dem wirklich Erreichten, nach dem Sinn des Ganzen (sog. Probleme der zweiten Lebenshälfte). Je mehr die Vitalität das tragende Lebenselement war, um so einschneidender wird das Nahen des Alters erlebt.

In dieser Zeit versuchen manche Männer, sich über den Verlust der Jugend durch den Kontakt mit jüngeren Partnerinnen hinwegzutäuschen. Der zweite Liebesfrühling ist oft kein erhebender Anblick (...je älter der Mann, um so jünger das Mädchen).

8.1. Sexuelles Verhalten

Die Sexualität hat eine Fortpflanzungs-, eine Lust- und eine soziale Funktion. Von der Medizin wurde bisher hauptsächlich die Fortpflanzungsfunktion erforscht. Die Lust- und Partnerfunktion wurde von der Gesellschaft (auch da nur z.T. mit Einschränkungen: Kirche) innerhalb der Institution der Ehe zugelassen. Damit hängt auch zusammen, dass diese Seite der Sexualität nur in ihren abnormen Spielarten, den Perversionen (S. 160), von wissenschaftlicher Seite her Beachtung fand.

Biologisch gesehen wird das Geschlecht durch Fehlen oder Vorhandensein des Y-Chromosoms bestimmt. Die sekundären Geschlechtsmerkmale erlauben in den meisten Fällen eine eindeutige Geschlechtsbestimmung, wenn auch gelegentlich Übergangsphänotypen vorkommen. Das Verhalten hingegen bildet ein z.T. kulturbedingtes Kontinuum (Rolle) von «männlich» bis «weiblich». Diese Stereotype befinden sich in stetem Wandel. Die Entwicklung der Sexualität ist ein in Stufen verlaufendes, ständiges Ineinanderwirken von Instinkt und Lernen, einschliesslich Zeiten scheinbarer Inaktivität (Latenzperiode zwischen dem 6. und 12. Lebensjahr). In der oralen Phase (FREUD) überwiegt der orale Lustgewinn, anschliessend der anale («aggressiv») und schliesslich der genitale. Der frühen genitalen (phallischen) Phase und der anschliessenden Latenzperiode folgt die späte genitale oder Pubertätsphase. Eine Fehlentwicklung der Sexualität geht nach FREUD auf eine *Fixierung* oder eine *Regression* auf diese Phasen zurück (Sexualstörungen S. 157).

Tierexperimentell: Isoliert aufgezogene Jungtiere zeigen meistens tiefgehende Störungen des Sexualverhaltens.

Dass neben der neurobiologischen und hormonellen Steuerung der Entwicklung der Sexualität auch *soziale Komponenten* eine Rolle spielen, muss aufgrund andersartiger Sexualpraktiken und -riten in andern Kulturkreisen geschlossen werden. Viele Verhaltensweisen sind dabei sehr variabel, andere, z. B. das Inzesttabu, dagegen allgemeingültig.

Die Sexualtheorie von Freud (als Mann) ist ebenfalls durch die kulturelle Situation zur Zeit ihrer Entstehung (inklusive sozialer Stellung des Mannes) mitgeprägt.

Die *Sozialisierung* in sexueller Hinsicht, d. h. das Hineinwachsen des Jugendlichen in die Gesellschaft der Erwachsenen, ist nicht problemlos, weil voreheliche sexuelle Betätigung von der bürgerlichen Gesellschaft am strengsten tabuisiert wird in einer Zeit, in der das Bedürfnis nach Triebbefriedigung am stärksten ist. Weiter wird auch verlangt, dass man in der Ehe «etwas kann», für das «Übung» oder direktes Vorbild fehlen. Die heutige Tendenz deutet allerdings in Richtung einer Enttabuisierung und damit Entsublimierung.

Psychophysiologie und Erleben der Sexualität sind wissenschaftlich noch wenig untersucht. Kinsey sowie Masters und Johnson untersuchten das sexuelle Verhalten (Beginn der sexuellen Aktivität, Masturbation, ehelicher und ausserehelicher Geschlechtsverkehr, sexueller Reaktionszyklus und Unterschiede des Erregungsablaufes bei Mann und Frau einschliesslich der Störungen, S. 158). Zu unterscheiden haben wir zwischen Libido (Bedürfnis), sexuellem Verhalten (Koitusfrequenz) und Orgasmus (Befriedigung), Stil des Gesamtverhaltens. Neuere Untersuchungen [15] zeigen, dass sich die sexuelle Reifung in den letzten 10 Jahren um 3–4 Jahre vorverschoben hat. 60 % der Männer und 30 % der Frauen haben Masturbationserfahrungen mit 13 Jahren, 35 % der Männer und 30 % der Frauen Koituserfahrung mit 16 Jahren. Durch antikonzeptionelle Mittel wird die Fortpflanzungsfunktion steuerbar, und damit wird das Vorherrschen von Lust- und Partnerfunktion der Sexualität ermöglicht. Nebenwirkungen der hormonellen Antikonzeptiva im Sinne eines endokrinen Psychosyndromes (S. 131) werden diskutiert. Die sog. «Sexualmoral» ist derzeit einem Prozess der Veränderungen unterworfen, nicht unbeeinflusst durch Forderung nach Aufklärung unter Berücksichtigung der Resultate erst richtig in Gang kommender Untersuchungen.

9. Alter

Je mehr geistige Interessen, nebenberufliche Betätigungen früher gepflegt wurden, um so leichter wird der Rückzug aus dem aktivberuflichen Leben. Bei einseitig beruflicher Ausrichtung kann es zur Krise des «Pensionierungsschocks» kommen. Neue Ziele und der Kontakt mit der jüngeren Generation helfen, Isolierung und Passivität zu verhindern und das Interesse am Geschehen der Umwelt wachzuhalten.

---

[15] Sigusch, W.: Ergebnisse zur Sexualmedizin (Wissenschaftsverlag, Köln 1972).

Die Schwächung der vitalen Grundkräfte ist das Kennzeichen des normalen seelischen Alterns. Häufigste Anzeichen sind: Gedächtnisverringerung, Verlangsamung, Verschärfung von Charakterzügen, gedankliche und affektive Umstellungsschwäche, Festhalten am Gewohnten und Egozentrizität. Der Rückblick auf das bisherige Leben und die Erwartung von Krankheit und Tod sind weitere Prüfsteine, ob das Altern «negativ» oder «positiv» gestaltet wird: «negativ» in der Resignation, Erstarrung, Vereinsamung, oder «positiv» im Annehmen des gelebten Lebens, in Gelassenheit.

Persönlichkeitstheorie

Persönlichkeit ist der umfassende Begriff für die dynamische Integration von intellektuellen, affektiven, trieb- und willensmässigen, angeborenen oder erworbenen Eigenschaften in ihrer Beziehung zur Umwelt. Ein engerer Begriff ist der des *Charakters*, der den Affekt- und Willensbereich umfasst, während das Temperament die Verbindung zum Begriff der Konstitution herstellt (als Gesamthaltung der Affektivität, des Antriebs). Mit «Selbst» kann die individuelle Eigenart der Persönlichkeitsschichten, -instanzen und -beziehungen bezeichnet werden.

Nach vier Gesichtspunkten lässt sich Persönlichkeit definieren[16]:
1. Struktur (Beziehung der verschiedenen intrapsychischen Faktoren).
2. Motivation (Bedürfnisse, Wünsche, die zielgerichtete Aktion bestimmen).
3. Phasen der Entwicklung (s. Entwicklungspsychologie).
4. Umgebungsdeterminanten (s. angeborenes und erworbenes Verhalten).
Die experimentelle Psychologie hat psychometrische und projektive Methoden der Persönlichkeitserfassung entwickelt; z.B. Persönlichkeitszüge (traits) werden statistisch untersucht (z.B. Validität mittels Faktorenanalyse).
Die folgenden Bemerkungen zu den Motivationen und der Struktur der Persönlichkeit sind psychoanalytisch orientiert. Nicht dass die psychoanalytische Theorie die einzig richtige wäre; ihr Denkmodell prägt jedoch die Neurosenlehre und stellt die Begriffe für die Psychodynamik der neurotischen Störungen.

1. Struktur: Es, Ich, Über-Ich
Das *Es* ist der Begriff für die Gesamtheit der energetischen Kräfte,

---

[16] CATTELL, R. and MEREDITH, G.: Other psychological personality theories; in FREEDMAN and KAPLAN Comprehensive textbook of psychiatry (Williams & Wilkins, Baltimore 1967).

der primären Triebe und Bedürfnisse. Es wird vom Lustprinzip beherrscht.

Das *Ich* vermittelt zwischen dem Es und dem Über-Ich. Einerseits sichert es die Bedürfnisse des Es, anderseits beschränkt das Ich durch den Kontakt mit der Aussenwelt (Realitätsprinzip) dessen Ansprüche und löst die Konflikte, die durch gegensätzliche Triebe, Widersprüche zwischen Trieben und Anforderungen der Umwelt oder durch Strebungen des Über-Ich entstehen.

Das *Über-Ich* repräsentiert moralisch-ethische Gebote, Verbote, Wertungen. Es entsteht durch Verinnerlichung des Vorbildes der Eltern (Identifikation mit introjiziertem Über-Ich der Autoritätspersonen). Somit ist es Träger, Wächter der Tradition. Das Ich-Ideal beinhaltet die Leitbilder des Ich (Beziehung zum Gewissen).

2. Motivation: Triebe, Bedürfnisse, Strebungen

Motivation ist der bewusste oder unbewusste Vorgang, dem eine aktivierende Kraft zugrunde liegt und der auf ein Ziel gerichtet ist.

Die Instanzen des Es, Ich und Über-Ich sind Motivationssysteme, die einer zielgerichteten Aktivität zugrunde liegen. Das motivierte Verhalten wird durch innere oder äussere Reize ausgelöst und strebt auf ein Ziel zu, nach dessen Erreichung Befriedigung eintritt (Nachlassen der Motivationsspannung). Bei Triebhandlungen nennt man ein spezifisches, zielgerichtetes Verhalten, das durch einen bestimmten Reiz ausgelöst wird, auch Appetenzverhalten.

Zu den *primären Trieben und Bedürfnissen* gehören Hunger, Durst, Schlaf, Geschlechtstrieb, evtl. Aggression. Diese primären Bedürfnisse entwickeln sich unter dem Einfluss von Lernprozessen (soziale Momente, Reifung) zu sekundären Motivationen weiter (z.B. Macht-, Besitztrieb).

Motivierte Verhaltensweisen, wie *Strebungen, Einstellungen* und *Gewohnheiten* (habits), *Haltungen*, Interessen, Wertorientierungen (attitudes) sind vielfältig bedingt und ausgerichtet. So kann eine Persönlichkeitshaltung aus Motiven verschiedener Bereiche (Es, Ich, Über-Ich) genährt und gelenkt werden.
Sublimation: Verwandlung von Libido in kulturelle Strebungen. Anders ausgedrückt: Triebe werden nicht auf der Triebebene ausgelebt, sondern das Ziel wird in eine andere Ebene verlagert (Verschiebung), z.B. pädophile Tendenz wird als intensives pädagogisches Interesse ausgelebt (Neutralisierung, Desexualisierung).
Lehre vom *Motivbündel* (KRETSCHMER): Eine Handlung oder Einstellung ist durch verschiedene Komponenten determiniert; das ethisch hochwertige Motiv ist bewusst, das aus der Triebsphäre stammende Motiv beherrscht die Dynamik.

3. Konflikt und Abwehr

Durch widersprechende Triebe und Strebungen, Diskrepanzen zwischen persönlichen und Umweltansprüchen kommt es zu Konflikten. Nichterfüllen von Bedürfnissen sind Versagungen (Frustration). Die Angst ist das Signal für die Bedrohung durch den Konflikt.

Die Versuche, den Konflikt zu überwinden und zu lösen, werden als «Abwehrmechanismen» des Ich bezeichnet. Diese Abwehrmechanismen sind nicht nur pathologischer Natur, sondern im Verlauf der Entwicklung notwendige Auseinandersetzungen zwischen Individuum und Umwelt. Die Psychoanalyse sieht charakterliche Haltungen oder Fehlhaltungen durch Fixierung eines bestimmten Abwehrmechanismus bewirkt.

Die Angst, die im bedrohlichen Konflikt wurzelt, wird vor allem durch Verdrängung und Regression abgewehrt.

In einzelnen ergeben sich folgende Möglichkeiten der Konfliktabwehr:

Verdrängung: Nicht akzeptierte Triebe oder Situationen werden aus dem Bewusstsein ausgeschaltet, scheinbar vergessen (NIETZSCHE: der Stolz siegt über das Gedächtnis). Der verdrängte Konflikt (Komplex) führt zur Symptombildung. Konversion: Konfliktdynamik drückt sich in körperlichen Symptomen aus. In der Verschiebung erfolgt Verlagerung von verdrängtem Triebziel auf ein ähnliches Objekt (das Symptom symbolisiert den verdrängten Konflikt). Verdrängung liegt der hysterischen Neurose zugrunde (speziell den Konversionssymptomen).

Regression: Durch Rückzug auf ein früheres Entwicklungsstadium wird Angst und Zwiespalt abgewehrt. Stadien der infantilen Sexualität und Objektbeziehung werden wieder gelebt. Narzissmus ist der Rückzug des Ich (aus den Objektbeziehungen) auf sich selbst.

Identifizierung: Eigenschaften einer anderen Person werden übernommen. Durch Introjektion erfolgt die Hereinnahme des Objektes und damit die Identifizierung (Modus des «oralen Einverleibens»). Identifikation und Introjektion spielen eine Rolle bei der Bildung des Über-Ich.

Projektion: Die nicht akzeptierten Triebtendenzen werden nicht als dem Individuum zugehörig erlebt, sondern Personen der Umwelt zugeschrieben, auf diese projiziert.

Ungeschehenmachen und Isolieren: Konflikt wird nicht verdrängt (keine Amnesie für ihn); durch eine Gegenaktion wird versucht, ihn ungeschehen zu machen. Er wird von anderen psychischen Vorgängen isoliert, z. B. von Affekt entblösst. Dieser Mechanismus liegt der Zwangsneurose zugrunde.

Normale Lösungsversuche: Der Konflikt wird als zum Ich gehörig anerkannt, bewusst bejaht oder abgelehnt.

4. Psychodynamik

Oberbegriff für die Auseinandersetzung zwischen Kräften und Gegenkräften innerhalb der Persönlichkeit (zwischen den verschiedenen Instanzen und ihren Motivationen) und in der Wechselwirkung zur Umwelt (Objektbeziehung, Anspruch der Realität usw.).

Psychodynamische Interpretation heisst, sich nicht mit der Beschreibung einer Verhaltensstörung begnügen, sondern nach dem dynamischen Wechselspiel der Kräfte zu fragen, nach dem, was hinter der Verhaltensstörung an fluktuierendem Hin und Her, Spannungen, Lösungen und Zusammenballungen vor sich geht, kurz, was «psychodynamisch» geschieht.

Bewusstsein und Unbewusstes

1. Reflektierendes Bewusstsein und Bewusstsein innerhalb der Wach-Schlaf-Schaltung

Das reflektierende Bewusstsein ist spezifisch menschlich: Es ist Bewusstsein seiner selbst, Selbstbewusstsein, Selbstvergegenwärtigung oder Persönlichkeitsbewusstsein. Hingegen findet sich das Bewusstsein der Wach-Schlaf-Skala zum Teil auch bei höheren Säugetieren. Es ist die Reihe von überwach (hypervigil), wach bis zu unterwach (schläfrig, benommen). Steuerung der Vigilanz (Wachheit) durch retikuläres System (S. 10).

Ein anderes räumliches Modell ist das der Sphäre: Vom Blickpunkt, dem Ort klaren Bewusstseins, nimmt die Helligkeit kontinuierlich bis zur Peripherie ab, wo in kontinuierlichem Übergang der Bereich der ausserbewussten Vorgänge beginnt. Neuerdings werden die Begriffe epikritisch-protopathisch zur Charakterisierung von Bewusstseinszuständen verwendet; epikritisch: normal integriertes Erlebnisfeld; protopathisch: Destrukturierung über szenische Abläufe bis zu einzelnen Erlebnisbeständen mit Gestaltqualität (bei Bewusstseinsveränderungen).

2. Unbewusstes

Unbewusst ist ein psychischer Vorgang, dessen Existenz wir annehmen müssen, weil wir ihn aus seiner Wirkung erschliessen, von dem wir aber nichts wissen (FREUD).

Ist dieses Unbewusste lediglich nur im Augenblick nicht bewusst, aber latent da, grundsätzlich bewusstseinsfähig, so nennt man es «vorbewusst». Das Unbewusste im engeren Sinne ist «dynamisch» unbewusst, das Eigentliche ist verborgen, unzugänglich. Nicht nur das Es, sondern auch Teile des Ich und Über-Ich können unbewusst sein. Für die Phänomene des Unbewussten gelten nicht die Zeit-Raum-Kausalitäts-Kategorien des Wachbewusstseins.

Vereinfacht man extrem, so lassen sich zwei Typen als Stufen des Unbewussten differenzieren. Schematische Darstellung (z. T. nach JACOBI):

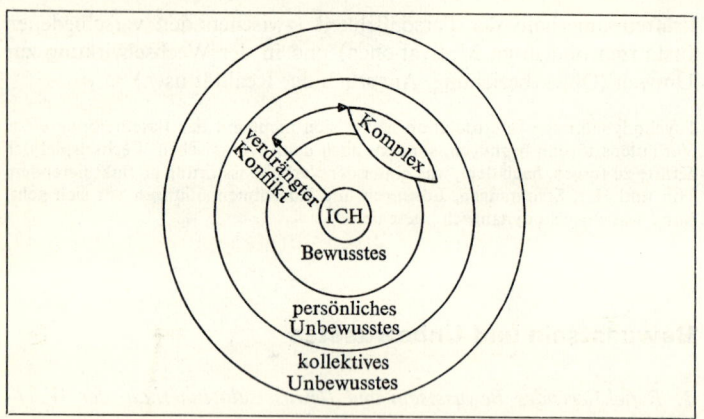

2.1 Persönliches Unbewusstes

Das *persönliche Unbewusste* (FREUD), das vor allem aus verdrängten Vorstellungen besteht. Die verdrängten Konflikte können als Komplex (energetisches Nebenzentrum) das Verhalten beeinflussen und durch neurotische Symptome mit dem Bewussten in dynamische Auseinandersetzung treten.

2.2. Kollektives Unbewusstes

Das *kollektive Unbewusste* (JUNG) besteht nicht aus Verdrängtem und hat einen positiven Akzent. Es repräsentiert – angeblich allen Menschen und Kulturen gemeinsame – urtümliche Bilder, die Archetypen. Diesem kollektiven Unbewussten wird eine schöpferisch-regularisierende Kraft zugeschrieben (S. 62).

3. Traum

3.1. Psychophysiologisches[17]

Das periodische Auftreten von Träumen während des Schlafes lässt sich durch Veränderungen des EEG und der Augenbewegungen nachweisen.

Während der Nacht sind zirka fünfmal Phasen zu registrieren, in denen raschere Potentiale und lebhafte Augenbewegungen (rapid eye movements = REM) beobachtet werden. In diesen Stadien von «paradoxem» Schlaf treten die Träume auf; die Richtung der Augenbewegungen entspricht den optischen Traumsensa-

---

[17] DEMENT, W. C.: Psychophysiology of sleep and dreams. American Handbook of Psychiatry, vol. III (Basic Book, New York 1966).
FOULKES, D.: Die Psychologie des Schlafs (Fischer, Frankfurt 1969).

tionen. Mit Zunahme des Leichtschlafes gegen Morgen wird vermehrt geträumt; Erinnerung vor allem an diese Träume. Bei 8 Stunden Schlaf zirka 1 ½ Stunden Traumzeit (individuelle Unterschiede). Träumen scheint für die psychische Gesundheit notwendig zu sein. Vermutlich träumen alle Menschen; es wird jedoch verschieden vergessen bzw. verdrängt.

Während des Schlafes erfolgende sensorische Reize können als entsprechende Traumsensationen registriert werden. Umwandlung von störenden Stimuli in «harmlose» Traumbilder, um vor Aufwachen zu schützen (z.B. Geräusch des Weckers). Blindgeborene weisen keine visuellen Traumelemente auf.

3.2. Psychologisches

Traumbilder sind symbolischer Ausdruck des seelischen Ganzen und vor allem der unbewussten Seite des Träumers.

Nach FREUD ist der Traum die Via regia ins Unbewusste. Nicht nur verdrängte Wünsche und Ängste, auch die nicht realisierten Möglichkeiten drängen ins Traumbild. Mit den Mechanismen der Verdichtung, Verschmelzung und Symbolbildung wird aus Tagesresten, sexuell-aggressivem Konfliktmaterial, regressiven Objektbezügen und archetypischen Gehalten das Traumganze gebildet. Da die Traumelemente aus verschiedenen Bereichen stammen, ist das Traumbild immer mehrdeutig.

Für FREUD entsteht der manifeste Trauminhalt aus dem latenten Traumgedanken; diese Umwandlung ist eine Leistung der Traumzensur, um die Konflikte als wesentliche Ursache unverständlich zu machen. Der Traum wird als Hüter des Schlafes bezeichnet, weil er durch Verschiebung, Verdichtung (Kontamination: Verschmelzung nicht zusammengehöriger Teile), die Entstehung von Angst und damit das Aufwachen verhindert. Den umgekehrten Weg schlägt die therapeutische Traumanalyse ein, die «reduktiv» ist, d.h. die Bilder und Symbole kausal auf den Konflikt zurückführt. Der Traum dient der Wunscherfüllung. Durch Regression kommt es zur Erlebnisweise des Traumes mit archaisch-magischen Zügen. Die Traumbilder sind überdeterminiert, d.h. mehrdeutig. Die Symbole sind individuell zu deuten; es gibt keine allgemein feste Beziehung zwischen Sinnbild und der Situation, die es veranschaulicht (und damit kein Symbollexikon; Symbole sind nicht Allegorien). Tagesreste sind für den Träumer bedeutungsvolle, reale Erlebnisse. Für JUNG ist die letzte Traumquelle nicht der Konflikt, sondern das «gesunde» kollektive Unbewusste mit seinen archetypischen Symbolen (S. 62) als schöpferisch-regularisierende Kraft. Entsprechend ist die Traumdeutung «prospektiv-synthetisch», d.h. auf die zur Selbstverwirklichung drängenden Tendenzen (auch geistig-religiöse) ausgerichtet. Amplifikation ist die Bereicherung des Trauminhaltes durch Hinweise auf Mythen, Märchen. Der Traum hat eine komplementäre Funktion (d.h. Ergänzung des Wachbewusstseins). Das Träumen selbst wird bereits ein Heilungsfaktor; nach BIERRE erscheint «Träumen als Heilungsweg der Seele».

In der anthropologisch-daseinsanalytischen Interpretation werden die Befunde Freuds nicht bestritten, aber anders gedeutet. Der Traum steht nicht nur als Abwehrvorgang im Dienste der Realität, des Wachbewusstseins, sondern er verkörpert ein anderes In-der-Welt-Sein mit anderen Zeit- und Raumbeziehungen. Es zeigen sich Daseinsmöglichkeiten, die im realen Leben des Wachbewusstseins nicht realisiert werden.
Über Traumanalyse S. 235.

4. Hypnose

Hypnose ist die experimentelle Erzeugung eines schlafähnlichen Zustandes.

Hypnose ist durch Bewusstseinseinengung, selektive Beziehung zwischen Hypnotherapeut und Patient sowie durch auffallende physiologische und psychische Veränderungen gekennzeichnet.

Hypnose ist kein echter Schlaf (Fehlen von Schlafpotentialen im EEG), jedoch auch kein Wachzustand, vielmehr eine besondere Art von Bewusstseinsherabsetzung und -einengung (hirnphysiologische Vermittlung vermutlich über Vigilanzsteuerung der Substantia reticularis, S. 10). Als Kern ist eine psychophysische Umschaltung anzusehen. Die physiologischen Leistungen entsprechen denen emotionaler Vorgänge (S. 9). Aufgrund von Suggestionen Blockierung von Aussenreizen; dadurch Erzeugung von Sperrung des sensorischen «input» (Blindheit, Taubheit usw.), Anästhesie (Operation in Hypnose durchführbar). Im spontanen, traumähnlichen Bildstreifendenken können innere Spannungen sichtbar und agiert werden. Die Erinnerungsfähigkeit ist oft gesteigert (Hypermnesie). Der hypnotische Zustand selbst wird anschliessend meist nur vage oder nicht erinnert (Amnesie). Auch komplizierte Handlungen können automatisch in Hypnose durchgeführt werden (jedoch nicht entgegen der ethischen Grundhaltung der Vp). Dem posthypnotischen Auftrag liegt eine experimentelle Konditionierung zugrunde; in Hypnose wird ein bestimmter Auftrag an eine bestimmte Bedingung (Zeitpunkt, Reizwort usw.) geknüpft, und nach Aufwachen wird bei Eintreten der Bedingung der Auftrag – wach oder in Hypnose – durchgeführt. Zur theoretischen Erklärung werden Lern-, Rollen-, Kommunikations- und Übertragungstheorien in Anspruch genommen. Man kann drei Typen der Hypnose unterscheiden: Somnambul-, Rapport- und Versenkungshypnose.
Über Hypnosebehandlung (Durchführung der verschiedenen Etappen) S. 227.
Das autohypnoide Verfahren des «Autogenen Trainings» (S. 228) wurde aus der Hypnosetechnik unter Verzicht auf Tiefe der Bewusstseinsveränderung und Fremdbeeinflussung durch Hypnotherapeuten entwickelt; der Patient lernt unter Anleitung, sich selbst psychophysisch umzuschalten und diese «Selbstversenkung» zu steuern. Die physiologischen Leistungen sind denen der Hypnose gleichwertig.
Als «hypnoid» bezeichnet man ferner traumähnliche Zustände, die durch extreme Reizisolierung (sensory deprivation) und durch Gifte (z.B. LSD) hervorgerufen werden.

5. Parapsychologisches

Parapsychologische Phänomene (okkulte Erscheinungen, Telepathie, Hellsehen, Psychokinese) sind nicht Gegenstand der medizinischen Psychologie. Der Arzt kommt mit ihnen in Berührung, falls Patienten parapsychologisches Interesse oder «Fähigkeiten» aufweisen.

Okkulte Phänomene betreffen Umgang mit Verstorbenen, Zitieren von Geistern, automatisches Schreiben usw. Telepathie: Wahrnehmen von Gedanken (Gedankenübertragung) ohne Gebrauch der Sinne (umstrittene Resultate von RHINE). Hellsehen: Wahrnehmen von Gegenständen und Ereignissen an weit entferntem Ort. Psychokinese: Durch Willensanstrengung Bewegung von Gegenständen.

Verschiedene psychologische Schulen

Die medizinische Psychologie ist ein Teil der angewandten Psychologie; sie setzt sich aus einem Mosaik verschiedener psychologischer Theorien zusammen.

Die folgende Kurzorientierung ist nicht nur unvollständig, sondern in der Gruppenbildung z. T. willkürlich.

1. Psychoanalyse (FREUD)[18]

Am Fall einer Hysterie (Anna O.) entdecken FREUD und BREUER, dass in Hypnose ein erlebnisbedingtes, psychisches Trauma abreagiert wird (kathartische Methode). Später verzichtet FREUD auf die Hypnose; im Wachzustand hat der Patient seinen freien Einfällen bzw. Assoziationen zu folgen, die zum verdrängten Konflikt, dem Komplex, führen (psychoanalytische Methode). Der Bewusstmachung der Komplexe – durch Analyse der Symptome, der Fehlleistungen, der Traumbilder (S. 233) – setzt der Patient einen (unbewussten) Widerstand entgegen. Dieser Widerstand wird durch «Übertragung» auf den Arzt (S. 233) aufgelöst. Quelle der seelischen Störungen ist die Sexualität. Unter Wirkung der Elternautorität und später des Über-Ich wird frühkindlich die Sexualität aus Angst- und Schuldgefühlen verdrängt (Ödipus-Kastrations-Komplex S. 47). Die reife (genitale, heterosexuelle) Sexualität entwickelt sich aus Partialtrieben (oral, anal-sadistisch, homosexuell, S. 44–48), die durch Fixierung oder Regression vorherrschend bleiben können. In seiner Trieblehre unterscheidet FREUD Ich-Trieb und Sexual- (bzw. Objekt-)Trieb; später stellt er den libidinösen Ich- und Objekttrieben den Todestrieb gegenüber.

2. Analytische Psychologie (JUNG)[19]

Im Gegensatz zum sexuellen Libidobegriff FREUDs ist für JUNG Libido allgemein

---

[18] BALLY, G.: Einführung in die Psychoanalyse Sigmund Freuds (Rowohlt, Hamburg 1966).

[19] JACOBI, J.: Die Psychologie von C.G. Jung (Rascher, Zürich 1967).

«psychische Energie». Seelische Dynamik ist durch Gegensätzlichkeit (kompensatorische Beziehung der Gegensatzpaare) gekennzeichnet. Derartige Pole sind Bewusstes und Unbewusstes, Progression und Regression der Libido. Die vier psychischen Grundfunktionen sind als Gegensatzpaare Denken/Fühlen und Empfinden/Intuieren gruppiert, die teils bewusst, teils unbewusst sind. Jede der Funktionen kann extra- oder introvertiert sein. In der Persona manifestiert sich die Haltung gegenüber der Aussenwelt. Während bei FREUD das Unbewusste einen negativen Akzent hat (da nur aus verdrängtem Konfliktmaterial bestehend), ist es bei JUNG als kollektives Unbewusstes die Quelle der schöpferischen Kraft und Gestaltung. Das Unbewusste hat eine prospektiv-synthetische Funktion, es beinhaltet geistig-religiöse Tendenzen. Die Archetypen – als kollektive Urbilder – sind Symbole der unbewussten Tiefenschichten (Schatten, Animus-Anima, grosse Mutter, alter Weiser). In Mythen, Märchen, Träumen, Phantasien finden die Archetypen ihren Niederschlag. Die therapeutische Methode, durch Hinweis auf derartige analoge Bilder in Mythen usw. die Deutung zu erweitern, heisst Amplifikation. Die Erweiterung der Persönlichkeit ins Unbewusste führt therapeutisch – als eine Art «Heilsweg» – zur Selbstwerdung, zur Individuation.

3. Individualpsychologie (ADLER)

Die Beziehung des Individuums zur sozialen Umwelt steht im Vordergrund. Aus dem Gefühl der Minderwertigkeit (z. B. «Organminderwertigkeit») entstehen Überkompensationen und Machtstreben. Versagen gegenüber den Forderungen des sozialen Lebens (Beruf, Gesellschaft) führt zu nur «fiktiven» Zielen und neurotischen «Arrangements». Die Therapie dient der Überwindung der Entmutigung und des (überkompensierenden) Machttriebes; sie strebt eine echte Gemeinschaftsbeziehung an.

4. Objektive Verhaltenspsychologie

Nicht Selbstbeobachtung und Verstehen sind die Methoden des Behaviorismus (WATSON), sondern das beobachtbare Verhalten. Beziehungen bestehen zur Reflexologie PAWLOWS (Reiz-Reaktion-Schema, bedingter Reflex). Es werden die funktionellen Bedingungen zwischen Individuum und Gesellschaft in ihrer gegenseitigen Abhängigkeit untersucht (Funktionalismus). In der weiteren Entwicklung des Behaviorismus rücken zusätzlich Motivation und Emotionalität in den Blickpunkt. Neben den äusseren Bedingungen werden individuelle «operative» Bedingungen stärker berücksichtigt. Die Anpassung an die Umwelt ist ein Lernvorgang (Lerntheorie). Resultate der Ethologie (hirnphysiologisch, Umweltsverhalten) beeinflussen die menschliche Verhaltensforschung (science of behavior), in die Anregungen der Sozialwissenschaften, der Informationstheorie (S. 30) eingehen.

5. Lerntheorien

Ausgangspunkt ist die SR-Konzeption (stimulus response bzw. reaction). In der Kontiguitätstheorie liegt Akzent auf Gleichzeitigkeit von SR, deren Kopplung sofort volle assoziative Stärke erhält. Verstärkung durch Wiederholung (infolge Unterbrechungsfunktion). Entsprechend klassische Konditionierung (PAWLOW):

Zunächst neutraler Reiz wird mit unbedingter Reaktion verknüpft, so dass er Auslöser der nunmehr konditionierten Reaktion wird (S. 22). – Nach der Reinforcementtheorie wird Handeln situationsbedingt verstärkt, falls bestimmte RR-Verbindung zum Effekt der Bedürfnisentspannung, Befriedigung führt (Effektgesetz). Verstärkung erfolgt durch Lernen am Erfolg (instrumentelles Lernen, operantes Konditionieren). Kontrolle des Verhaltens mit Hilfe von positiver, negativer Verstärkung, Bestrafung, Generalisierung, Transfer (S. 22). – Für die kognitive Theorie ist Verhalten zielorientiert; bestimmte Zeichengestalten werden erkannt und führen als Erwartungen zum Ziel (Ziel wird durch Erwartungsreize antizipiert). Erfolg der Stimulus durch Stimuluskopplung (SS), bewirkt er Repetition des Verhaltens. – Neuere Lernmodelle beschäftigen sich z. B. mit Stimulation von Lernprozessen, sozialem Lernen.

6. Experimentalpsychologische Theorien

Diese sind sehr vielfältig und gehen in ihren Implikationen weit über die der psychoanalytischen Theorien hinaus. Eine Integration in die medizinische Psychologie ist noch kaum erfolgt. Das Gemeinsame dieser Theorien ist, dass sie von einer möglichst umfassenden exakten Erfassung von Verhaltenszügen ausgehen mit Hilfe von Fragebogen, Tests und verschiedenartigsten Experimenten. Das gesammelte Material wird statistisch auf seine Zusammenhänge untersucht (Korrelations- und Faktorenanalyse). Die errechneten «Dimensionen» decken sich nur z. T. mit der «naiven Einsicht» über «psychische Eigenschaften», sind aber doch u. a. im Bereiche der Psychopathologie mit bestimmten Syndromen vergleichbar (z. B. Extroversion, Neurotizismus oder hohe Erregbarkeit u. v. m.). Es bestehen somit fliessende Übergänge und methodische Wechselwirkungen zwischen diesen Theorien und experimenteller Psychopathologie und Psychiatrie. Indem sie Voraussagen über zukünftiges Verhalten ermöglichen, sind sie praktisch wichtig.

7. Anthropologisch-daseinsanalytische Richtungen

Sie gehen von philosophischen Prämissen aus, und zwar von der Phänomenologie HUSSERLS und der Fundamentalontologie HEIDEGGERS. Spezielle Daseinsweisen werden als Abwandlungen existentialer Grundstrukturen interpretiert (BINSWANGER). Das Ganze der Person und ihrer Welt wird als besondere Weise des «In-der-Welt-Seins» dargestellt. Da es nicht um die Frage krank/gesund, sondern um die abgewandelte Seinsweise geht, ist die daseinsanalytische Methode grundsätzlich auf alle Phänomene innerhalb der Psychopathologie anwendbar. Teilweise korrespondiert die Daseinsanalyse mit der verstehenden Anthropologie (v. GEBSATTEL, STRAUS).

Grundbegriffe der Psychiatrie

Gliederung

Die einzelnen psychischen Funktionen ordnen wir nach zwei Gesichtspunkten:

1. Aufbau des Erlebens in Schichten
Vitale Schicht (Antrieb, Triebe);
emotionale Schicht (Affektivität);
personal-noetische Schicht (Ich, Denken).

2. Wechselbeziehung zwischen Ich (als Zentrum des Erlebens) und Aussenwelt
Rezeptive Funktionen (Input): Wahrnehmung, Auffassung, Orientierung, Gedächtnis;
expressive Funktionen (Output): trieb-, affekt- und willensbedingte Äusserungen und Handlungen.

Der Begriff der *Schicht* stellt lediglich ein veranschaulichendes Modell dar. Die einzelnen Schichten durchflechten sich in einem «integrativen» Funktionszusammenhang. Je «tiefer» eine Schicht liegt, um so «früher» datiert sie entwicklungsgeschichtlich. – Die *Unterteilung* in einzelne *Funktionen* ist künstlich. Es handelt sich nur um verschiedene Aspekte eines komplexen Sachverhaltes. Spricht man isolierend von der Funktion, z. B. des Wahrnehmens, so heisst dies lediglich, dass der Akzent auf der Erfassung eines Gegenstandes in der Aussenwelt liegt, wobei aber auch andere Funktionen, z. B. Denkleistungen, mitbeteiligt sind. Auch bedarf es zur Prüfung einer bestimmten Funktion der Intaktheit anderer Funktionen (z. B. Merkfähigkeitsstörungen nur bei klarem Bewusstsein verwertbar). Für die Affektivität gilt, dass sie jedes seelische Geschehen beeinflusst.

Die Ansichten über das *Ordnungssystem* der psychischen Funktionen und ihrer Störungen weichen – entsprechend der theoretischen Grundkonzeption – erheblich voneinander ab. Doch herrscht in der Definition der psychopathologischen Einzelerscheinungen weitgehende Übereinstimmung; diese *Grundbegriffe* sind vor allem für den Anfänger *wichtig*, sie sind die *Vokabeln der psychiatrischen Sprache*.

Die «*allgemeine Psychiatrie*» wird somit gegliedert nach den psychischen Bereichen, in denen die Abnormität oder Krankheit in Erscheinung tritt: Störungen im Bereich der Wahrnehmung, des Gedächtnisses, der Orientierung, des Trieblebens, der Affektivität, der Intelligenz, des Denkens, des Ich und der Persönlichkeit[1].

Diese Einteilung ist veraltet und entspricht der modernen Psychologie nicht mehr. Wir sind jedoch auf sie angewiesen, da bisher eine gültige Neuordnung für die allgemeine Psychiatrie fehlt[2].

Wahrnehmungsstörungen

Wahrnehmung: Durch die Sinnesempfindungen wird aufgrund des Erinnerungsbildes ein Gegenstand in der Aussenwelt erkannt, d.h. wahrgenommen. Das Objekt wird nicht als Mosaik von Einzelelementen, sondern als «Gestalt» erfasst (d.h. als Ganzheit: das Ganze ist mehr und etwas anderes als die Summe seiner Teile).
Die *Auffassung* betrifft die Wahrnehmung einer gesamten Situation.

---

[1]   Weitere Balkenmarkierungen sind in «Grundbegriffe der Psychiatrie» fortgelassen, da die für den Studenten unentbehrlichen Begriffe nochmals im Abschnitt der «Speziellen Psychiatrie» erscheinen.

[2]   Gestaltpsychologischer Versuch: BASH, K. W.: Allgemeine Psychopathologie (Thieme, Stuttgart 1955).

Aufmerksamkeit ist Umfang und Intensität *(Konzentration)* der Auffassung von Wahrnehmungen (oder von Vorstellungen oder Gedanken); man unterscheidet aktiv-willkürliche und passive Aufmerksamkeit sowie Beständigkeit und Ablenkbarkeit der Aufmerksamkeit.

Quantitative Wahrnehmungsstörungen: Ausfälle oder Verlangsamung der Wahrnehmungsvorgänge, Aufmerksamkeits-, Auffassungs- und Konzentrationsschwäche.

Qualitative Wahrnehmungsstörungen: Sinneseindrücke erscheinen verändert (Pareidolien), z.B. Farbigkeit, Verzerrungen, Mikro-, Makropsie[3].

Illusionen: Missdeutung von Sinneseindrücken (illusionäre Verkennung).

Halluzinationen: Vermeintliche Wahrnehmung ohne Sinneseindrücke (eigentliche Trugwahrnehmung, Sinnestäuschung). Die Halluzinationen werden zu den Wahrnehmungsstörungen gerechnet, bilden jedoch eigentlich eine selbständige Gruppe, die zwischen Wahrnehmung und Vorstellung steht. Der Grad des Realitätscharakters sowie der Projektion in die Aussenwelt (z.B. bei Stimmen Unterscheidung von eigenen Gedanken) ist verschieden. Alle Sinneseindrücke können halluziniert werden: Gehörs-, Gesichts-, Geruchs-, Geschmacks-, Tast- und Körperhalluzinationen.

Extrakampine Halluzinationen: Trugwahrnehmungen ausserhalb des Gesichtsfeldes (z.B. hinter dem Rücken). Reflexhalluzinationen: Reizung eines Sinnesgebietes bewirkt Halluzination in einem andern Sinnesgebiet. Elementare Halluzinationen: Ungeformte Sinneseindrücke, wie Blitze oder Klopfen, Rauschen (Akoasmen). Hypnagoge Halluzinationen: Optische Sensationen bei Aufwachen oder Einschlafen. Pseudohalluzinationen: Unwirklichkeit der Trugwahrnehmung wird erkannt. Personenverkennungen liegen meist nicht Störungen der Wahrnehmung, sondern des Urteilens zugrunde. Nicht krankhafter Natur sind die «Anschauungsbilder» der *Eidetiker* (meist Kinder), bei denen Vorstellungen früherer Sinneseindrücke in die Aussenwelt projiziert werden und damit Wahrnehmungscharakter erhalten.

Gedächtnisstörungen

Über Lernen S. 21.

Gedächtnis: Fähigkeit, frühere Erlebnisse zu erinnern sowie neue zu

---

[3]   MÜLLER, C.: Mikropsie und Makropsie (Karger, Basel 1956).

merken (Rezeption, Retention, Reproduktion). Lang zurückliegende Eindrücke: Altgedächtnis (Erinnerungsfähigkeit); frische Eindrücke: Frischgedächtnis; Merkfähigkeit: experimentelle Prüfung der unmittelbaren Gedächtnisleistung.

Hypermnesie: Überfunktion des Gedächtnisses.

Hypomnesien: *Störung* des Altgedächtnisses *(der Erinnerungsfähigkeit)*, *Störung* des Frischgedächtnisses *(der Merkfähigkeit)*.

Hochgradige Merkfähigkeitsschwäche: Hauptsymptom des Korsakowschen Syndroms.

Amnesien[4]: Erinnerungslücken (total oder teilweise).

Retrograde Amnesie: Erinnerungslücke vor dem schädigenden Ereignis; anterograde Amnesie: Erinnerungslücke nach dem Ereignis.

Paramnesien: Erinnerungstäuschungen. Übertreibung von «normalen» Täuschungen, Gedächtnisillusionen und -halluzinationen (Trugerinnerungen).

Konfabulation: Ausfüllen von Gedächtnislücken mit erstbesten Einfällen.

Orientierungsstörungen

Mangelhafte Orientierung oder völlige Desorientierung in bezug auf *Ort, Zeit* und eigene *Person* (autopsychisch). Doppelte Orientierung oder Buchführung ist gleichzeitig «Orientierung» in realer und wahnhafter Welt (keine eigentliche Orientierungs-, sondern eine Urteilsstörung).

Triebstörungen

Quantitatives Mass für die seelische Dynamik ist der *Antrieb* (Intensität, Tempo). Als *Libido* wird entweder der allgemeine Lebensdrang oder – begrifflich enger gefasst – die sexuelle Energie bezeichnet. Während der *Drang* richtungslos ist, sind die *Triebe* zielgerichtet.
Über Triebe und Bedürfnisse S. 55. Abwehrmechanismen von Triebkonflikten S. 56.

Quantitativ: Allgemeine Antriebssteigerung und -verminderung. Stärke und Schwäche einzelner Triebe, vor allem Hypersexualität und

---

[4]   ZEH, W.: Die Amnesien (Thieme, Stuttgart 1961).

Hyposexualität (Triebschwäche kann durch Hemmung und Triebstärke durch Enthemmung vorgetäuscht werden).
Qualitativ: *Perversionen* (sexuelle Fehlhaltung durch abnorme Objekt-
wahl oder abnorme Durchführung des Sexualaktes).

Affektivitätsstörungen

Affektivität wird unterteilt in: Gefühl (Lust-Unlust, Skala von leibnahen Vital-
gefühlen bis zu höheren religiös-ethischen Gefühlen); Affekt (kurzdauernde,
heftige Gefühle); Stimmung (Gefühlszustand längerer Dauer).
Als Gesamthaltung der Affektivität nach Gefühlsansprechbarkeit und Antrieb
ist das *Temperament* definiert.
Über vegetative Begleiterscheinungen der Affekte s. Psychophysiologisches S. 12.
Gestaute Affekte führen zur *Affektspannung*, die durch *Abreagieren* der Affekte
gelöst wird.

Mit *affektivem Rapport* wird die gefühlsmässige Kontaktnahme bezeichnet. Ein schlechter *Kontakt* kann durch affektive Verhaltenheit
(fehlende Bereitschaft oder Fähigkeit zur Äusserung von Gefühlen)
oder durch affektive Flachheit, Nivellierung oder gar Verödung bedingt sein.
Der gesteigerten Gefühlsansprechbarkeit – Hypersensibilität und
Reizbarkeit – steht die fehlende Gefühlslebendigkeit – *Apathie* (Gleichgültigkeit) und Torpidität (Stumpfheit) – gegenüber.
Im Gegensatz zur Zähflüssigkeit (Tenazität) ist die Labilität durch
kurze Dauer und grosse Ablenkbarkeit charakterisiert; *Affektlabilität*
ist rascher Wechsel von Einzelaffekten, während mit *Stimmungslabilität* der Wechsel der längerdauernden Gesamtstimmung gekennzeichnet wird.
Von *Affektinkontinenz* spricht man bei fehlender Beherrschung der
Affektäusserung.
Gemütsarm, gefühlskalt, moralisch schwach bis defekt sind Bezeichnungen für ein Minus an moralisch-ethischen und Sympathiegefühlen.
Ambivalenz: Gegensätzliche Gefühle, die gleichzeitig nebeneinander
vorkommen (in bezug auf eine bestimmte Person, Vorstellung oder
Handlung). Die Ambivalenz wird dadurch pathologisch, dass die
einander widersprechenden Affekte nebeneinander bestehen bleiben
und, da keiner über den andern Oberhand gewinnt, die Spannung
fortdauert.

Katathymie: Ein (meist unbewusster, evtl. verdrängter) Affekt bewirkt eine entsprechende Umformung anderer Affekte oder Gedankeninhalte («Wunschdenken», «Tendenzbrille»).

Synthymie: Direkte Wirkung einer Stimmung.

Hauptformen der veränderten Stimmungslage sind:

Euphorisch gehobene Stimmung (Hauptsymptom des manischen Syndroms); Affekte der Heiterkeit, des erhöhten Selbstgefühls;

schwermütig gedrückte Stimmung (Hauptsymptom des depressiven Syndroms), Affekte der Traurigkeit, Angst, Verzweiflung;

dysphorische Verstimmung: missmutig gereizte Stimmungslage.

Intelligenzstörungen

Intelligenz: Fähigkeit zur selbständigen Lösung neuer Aufgaben. Zu unterscheiden sind praktische Intelligenz (Bewältigung der Lebensaufgaben) und theoretische Intelligenz (intellektuelle Leistungen, wie Begriffs- und Urteilsbildung). Der klinische Intelligenzbegriff betrifft vorwiegend die theoretische Intelligenz, prüfbar an der Abstraktionsfähigkeit. Es gibt ebenso partielle Leistungsfähigkeiten (Begabungen) wie partielle Defekte der Intelligenz.

Als *Schwachsinn oder Oligophrenie* wird ein *angeborener* (oder früh erworbener) Intelligenzmangel und als *Demenz oder Verblödung* ein im späteren Leben *erworbener* Intelligenzmangel bezeichnet. Pseudodemenz ist Vortäuschung einer Verblödung.

Denkstörungen

Das Denken wird gesteuert von Assoziationen (Verbindungen von Elementen nach Ähnlichkeit oder Erfahrung), Gestaltgesetzmässigkeiten und vom Denkziel (Intentionalität). Die Gedankeninhalte sind von der formalen Seite des Denkvorganges zu unterscheiden.

1. Formale Denkstörungen

Ideenflucht (Symptom des manischen Syndroms): Oberflächlicher, einfallsreicher Gedankengang, der ständig vom Denkziel – infolge Assoziationen oder Sinneseindrücken – auf einen Nebeneinfall abgelenkt wird («vom Hundertsten ins Tausendste…»). Das Gegenteil der «hüpfenden» Ideenflucht ist die «Gebremstheit» der *Denk-hemmung:* Verlangsamter, einfallsarmer Gedankengang, der nicht vom Fleck kommt und auf das Leitthema eingeengt bleibt. *Zerfahren-heit:* Sprunghafter, dissoziierter Gedankengang, bei dem die (logischen und assoziativen) Verknüpfungen fehlen; dadurch werden nicht zu-sammengehörige Denkinhalte aneinandergereiht. Hochgradige Zer-fahrenheit führt zum «*Wortsalat*». Leichtere Formen sind sprung-haftes Denken und sogenannte «kurze Assoziationen» (fehlende Spannweite des intentionalen Bogens).

Inkohärenz (Verworrenheit): Zerfahrenheit bei gleichzeitiger Bewusst-seinstrübung.

Zur *Sperrung* kommt es, wenn der Gedankengang ohne Bewusstseins-verlust für kurze Zeit plötzlich unterbrochen wird («Gedankenab-reissen»).

Haften: Der Gedankengang «klebt» am gleichen Thema; es kommt zur Störung der Um- und Einstellung auf ein neues Denkziel (GRÜN-THAL). *Perseveration* ist die Wiederholung gleicher Gedankeninhalte. Mit *Umständlichkeit* wird das pedantische Haften an Details bezeich-net, wobei die Hauptsache in der Schilderung von Unwesentlichem untergeht.

2. Inhaltliche Denkstörungen

Zwangsideen und -vorstellungen (Anankasmen): Aufdrängen von nicht unterdrückbaren Ideen, die als sinnlos und krankhaft erkannt und als quälend empfunden werden.

Beziehungen zu den Zwängen weisen die *Phobien* auf, für die Angst vor bestimmten Objekten oder Situationen typisch ist.

Überwertige Ideen: Katathym bedingte Ideen, die das gesamte Denken in unsachlich-einseitiger Weise beherrschen.

Wahnhafte Ideen lassen sich aus (manischen oder depressiven) Ver-stimmungen oder Bewusstseinstrübungen *ableiten.* Für gewöhnlich verschwinden sie nach Abklingen des psychotischen Zustandes; bleiben einzelne wahnhafte Ideen bestehen, so spricht man von *Residualwahn.*

Wahnidee: Aus einem affektiven Bedürfnis, dem «Wahnbedürfnis», erwachsende *Gewissheit,* die objektiv *falsch* ist und trotz gegenteiliger Erfahrung *nicht korrigiert* wird. Die Wahnideen entwickeln sich grösstenteils auf dem Boden einer *Wahnstimmung* (Stimmung des Un-heimlichen, Vieldeutigen).

Sobald die Wahnideen sich aus der diffusen Wahnstimmung herauskristallisieren, tritt mit Verschwinden der Wahnstimmung eine Beruhigung des Kranken ein. Die Wahnideen bilden sich auf folgende Weise: Sie treten blitzartig als *Wahneinfall* auf oder entstehen durch Umdeutung von Wahrnehmungen als *Wahnwahrnehmung*. Erklärungswahn ist ein Wahn, der zur Erklärung von rätselhaften Halluzinationen dient. Entwickeln sich die Wahnideen nicht, sondern erscheinen ganz selbständig und fertig im Bewusstsein, so spricht man von Primärwahn.

Falls durch die Herstellung von Beziehungen zwischen den einzelnen Wahnideen ein Wahngebäude errichtet wird, kommt es zum systematisierten Wahn oder *Wahnsystem*.

Der Inhalt der Wahnideen ist verschieden: Am häufigsten sind Verfolgungs- und Grössenwahn, dann Eifersuchts-, Versündigungs- und Verarmungswahn sowie Beziehungswahn.

Der Begriff «autistisch» (d.h. «selbstisch») führt über die Denkstörung hinaus und weist bereits auf eine veränderte Person (Zentrum der «geistigen» Akte) in ihrer Beziehung zur Umwelt hin.

Autismus: Die eigenen Überzeugungen und Strebungen beherrschen das Denken und Verhalten so sehr, dass der Sinn für die reale Aussenwelt verlorengeht. Daher wird der Umwelt nur entsprechend der eigenen «*Privatlogik*» begegnet.

Paranoid und *paranoisch:* Beide Begriffe werden auf Wahnkranke angewendet. Die Unterschiede bereiten dem Anfänger Schwierigkeiten: Paranoid (als Substantiv) meint paranoide Schizophrenie. Paranoid (als Adjektiv, Adverb) ist eine paranoide Reaktion oder Entwicklung (gehört also nicht zur Schizophrenie). Paranoisch (zum Teil als Ersatz des alten Begriffs Paranoia) ist reserviert für die verständliche Entwicklung eines Wahns (abnorme Wahnentwicklung, nicht Schizophrenie).

Ich- und Persönlichkeitsstörungen

Eine *Spaltung* des Ich bzw. der Persönlichkeit liegt folgenden Erscheinungen zugrunde: Identifikation; Doppelgängererlebnis; Wechsel der Persönlichkeit; nacheinander: zu verschiedenen Zeiten eine andere Persönlichkeit; nebeneinander: gleichzeitig sowohl diese wie jene Persönlichkeit (s. doppelte Buchführung).

Depersonalisation: Das eigene Ich oder Teile des Körpers werden als fremd erlebt *(Entfremdungserlebnisse[5]).*

Als «*Senkung des Persönlichkeitsniveaus*» wird ein allgemeines Nachlassen vor allem der intellektuellen Leistungsfähigkeit umschrieben. Ein qualitatives Anderswerden bezeichnet man als *Persönlichkeits- oder Wesensveränderung.*

Störungen der trieb-, affekt- und willensbedingten Äusserungen und Handlungen

Die bisher beschriebenen Funktionen bieten sich unter dem Gesichtspunkt der – nach aussen in Erscheinung tretenden – Aktivität als Anomalien der Äusserungen und Handlungen dar. Oft treten aber die zugrundeliegenden Trieb-, Affekt- und Willensvorgänge nicht zutage, und es kommt zu charakteristischen Verselbständigungen der motorischen Abläufe.

Aktivitätsverminderung

Akinese: Absolute Bewegungslosigkeit; Abulie: fehlender Willensantrieb.

Stupor: Relative Bewegungslosigkeit mit Einschränkung der Reizaufnahme und Reaktion («Totstellreflex»).

Ein gespannter Stupor liegt vor bei der *Katalepsie;* man spricht von wächserner Biegsamkeit (Flexibilitas cerea), da dem Kranken – wie einer Gliederpuppe – beliebige Stellungen gegeben werden können, in denen er über längere Zeit verharrt («Lageverharren»).

Mutismus: Nichtsprechen über längere Zeit (bei Intaktheit der Sprachorgane).

Während die Antriebs- und Willens*hemmung* zu einer gleichmässigen Herabsetzung der Äusserungen und Handlungen führt, liegt bei der *Sperrung* eine ruckartige Unterbrechung vor.

Antriebsschwäche: Allgemeine Verminderung der Aktivität (z.B. hirnlokales Psychosyndrom).

Aktivitätsvermehrung

Allgemeine Antriebssteigerung (Symptom des manischen Syndroms): vor allem Beschäftigungs- und Rededrang. Hyperkinese (Symptom des katatonen und deliranten Syndroms): Steigerung der Motorik, Bewegungsdrang. Raptus: ungeordneter Bewegungssturm.

---

[5]   MEYER, J.E.: Die Entfremdungserlebnisse (Thieme, Stuttgart 1959).

Qualitative Aktivitätsveränderung

Triebhandlung: Auf die Befriedigung eines bestimmten Triebziels gerichtete Handlung (z. B. Nahrungs-, Geschlechtstrieb).

Dranghandlung: Richtungsloses Getriebensein, das sich an zufälligem Ziel entlädt (nach STÖRRING, z. B. Drangzustände von Epileptikern, jugendlichen Enzephalitikern). Dranghaft sind folgende Impulshandlungen: Pyromanie (Brandstiftung), Kleptomanie (krankhaftes Stehlen), Poriomanie (Wandertrieb).

Affekthandlung: Durch starken Affekt bewirkte, unüberlegte Handlung (Primitivreaktionen: Explosiv-, Kurzschluss-, Schreck-, Panik-, Katastrophenreaktion).

Führt ein Reiz unter Umgehung der Gesamtpersönlichkeit zur Reaktion, so spricht man von *Primitivreaktion oder -handlung* (Reaktion und Handlung werden praktisch nicht scharf unterschieden; bei Reaktion liegt eine akute, kurze Antwort auf einen Reiz vor, während die Handlung einen längeren und komplizierteren Verlauf aufweist). Die Primitivreaktionen können zum Auftreten unterbewusster Mechanismen führen. Steht bei den Primitivreaktionen die elementare Entladung eines Affektüberdrucks mit Bewusstseinstrübung im Vordergrund, so liegt eine *Explosivreaktion* vor. Kommt es bei der kurzschlüssigen Reaktion zu komplizierten Handlungen, so nennt man sie *Kurzschlusshandlung.* Im Gegensatz zu diesen «primitiven», unspezifischen Reaktionsweisen wird bei der *Persönlichkeitsreaktion* das Erlebnis intrapsychisch verarbeitet; die Reaktion wird hierdurch zu einer für die Gesamtpersönlichkeit spezifischen Antwort.

Zwangshandlung: Als sinnlos erkannte und quälend empfundene, nicht unterdrückbare Handlung.

Automatismen: Unter diesen Begriff lassen sich alle ohne Willen ablaufenden Handlungen zusammenfassen.

Negativismus: Auf eine Aufforderung hin wird automatisch das Gegenteil des Verlangten oder nichts getan.

Im Gegensatz hierzu erfolgt bei der *Befehlsautomatie* reflektorisch die Ausführung von Befehlen.

Ambitendenz: Gleichzeitig nebeneinander vorkommende, entgegengesetzte Willensimpulse, die einen Entschluss unmöglich machen.

Echolalie-Echopraxie: Alles Gehörte oder Gesehene wird nachgesprochen oder nachgemacht.

Puerilismus: Übertriebene Nachahmung kindlicher Sprech- und Verhaltensweise.

Tic: Gleichförmig wiederkehrende, rasch und unwillkürliche Muskelzuckung (oft mit Ausdrucksgehalt).

Stereotypie: Häufige Wiederholung einer gleichen, sinnlos erscheinenden Bewegung oder Stellung (oft Rudiment eines früher sinnvollen Ausdrucksvorganges). Man unterscheidet Haltungs- und Bewegungsstereotypien[6].

Verbigeration: Sprachliche Stereotypie.

Manierismen: Sonderbare, posenhafte Gewohnheiten des Verhaltens.

Logorrhoe: Drang zu raschem, unaufhörlichem Reden ohne rechten Sinn und Zusammenhang.

Logoklonie: Mehrfaches Wiederholen der Wortanfänge.

Neologismen sind Wortneubildungen (Eigenworte); bestehen ganze Sätze aus Neologismen, so spricht man von *Kunstsprache* (Privat- oder Eigensprache)[7].

Grimassieren: Unbegründete Gesichtsverziehungen und Grimassen (d.h. sinnlose mimische Bewegungen). *Faxen:* Clownhaftes Herumturnen (d.h. sinnlose Körperbewegungen).

Inadäquat ist eine Äusserung oder Handlung, wenn die Reaktion dem ursächlichen Geschehen nicht entspricht oder sogar zuwiderläuft. Wird affektiv inadäquat reagiert: *Parathymie;* ist die Mimik inadäquat (in bezug auf den Affekt): *Paramimie.*

Bewusstseinsstörungen

Über reflektierendes Bewusstsein und Bewusstsein im Sinne der Wach-Schlaf-Schaltung S. 57.

Wir beschränken uns auf das *Bewusstsein der Wach-Schlaf-Skala.* Es ist keine isolierte psychische Funktion, sondern eine den Funktionen zukommende Qualität: wach und klar denken, fühlen und handeln, also sich verhalten zu können. Das Bewusstsein kann nach Intensität und Umfang verändert sein. Bewusstseinssteigerung: Hypervigilität (Steigerung der Wachheit). Bewusstseinsverminderung: Benommenheit (Herabsetzung der Wachheit). Bewusstseinsver-

---

[6]   KLAESI, J.: Über die Bedeutung und Entstehung der Stereotypien (Karger, Berlin 1922).

[7]   SPOERRI, TH.: Sprachstörungen bei Psychosen (mit 2 Schallplatten) (Lehmanns, München 1963).

änderung: Verwirrtheit, traumhafter Zustand. Bewusstseinserweiterung (Versenkung), -einengung (Dämmerzustand).
Über Bewusstsein und Unbewusstes S. 57, Hypnose S. 60.

Die Bewusstseinsstörungen gehen mit einer Veränderung sämtlicher psychischen Vorgänge einher, insbesondere mit Störungen der Wahrnehmung, Aufmerksamkeit, Merkfähigkeit, Orientierung, des Denkens und mit nachfolgender Amnesie.

Die Bewusstseinsstörungen sind zu unterteilen in
Benommenheit (Somnolenz, Sopor, Koma),
Bewusstseinstrübung (Verwirrtheit),
traumhafte Bewusstseinseinengung (Dämmerzustand).

Benommenheit: Bewusstseinsherabsetzung mit Apathie und Verlangsamung der psychischen Funktion; es wird nichts Neues, sondern weniger erlebt. Benommenheit oder *Somnolenz* ist der leichteste Grad. Der nächstschwerere Grad der Bewusstseinsherabsetzung ist der Sopor: Nur starke Reize vermögen vorübergehend zu wecken. Im *Koma* besteht völlige Bewusstlosigkeit (mit Fehlen der Haut- und Kornealreflexe, später der Lichtreaktion und Sehnenreflexe). Somnolenz bis Koma kommen bei organischen Psychosen vor. In der *Bewusstseinstrübung* liegt eine Verwirrtheit des Denkens und Handelns vor, mit lebhaften Affekten, Halluzinationen und Illusionen. Der Zusammenhang zwischen den einzelnen Vorgängen fehlt; das Bewusstsein ist wie «zerstückelt». Bewusstseinstrübung ist das Hauptsymptom des deliranten Syndroms.
Traumhafte Bewusstseinseinengung bei *Dämmerzuständen:* Das Bewusstsein ist bis auf wenige Strebungen abgeblendet und durch Halluzinationen traumhaft verändert, doch sind komplizierte Handlungen (Reisen) möglich. Bei desorientiertem Dämmerzustand erscheinen die Kranken verwirrt, beim selteneren orientierten Dämmerzustand scheinbar geordnet. – Traumhafte Bewusstseinsveränderungen finden sich bei organischen, epileptischen und hysterischen Dämmerzuständen.

Ursachen- und Verlaufsbegriffe

1. Ursache
Jeder seelische Organismus wird sowohl durch die *Anlage* wie die *Umwelt* geformt.
Entsprechend ist zwischen *ererbten* (hereditären) und *erworbenen* (fetal, frühkindlich oder im späteren Leben) seelischen Störungen zu unterscheiden. Unter den Begriff «angeboren» fallen sowohl ererbte wie fetal erworbene Schädigungen.

Mit *exogen* wird die Gruppe von Störungen bezeichnet, die durch körperliche Noxen hervorgerufen werden und deren Ursache «ausserhalb» des Seelischen liegt (Vergiftungen, Körper- und Gehirnkrankheiten). Die Untergruppe der «symptomatischen» Psychosen geht auf Körpererkrankungen zurück (die psychische Störung ist ein Symptom der körperlichen Störung), während mit hirn*organisch* die direkt das Hirn schädigenden Noxen gemeint sind.

In der Praxis werden die Begriffe exogen, symptomatisch und organisch oft gleichsinnig für alle Psychosen mit nachweisbarer körperlicher Ursache verwendet.

Endogen sind auf ererbter Grundlage entstehende seelische Störungen, deren Ursache ungeklärt ist.
Als *psychogen* werden die erlebnisbedingten Störungen gekennzeichnet (seelische Reaktionen und Neurosen). Von *reaktiv* spricht man, falls ein (psychotraumatisches) Erlebnis eine direkte, akute und kurzdauernde Reaktion bewirkt.

2. Verlauf

Die akut oder schleichend beginnende seelische Erkrankung wird durch meist uncharakteristische *Prodromalerscheinungen* eingeleitet. Die Progression (Fortschritt) der Störung kann kontinuierlich, phasenhaft oder schubartig vor sich gehen.
Zwischen den Phasen und Schüben liegen krankheitsfreie Intervalle. Während bei dem wellenförmigen Verlauf der *Phase* die Krankheitserscheinungen langsam beginnen und allmählich wieder in völlige Heilung übergehen, tritt der *Schub* abrupter und vehementer auf und kann – nach Abklingen der akuten Symptome – einen Defekt hinterlassen. Ereignen sich die Phasen oder Schübe in regelmässigen Abständen, so liegt ein *periodischer* Verlauf vor. Bei einer chronisch verlaufenden oder stationären (gleichbleibenden) Krankheit kann es zu einer Exazerbation, d.h. zu einem Wiederaufleben akuter Anzeichen kommen. Die Krankheit endet entweder mit *Heilung* (vollständige Remission oder nur soziale Heilung), *Defekt* oder *Demenz*.
Mit dem Begriff der *Entwicklung* (einer Persönlichkeit oder einer seelischen Störung) ist die *verstehbare* Entstehung verbunden. Im Gegensatz hierzu unterbricht ein (Krankheits-)*Prozess* den verständlichen Zusammenhang, ist *unverstehbar* und in seinem Verlauf relativ unbeeinflussbar und führt zu *irreversiblen* seelischen Veränderungen.

Zeitliche Abweichungen von der normalen Individualentwicklung:

Retardierung: Reifungshemmung (körperliche oder seelische Infantilismen); meist liegen nur partielle Retardierungen, d.h. Teilhemmungen vor.

Akzelerierung: Reifungsbeschleunigung bzw. Teilakzelerierung (partielle Frühreife).

Regression: Zurückfallen auf eine onto- und phylogenetisch frühere Entwicklungsstufe.

Spezielle Psychiatrie

Vorbemerkung und Einteilung

Definition und Abgrenzung der einzelnen Krankheiten sind nach Ländern und Schulen verschieden.

Typisiert man extrem, so kann man eine statisch-deskriptive und eine psychodynamische Richtung unterscheiden. Der *statischen Psychiatrie* geht es um formale Beschreibung des Zustandsbildes, begriffliche Formulierung und diagnostische Einordnung; sie entstammt der mitteleuropäischen Universitätspsychiatrie. Die *psychodynamische Psychiatrie* hat durch die Psychoanalyse Auftrieb erhalten; sie liegt der amerikanischen Auffassung zugrunde. Hier steht die Krankheitsentwicklung aus der individuellen Lebensgeschichte und den sozialen Faktoren sowie die psychodynamische Wechselwirkung von Kräften und Gegenkräften im Vordergrund. Die Idee der Krankheitseinheit tritt zurück; vielfach werden die Krankheiten als verschiedene Reaktionsweisen auf äusseren oder inneren «Stress» interpretiert.

Die Einteilung der seelischen Störungen erfolgt nach ätiologisch-pathogenetischen Gesichtspunkten:

Endogene Psychosen (Schizophrenie, Zyklothymie);

Epilepsien;

exogene Psychosen;

psychogene Reaktionen und Entwicklungen (Neurosen);

Psychosomatik;

sexuelle Störungen;

psychopathische Persönlichkeiten;

Oligophrenien.

Schizophrenie

Mit «Schizophrenie» wird eine Gruppe äusserst verschiedenartiger Krankheitsbilder bezeichnet. Das Gemeinsame sah KRAEPELIN in der «frühzeitigen Verblödung» und sprach darum von *Dementia praecox.* Da die Verblödung aber weder eine echte organische Demenz ist noch bei allen Fällen eintritt und dann nur selten in jugendlichem Alter, liess man die Bezeichnung Dementia praecox wieder fallen. E. BLEULER erkannte dann das Gemeinsame in der Spaltung der Persönlichkeit und prägte den Begriff *Schizophrenie*, d.h. *Spaltungsirresein*. Die Ursache der Schizophrenie ist nach wie vor ungeklärt. An der Hypothese einer körperlichen Teilursache (neben hereditär-familiären und psychosozialen Faktoren) wird aber im allgemeinen festgehalten. In der amerikanischen Psychiatrie liegt der Akzent stärker auf den psychodynamischen Faktoren; daher wird von «schizophrenic reactions» gesprochen, und die Einreihung der Schizophrenie erfolgt unter die funktionellen Psychosen (A. MEYER).

Die Aufzählung der einzelnen schizophrenen Symptome verwirrt den Anfänger, dem die Anschauung fehlt. Mit Nachdruck sei auf WYRSCHS[1] lebendige Schilderung typischer schizophrener Bilder verwiesen. Auf deren Hintergrund lassen sich die Einzelsymptome als Mosaiksteinchen des Gesamtbildes verstehen und auch entsprechend besser im Gedächtnis behalten. Um die Einordnung der Einzelsymptome zu erleichtern, schicken wir im folgenden eine zusammenfassende «bildhafte» Beschreibung der Schizophrenie voraus.

Die Schizophrenie ist eine typische *Persönlichkeitsstörung;* die «Werkzeuge» des Gedächtnisses, der Intelligenz sowie das Bewusstsein sind nie (primär) gestört. Die Psychose führt plötzlich oder schleichend zu einem *Kontaktverlust* mit der bisher vertrauten normalen Welt und zum *Einbruch einer fremdartigen, psychotischen Welt* mit völlig neuen Erlebnissen[2]. Das Selbstverständliche unserer Konventionen ist nicht mehr selbstverständlich; das Natürliche wird problematisch. Der Einbruch psychotischer Inhalte in das Erleben des Kranken zeigt sich als *Spaltung* der Persönlichkeit, die in den *Primärsymptomen* greifbar wird: als Störung der *Affektivität* (fehlender Kontakt, Ambivalenz), als *Denkstörung* (Zerfahrenheit, Sperrung, Gedankendrängen), als *Störung der Person* (Autismus, Depersonalisation, Entichung, Eindruck des Gemachten, doppelte Buchführung). Die Primärsymptome stehen meist nicht im Vordergrund, sondern das Erscheinungsbild wird bestimmt durch die – weniger für die Schizophrenie charakteristischen – *Sekundärsymptome:* katatone Erscheinungen, Halluzinationen, Wahnideen. Diese entstehen sekundär, als Reaktion auf die Primärsymptome. Die schizophrenen Vorstellungen und Handlungen wirken nach aussen häufig *uneinfühlbar* (in Unterscheidung zu den

---

[1]   WYRSCH, J.: Schizophrenie; in REICHARDT Allgemeine und spezielle Psychiatrie, p. 384 (Karger, Basel 1955).

[2]   CONRAD, K.: Die beginnende Schizophrenie (Thieme, Stuttgart 1958).

psychogenen Entwicklungen). Die Halluzinationen Schizophrener erwecken den Eindruck der «Ich-Nähe» (im Gegensatz zu den organischen «Ich-fernen» Sinnestäuschungen).

Je nach dem Vorherrschen einzelner Symptome wird die Schizophrenie unterteilt in Katatonie (motorische Symptome), Hebephrenie (läppisch-unberechenbares Verhalten), Paranoid (Wahnideen, Halluzinationen), einfache Schizophrenie (nur Primärsymptome). Während in der akuten Phase der Kranke durch Sinnestäuschungen, aufschiessende Wahnideen, Sperrungen oder Gedankenjagen bedrängt und hin und her gerissen wird, sind im chronischen Stadium die schizophrenen Symptome nicht mehr akut; es tritt eine Beruhigung und eine neue Stabilisierung der Persönlichkeit ein. Aber durch den schizophrenen Prozess ist eine *Wandlung der Person*[3] erfolgt. Dass der Schizophrene nun zugleich diese neue Person wie auch seine alte Person sein kann und *gleichzeitig in seiner autistisch-krankhaften wie der wirklichen Welt* lebt, ist etwas vom Charakteristischsten der Schizophrenie. Die Schizophrenie ist die häufigste Geisteskrankheit: 0,9 % der Gesamtbevölkerung erkranken; bei zwei schizophrenen Eltern erkranken ein Drittel bis zur Hälfte der Kinder; die Erkrankungswahrscheinlichkeit bei einem schizophrenen Elternteil wird mit 9–16 % angegeben. Erkrankungskonkordanz bei eineiigen Zwillingen 80 %, bei zweieiigen jedoch nur um 15 %. Erkrankungswahrscheinlichkeit für Geschwister von Schizophrenen 8–12 %; ein bis zwei Drittel der Anstaltsinsassen sind schizophren.

1. Genese

Somatisch[4]*:* Pathologisch-anatomische Befunde existieren nicht. Pneumoenzephalographische Veränderungen (vor allem des 3. Ventrikels) sind nicht spezifisch. Körperliche Störungen (z.B. Stoffwechsel, Blutbild) sind erklärbar als vegetative Folgen der emotionellen Spannung. Serotoninstoffwechsel, Methylierungsprozesse, Taraxein usw. sowie EEG-Veränderungen werden diskutiert. Sichere Anhaltspunkte für eine «Somatose» fehlen. Auslösende Faktoren können körperliche Krankheiten, hormonale Umstimmung (Pubertät, Schwangerschaft) sein. Man nimmt «hypothetisch» eine somatische Teilursache für die Schizophrenie an.

[3] Wyrsch, J.: Die Person des Schizophrenen (Haupt, Bern 1949).
[4] Benedetti, G.; Kind, H. und Wenger, V.: Forschungen zur Schizophrenielehre 1961–1965. Fortschr. Neurol. Psychiat. *35:* 1–34, 41–121 (1967).

Psychisch: Eine rein seelische Genese liegt nicht vor. Wesentliche Bedeutung kommt aber als auslösendem Faktor folgenden Konflikten zu: *Soziale Isolierung;* Ortswechsel; beschämende, vereinsamende, sexuelle, religiöse Erlebnisse. Das Seelische ist also als Teilursache an der Genese der Schizophrenie beteiligt.

Kontroversen über die *Psychogenie:* Amerikanische Autoren neigen stärker zu einer erlebnisbedingten Genese. Die Schizophrenie wird als eine spezifische Reaktion auf einen extremen Zustand von Angst angesehen, der seinen Ursprung in der Kindheit hat und im späteren Leben durch psychische Faktoren reaktiviert wird (ARIETI). Dem wird entgegengehalten: keine Psychogenie; Konflikte und Komplexe sind Folge der Schizophrenie oder formen nur ihr Erscheinungsbild (pathoplastische Faktoren).

Zur *Psychodynamik:* Die schizophrene Symptomatik wird interpretiert als Ausdruck einer Motivationsdynamik; ungestillte Bedürfnisse, ängstliche Selbstverteidigung, Kontaktsuche und Abwehr stehen im Widerstreit und geben den psychodynamischen Hintergrund für die Symptombildung ab. Beschreibung in psychoanalytischen Termini: Ich-Schwäche, Objektverlust, Regression usw. Psychodynamisches Verstehen impliziert nicht Psychogenie.

Vererbung und Familiensituation: Genetisches und Milieubedingtes kann nicht getrennt diskutiert werden (M. BLEULER). Eltern sind nicht nur Übermittler einer Disposition, sondern formen Kinder aktiv durch emotionelle Beziehung. Eine ererbte Konstitution ist Teilursache der Schizophrenie. So finden sich in der Verwandtschaft gehäuft Schizophrene und schizoide Sonderlinge. Bei EZ ist hohe Übereinstimmung für Erkrankungsbereitschaft feststellbar. Ein spezifischer genetischer Faktor ist aber unwahrscheinlich. Viele Schizophrene zeigen vor der Erkrankung (präpsychotisch) ein schizoides Temperament ($1/3-2/3$); leptosomer und dysplastischer Körperbau kommt vermehrt (bis 50%) vor; schizophrene Pykniker haben eine bessere Prognose, werden seltener dement. Die Familienkonstellation zeigt gehäuft «broken homes», Konflikte zwischen den Eltern und gestörte Beziehung zur Mutter (ängstlich, aggressiv, «overprotectiv»). Schizophrene finden sich häufiger in niederer Sozialschicht.

Zusammenfassend gilt für Schizophrenie eine multifaktorielle *Pathogenese:* Zusammenwirken *seelischer* (charakterlich-familiär-sozialer) und *körperlicher* Teilursachen auf der Grundlage einer *ererbten Konstitution.*

2. Klassifikation

Nach der Wertigkeit der Symptome für die Diagnose unterteilt E. BLEULER in Primär- und Sekundärsymptome (S. 79). K. SCHNEIDER unterscheidet Symptome 1. Ranges (z. B. Gedankenlautwerden, interpretierende Stimmen, Gedankenentzug usw.) und 2. Ranges (z. B. Sinnestäuschungen, Wahneinfall usw.).

Die Abgrenzung der Schizophrenie von organischen, psychoreaktiven, affektpsychotischen Störungen ist nach Schulen verschieden. Kernschizophrenien (mit ungünstiger Prognose) werden abgetrennt von schizophreniformen Psychosen (mit gutartigem Verlauf). Der Begriff der Kerngruppe steht dem der Prozessschizophrenie nahe. Als «*schizophrene Reaktion*» wird ein schizophrenes Zustandsbild gezeichnet, das durch schweres Psychotrauma (Stress) ausgelöst wird, nach kurzer Zeit heilt, kein Rezidiv hat. Verwandt ist der Begriff der Emotionspsychose. Pseudoneurotische Schizophrenie und «borderline psychotics» betreffen therapieresistente «neurotische» Zustände, die unter Stress psychotische Manifestationen zeigen.

3. Symptomatik

Nicht gestört sind: Bewusstsein, Orientierung, Intelligenz, Gedächtnis.

3.1. Affektivitätsstörungen

Fehlender oder schlechter affektiver Rapport oder Kontakt: Der Schizophrene geht affektiv nicht aus sich heraus und man kommt affektiv nicht an ihn heran. Er lebt in einer eigenen Welt und ist wie von einer Glaswand umgeben. Durch die gefühlsmässige Verhaltenheit wirkt er affektiv steif und zeigt eine geringe affektive Modulation. Als affektiv verödet und leer erscheinen schizophrene Defektzustände.

Ambivalenz: Der Schizophrene liebt und hasst und will und will etwas nicht im gleichen Augenblick. Diese gegensätzlichen Affekte (oder Tendenzen) bleiben ohne Lösung nebeneinander bestehen.

Parathymie: Auf eine Trauernachricht wird mit Heiterkeit reagiert.
Paramimie: Trotz eines Angstaffekts lacht der Kranke oder erscheint unberührt[5].

Schizophrene Grundstimmung oder *Atmosphäre:* Aus uneinfühlbaren Erlebnissen stammende, traumähnliche Gesamtstimmung (keine echte

---

[5] Zur besseren Illustrierung erklären wir die Begriffe durch Beispiele; die allgemeine Definition findet sich im Abschnitt über die Grundbegriffe.

Benommenheit!); der Kranke hat einen traumhaft abwesenden, in die Ferne gerichteten Blick.

Gefühlseinbrüche unmotivierter Angst oder Glückseligkeit kommen vorwiegend bei akuten Psychosen vor, ebenso plötzliche *abnorme Impulse* und *uneinfühlbare Kurzschlusshandlungen* (z.B. unmotivierte Reise, Exhibition, Mord); schizophrenieverdächtig ist hierbei der *fehlende* Affekt.

3.2. Denkstörungen

Zerfahrenheit: Die einzelnen Gedanken verlieren den Zusammenhang; von der leichten Störung der Sprunghaftigkeit, den kurzen Assoziationen, dem Danebenreden bis zur hochgradigen Zerfahrenheit des Wortsalates.

v. A. Doktor, Gott und Vater, wiedergeboren, pflichttreue Schweizerin, Schweizerin Ewigkeitswert, Zürich Bahnhofstrasse Poliklinik.

Sperrung: Der plötzliche Unterbruch des Gedankenganges wird vom Kranken als «Gedankenabreissen» empfunden und wahnhaft als «*Gedankenentzug*» gedeutet.

Gedankendrängen: Gedanken jagen einander ohne Aufhalten («Ich habe ein Gedankenkarussell im Kopf»).

Sprache: Geschraubt, bizarr, pathetisch, leer, schwebend-unbestimmt oder umständlich; häufig sind rhythmische *Wiederholungen*, spielerische Reimereien mit Klangassoziationen.

Neologismen (z.B. Pensudet = Geschlechtsverkehr) haben teilweise feste Bedeutungen und bilden – in seltenen Fällen – eine klangvolle Privat- oder *Kunstsprache*.

Die auf den ersten Blick *unverständlichen* Spracheigentümlichkeiten erweisen sich – wie auch andere schizophrene Äusserungen – bei Kenntnis der Welt des Kranken als deren typischer Ausdruck und sind daher in dieser Hinsicht *sinnvoll*. Als Regression deutbar, werden Mechanismen unterbewusster Funktionsweisen aktiviert: Wortkontamination, Verschiebung und Denken in *Symbolen* (Analogien zum archaischen Erleben der Primitiven).

3.3. Störungen der Person

Autismus: In seine «ver-rückte» Innenwelt verstrickt, denkt und handelt der Kranke ganz nach seiner schizophrenen Privatlogik.

Ramses II. erlässt täglich auf Papierschnitzeln königliche Orders, unbekümmert um Gleichgültigkeit oder Protest der Umwelt, die höchstens für Bestätigungen genommen werden.

Depersonalisation: Teile des Körpers und des Ich werden als fremd empfunden. Diese Entfremdungserlebnisse der Depersonalisation werden typisch schizophren durch die Ent-Ichung und den Eindruck des Gemachten.

Ent-Ichung: Gedanken und Gefühle werden als ich-fremd, als nicht mehr selbstgetätigt, erlebt (Störung der Ich-Qualität).

Eindruck des Gemachten: Die ich-fremden Gedanken werden von aussen gemacht; der Kranke fühlt sich hypnotisiert.

Doppelte Buchführung: Der Kranke lebt «doppelt», zugleich in der wirklichen und der wahnhaften Welt; er ist zugleich diese und eine andere Person.

Königin Elisabeth duldet nur die Anrede «Majestät», strickt aber gleichzeitig in aller Selbstverständlichkeit einen Strumpf für ihr Enkelkind Meier.

Transitivismus: Patient glaubt Personen seiner Umwelt ebenfalls krank.

3.4. Katatone Symptome

Die katatonen Symptome sind *motorische* Symptome. Diese *motorischen* Erscheinungen sind teils hypobulische Mechanismen, teils sinnvolle Ausdrucksphänomene, teils nur absonderliche Gewohnheiten unbeschäftigter Anstaltsinsassen. Sie lassen sich zum Teil *polar* anordnen: Stupor/Erregung, Negativismus/Befehlsautomatie.

Stupor: Starrezustand, in dem sich der Kranke nicht bewegt und auf nichts reagiert.

Katalepsie: Dem Kranken kann wie einer Gliederpuppe jede Stellung gegeben werden.

Katatone Erregung: Ungeordneter Bewegungssturm.

Die Stuporösen sind häufig mutistisch und essen nicht. Die Erregten zeigen oft Rededrang und Fresslust; Gewalttätigkeiten, Kleiderzerreissen kommen vor. Als Regressionszeichen beobachtet man Nässen, Einkoten, Exhibieren, Puerilismen usw.

Negativismus: Der Kranke tut automatisch das Gegenteil des Verlangten; gibt man ihm die Hand, so zieht er seine zurück.

Befehlsautomatie: Automatenhaft wird strikte alles Verlangte ausgeführt.

Echolalie und *-praxie:* Wie ein Spiegel reflektiert der Kranke alles Gehörte oder Gesehene; auf die Frage: «Wie geht es?» antwortet er: «Wie geht es?»

Stereotypie: Sinnlose «Leerlauf»-Bewegungen bei Chronischkranken· Der Patient hebt immer wieder in gleicher Weise den Fuss, und zwar als letztes Überbleibsel des sinnvollen Versuchs, durch das Fenster zu entfliehen (KLAESI). Bekommt man von einem Kranken stets stereotyp den gleichen Satz zu hören: «Um halb acht zNacht», so ist das eine *Verbigeration* (sprachliche Stereotypie).

Manieriert erscheint ein immer in der gleichen Pose die Hand gebender Schizophrener; auch die Redeweise ist oft affektiert.

Grimassieren: Sinnlose Grimassen.

Schnauzkrampf: Krankhaftes Vorstülpen des Mundes.

Faxensyndrom: Clownhaftes Herumturnen mit Grimassenschneiden.

Die Mehrzahl der katatonen Symptome lassen sich als «*Automatismen*» bezeichnen (d.h. ohne Willen ablaufende Handlungen). *Plötzliche Impulse und Zwangshandlungen* laufen ebenfalls als Automatismen ab.

3.5. Halluzinationen

Der Häufigkeit nach kommen folgende Halluzinationen vor:

Gehörshalluzinationen: Von den Schizophrenen selbst als *Stimmen* bezeichnet.

Die Stimmen kommen in allen Variationen vor; sie schimpfen, befehlen, tönen aus dem Nebenhaus oder dem eigenen Körper, sind laut und leise, sie kritisieren und prophezeien. Der Kranke schimpft zurück, hält Zwiesprache mit ihnen oder verstopft sich die Ohren. Meist leidet er darunter, selten ist er amüsiert und manchmal gleichgültig. Gedankenlautwerden: Das gerade Gedachte wird von der Stimme ausgesprochen.

Körperhalluzinationen: Elektrizität, Strahlen, Stechen, Brennen und sexuelle Belästigungen (Vergewaltigungen; der Samen wird abgezogen).

Geschmacks- und Geruchshalluzinationen: Als Gift und Gas gedeutet.

Gesichtshalluzinationen: Selten szenenhaft, meist ruhige bildhafte Visionen.

Elementar-extrakampine Reizhalluzinationen und Illusionen sind vereinzelt beobachtbar.

Differentialdiagnose chronischer *Halluzinosen nichtschizophrener Genese:* Szenenhaft-visuelle Halluzinationen bei exogenen Psychosen S. 103. Epilepsie S. 95. Halluzinosen bei Intoxikation und Entziehungserscheinung S. 117. Taktile Halluzinose bei Dermatozoenwahn S. 114. Akustische Halluzinose bei Alkoholismus S. 128. Katathyme Halluzinationen z.B. bei Oligophrenie S. 169.

3.6. Wahnideen[6]

Bei akuten Schizophrenien ist die unheimliche und vieldeutige *Wahn-stimmung* der Nährboden, auf dem – als Wahnwahrnehmung oder -einfall – der Wahn entsteht. Da der Wahn oft ein Heilungsversuch ist, sich nämlich in der verrückten Welt wieder zurechtzufinden, tritt mit seiner Bildung eine Beruhigung ein. Im Gegensatz zum *Erklärungswahn*, der zur Deutung von rätselhaften Halluzinationen dient, bildet sich der *Primärwahn* direkt, d.h. autochthon (wenn auch auf der Grundlage der Wahnstimmung).

Von aussen betrachtet erscheint der schizophrene Wahn *uneinfühlbar* und *unverstehbar;* erst die Kenntnis des individuellen Falles wie allgemein des schizophrenen Erlebens lässt vieles einfühlbar erscheinen und teilweise als Entwicklung verstehen. Grundsätzlich sind aber zu trennen: die *psychogene* und verstehbare *Wahnentwicklung* (S. 146) und der durch einen Prozess bewirkte «unverständliche» schizophrene Wahn.

Häufigste Wahnformen:

Beziehungswahn: Zufällige Ereignisse bezieht der Kranke auf sich; der Milchwagen fährt seinetwegen rechtsherum.

Bedeutungswahn: Ein zufälliges Ereignis wird bedeutungsvoll erlebt; der Wagen fährt so, und das bedeutet Weltuntergang.

Beeinflussungswahn: Dem Kranken wird dies oder jenes «gemacht»; er fühlt sich bestrahlt, hypnotisiert und dem Hexensabbat einer magischen Welt ausgeliefert.

Diese in akuten Zuständen oft wechselnden Wahnideen können in chronischeren Stadien fixiert und weiter ausgebaut werden und durch Verknüpfungen und Querverbindungen zum *Wahnsystem* führen.

Verfolgungswahn: Der Kranke ist Mittelpunkt eines weitverzweigten Netzes von Verfolgern, von Jesuiten, Freimaurern oder von modernen Mächtigen oder auch banalen Feinden.

Grössenwahn: Der Schizophrene erhöht sich zum König, Weltlenker, Propheten oder zu einem göttlichen Wesen mit Sendung und Aufgabe.

Eifersuchtswahn: Der Partner wird grundlos der Untreue bezichtigt und hierfür werden wahnhafte «Beweise» erbracht.

Vergiftungswahn: Die Verfolger versuchen den Kranken durch Vergiftung zu schwächen oder umzubringen.

---

[6]   SCHNEIDER, K.: Über den Wahn (Thieme, Stuttgart 1952).

Personenverkennungen: Aufgrund von Wahnideen werden dem Kranken bekannte Personen mit neuen Namen belegt und als diese neuen Personen verkannt.

Differentialdiagnose zu chronischen *Wahnsyndromen nichtschizophrener Genese:* Schuld-Versündigungs-Wahn bei endogener Depression S. 91. Bestehlungs-Verfolgungs-Wahn bei Senilen S. 113. Bei übrigen organischen Zuständen S. 109. Bei Epilepsie S. 95. Alkoholischer Eifersuchtswahn S. 129. Grössenwahn bei progressiver Paralyse S. 133. Paranoische Wahnentwicklung (sensitiver Beziehungswahn, Querulantenwahn usw.) S. 147. Katathymer Wahn bei Oligophrenie S. 169.

4. Unterformen
Unterformen der Schizophrenie werden durch das Vorherrschen bestimmter Symptome gebildet; sie sind keine Krankheitseinheiten, gehen ineinander über und können beim gleichen Kranken wechseln.

4.1. Katatonie
Motorische Symptome, frühes Auftreten (zirka 25–30 Jahre), Tendenz zu akuten Schüben und anfangs guter Remission; primär chronischer Verlauf möglich.

Febrile oder perniziöse Katatonie: Akute hochgradige Erregung oder gespannter Stupor mit starker Exsikkose und Temperaturen bis zu zirka 39°C; bedrohlicher Zustand, der rasch zum «Katatonietod» führen kann (Hirnschwellung?).

4.2. Hebephrenie
Unberechenbares, läppisches Verhalten; einzelne Halluzinationen und Wahnideen, ohne rechten Zusammenhang mit Gesamtverhalten. Beginn häufig in Spätpubertät (zirka 20 Jahre), chronisch-ungünstiger Verlauf herrscht vor.

4.3. Paranoid
Wahnideen und Halluzinationen bei gut erhaltener Persönlichkeit. Häufig Beginn erst mit 35–40 Jahren, vor allem bei chronischen Formen. Spätes Auftreten wird Spät- bzw. Altersparanoid genannt.

4.4. Schizophrenia simplex
Einfache oder symptomarme Form, nur *Primärsymptome.* Schleichender Verlauf mit allgemeiner Versandung und Fehlen jeglicher Selbstgestaltung. Der Beginn der Krankheit (meist Spätpubertät)

zeigt sich häufig nur im sozialen Versagen als sogenannter «Knick in der Lebenslinie».

4.5. Schizophrene Depression
Depressives Syndrom bei Schizophrenie.

4.6. Schizophrene Reaktion
Psychotische Episode mit typisch schizophrener Symptomatik; enger zeitlicher und thematischer Zusammenhang mit schweren, nicht zu bewältigenden Konflikten. Klingt nach Tagen oder Wochen ab, keine Chronifizierungstendenz. Fraglich, ob eigenständiges Krankheitsbild.

4.7. Pfropfschizophrenie
Schizophrenie bei Oligophrenen (unglücklicher Begriff!).

4.8. Mischpsychose
Atypische Psychoseform, die – in Zustandsbild oder Verlauf – sowohl schizophrene wie manisch-depressive Symptome aufweist.

4.9. «Koenästhetische» Schizophrenie (G. Huber)
Eine fraglich selbständige Untergruppe, bei der Leibhypochondrien bis zu Körperhalluzinationen das Zustandsbild bestimmen.

5. Verlauf
5.1. Erkrankungsformen
Die Schizophrenie kann einen *akuten* oder einen *schleichenden Beginn* zeigen oder durch uncharakteristische Prodromalerscheinungen *(pseudoneurasthenisches oder depressives Vorstadium)* eingeleitet werden. Der *Verlauf* erfolgt chronisch-schleichend oder in akuten, häufig periodisch auftretenden *Schüben* (Dauer: Tage bis Jahre). Ein Schub kann der einzige bleiben; die Wahrscheinlichkeit weiterer Schübe ist aber gross; je länger die Krankheit zurückliegt, um so geringer ist die Rückfallsgefahr. Der Schub remittiert selten mit völliger, häufiger nur mit *sozialer Heilung* oder führt – aufgrund des schizophrenen Prozesses – zu einem *Defekt* oder zur schizophrenen Verblödung, zur *Demenz.*
Schizophrener Defekt: Die Persönlichkeit ist geschädigt, «defekt». Die Defektschizophrenen zeigen eine Einengung der Interessen, Kontaktschwäche, autistisch-weltfremdes Verhalten sowie Bizarrerien und Verschrobenheiten.

Schizophrener Endzustand («Demenz»): Allgemeine Senkung des Persönlichkeitsniveaus mit (teilweiser) Antriebs- und Interesselosigkeit und affektiver Verödung. Charakteristischerweise erscheint der Persönlichkeitsabbau nicht für alle Gebiete gleich. Er ist eine «relative» Verblödung, d.h. er zeigt sich da, wo durch Autismus und Katathymie die psychischen Funktionen nicht «verfügbar» sind. In seltenen Fällen ist die «Demenz» reversibel. Sie muss streng von der echten und irreversiblen, organischen Demenz unterschieden werden.

Prognose: Es gilt die grobe Faustregel: Akuter, wellenförmiger Verlauf = gute Prognose; schleichender Verlauf = schlechte Prognose. Ein erster akuter Schub heilt in 50%. Die Prognose ist um so besser, je mehr das Zustandsbild dem akut exogenen Reaktionstyp gleicht, manische oder depressive Züge sowie psychoreaktive Momente vorherrschen. Nach M. BLEULER liegen folgende Zahlen über den endgültigen Ausgang vor: 25% Heilung, 50% Defekt, 25% Demenz.

Therapie: Kombination von Psycho- und Somatotherapie; körperliche Behandlung dient der Wegbereitung für die Psychotherapie[7].

Psychotherapie: Gesundungskräfte wecken, «*Selbstheilungstendenzen*» (KLAESI) des Kranken fördern, Rückführung in Kontakt mit Umwelt.

Durch medikamentöse Beruhigung ergeben sich neue Möglichkeiten für die Anstaltsführung; die Patienten werden in familienähnlichen Gruppen zusammengefasst, mit teilweiser Selbstverwaltung. Individuelle Behandlung besteht in Stütztherapie mit Beziehungsförderung. Analytisch aufdeckende Psychotherapie ist nur für Einzelfälle geeignet (besonders intensive Übertragung; bedarf speziell geschulter Therapeuten). Die *Arbeits- und Beschäftigungstherapie* wird immer mehr zur *Gruppenpsychotherapie* ausgebaut. In der Rehabilitation werden selbst langjährige Chronische einem stufenweisen Leistungstraining unter allmählicher Eingliederung in den Arbeitsprozess zugeführt. Durch *Nachbehandlung* anstaltsentlassener Schizophrener können häufig Wiedereinweisungen vermieden werden; hierzu tragen Besprechungen mit Arbeitgeber und Familie bei sowie die Betreuung in *Patientenclubs* (Näheres s. *Soziotherapie,* «*community care*» S. 222).

Somatotherapie[8]: *Neuroleptika* (Largactil, Melleril, Nozinan, Sordinol, Haloperidol usw.) ambulant und klinisch. Falls neuroleptische Therapie ohne Erfolg und bei Katatonie: Elektroschock (Methode der Wahl bei febriler-perniziöser Katatonie).

Hebephrenie und einfache Schizophrenie therapeutisch am schlechtesten beeinflussbar.

---

[7]   MÜLLER, M. und MÜLLER, C.: Die Therapie der Schizophrenien. Psychiatrie der Gegenwart, vol. 2 (Springer, Berlin 1972).

[8]   ANGST, J.: Die somatische Therapie der Schizophrenie (Thieme, Stuttgart 1969).

Zyklothymie

Die *manisch-depressive, zirkuläre* oder *affektive* (Synonyme) *Psychose*
ist durch endogene manische und depressive (melancholische) Phasen
gekennzeichnet, die in der Regel ohne Defekt abheilen[9]. Hintergrund
einer Zyklothymie ist stets eine vitale Verstimmung (leib-seelische
Missbefindlichkeit, bei der leiblicher und seelischer Anteil der gleichen
Tiefe angehören).
Die Dauer der Krankheitsphasen ist verschieden (zirka 6–9 Monate
oder länger). Die manischen und depressiven Zirkelschwankungen
wechseln ab (bipolare Form), oder es treten vorwiegend oder ausschliesslich manische bzw. (häufiger) depressive Phasen auf (unipolare
Form). Die Abstände sind unregelmässig oder regelmässig (periodisch). Die Manisch-Depressiven sind meistens Pykniker (Anteil
Hälfte bis zwei Drittel), präpsychotisch ist hypomanisches, subde-
pressives oder zykloides Temperament häufig. Eher höherer Sozialstatus. Rund 0,6% der Gesamtbevölkerung erkranken. Die Vererbungstendenz ist relativ gross. Konkordanz bei EZ wird im Mittel mit
66% angegeben. Bei zwei manisch-depressiven Elternteilen erkranken
33% der Kinder, bei einem kranken Elternteil 15%. Die unregel-
mässig-gemischte Form hat grösste Vererbungspenetranz.
Die Ursache ist noch ungeklärt, jedoch körperlicher Natur (insbesondere dürfte der Stoffwechsel der biogenen Amine, vor allem von
Noradrenalin und Serotonin, massgeblich beteiligt sein). Hinweise
sind auch die typischen Störungen der Leib- oder Vitalgefühle (in
Manie erhöht, in Depression erniedrigt).
Die Phasen treten grösstenteils ohne erkennbare Ursache auf, eher
selten psychoreaktiv und noch seltener Auslösung durch körperliche
Erkrankung.

1. Manie
Euphorisch gehobene Grundstimmung, allgemeine Enthemmung und
Antriebsvermehrung, Ideenflucht und Rededrang. Erhöhtes Selbst-

---

[9]   WEITBRECHT, H. J.: Depressive und manische endogene Psychosen. Psychia-
trie der Gegenwart, vol. 2 (Springer, Berlin 1972).
SCHULTE, W. und TÖLLE, R.: Psychiatrie (Springer, Berlin 1971).
KIELHOLZ, P.: Diagnose und Therapie der Depressionen für den Praktiker
(Lehmanns, München 1966).

gefühl und Überschätzung eigener Fähigkeiten können zu spieleri-
schen Grössenideen führen. Durch Betriebsamkeit, Reizbarkeit, sexuelle Hyperaktivität entstehen soziale Schwierigkeiten.

Je nach Vorherrschen einzelner Züge kann man unterscheiden:
«heitere»-fröhliche Manie, gereizt-zornmütige Form, erregt-tobsüch-
tige, ideenflüchtige, verworrene und expansive Formen.

2. Mischformen

Umstritten, ob man hiezu die agitierte Depression (es können manische und depressive Momente hineininterpretiert werden!) hinzu-
zählen darf. Prognostisch eher ungünstig. Gleiches gilt für die ängstliche Manie. Manische und depressive Phasen können sich aber
anderen Krankheiten superponieren (z. B. Schizophrenie).

Über eigentliche Mischpsychosen S. 88.
Therapie: Manie: Haloperidol, Sordinol, evtl. Serpasil, neuerdings Lithium.
Mischzustände: Dämpfung und Stimmungshebung (Surmontil, Laroxyl, Nozi-
nan), s. Therapie Depression, S. 94.

3. Endogene Depression

Im Vordergrund schwermütig gedrückte Grundstimmung (traurig
oder ängstlich, verzweifelt, freud- und hoffnungslos), allgemeine
Hemmung und Antriebsverarmung; Denkhemmung und Entschluss-
unfähigkeit.

Aspektmässig fällt der Depressive (speziell mit pyknischer Konstitution) durch Verarmung der mimisch-gestischen Bewegungen sowie
die monotone Sprechweise mit Seufzern auf. Diese Monotonie gilt
auch für die agitierte Depression, bei der die psychomotorische (An-)
Getriebenheit keineswegs reichhaltiger wirkt. Zur Symptomatik des
endogen-depressiven Syndroms gehören weiter *Tagesschwankungen:*
Morgens ist es «schwerer», oder der Patient ist «trauriger» als am
Abend; *vegetative Störungen:* Appetitlosigkeit mit Gewichtsabnahme,
Obstipation, Schlaflosigkeit, gelegentlich Amenorrhoe, Nachlassen
der Libido (Potenzverlust eventuell Frühsymptom!), *leibliche Miss-
empfindungen:* Druck- und Schweregefühl im Brustbereich, Druck
«hinter der Stirne» oder «Kopfdruck», Globusgefühl im Hals. *Aspekt:*
Oft gebeugt-schleppender Gang, gelegentlich Veraguthsche Falte
(Oberlidfalte winklig nach oben gezogen).

Inhaltliche Vorstellungen des Depressiven, mit Übergang in eigentliche Wahnideen, kreisen um Versündigung, mit Selbstvorwürfen, *Schuldgefühlen* bis hin zum *Schuldwahn, Verarmungsideen bis Verarmungswahn, hypochondrisch-nihilistischen Ideen* (z.B. innere Organe verfaulen). Illusionäre Verkennungen im Zusammenhang mit den Wahnideen kommen vor, ebenfalls katathyme «*Pseudohalluzinationen*» (Stimmen halten Sünden vor usw.).

Erscheinungsformen der endogenen Depression:

3.1. Gehemmte endogene Depression
Hemmung bis Stupor im Vordergrund stehend, innere Unruhe und Angst fast völlig verdeckt. Übrige Symptome mehr oder weniger und verschieden ausgeprägt. Suizidgefahr vor allem bei Besserung, da dann Hemmung nachlässt und Entschlussfähigkeit (auch zum Suizid) langsam erwacht.

3.2. Agitierte endogene Depression
Charakterisiert durch psychomotorische Erregung bei meist hervorstechender Ängstlichkeit. Denken inhaltlich und in der Monotonie identisch mit der gehemmten Depression. Wegen Fehlens der Hemmung Suizidanfälligkeit eher ernster zu nehmen.

3.3. Larvierte endogene Depression
Synonyme: vegetative Depression, Depressio sine depressione, maskierte Depression. Gekennzeichnet durch vielfältige funktionelle Organbeschwerden und vegetative Störungen mit grosser Variabilität, während die affektiven Symptome der Depression (depressive Verstimmung, «Traurigkeit») in den Hintergrund treten (im Gegensatz zur hypochondrischen Depression!). Tagesschwankung oft erfragbar.

Die periodischen Depressionen herrschen zahlenmässig vor (zwei Drittel). Frauen werden häufiger hospitalisiert als Männer. *Therapie:* S. 94.

4. Anhang: Andere, nicht einheitlich als endogen klassierte Depressionen

4.1. Involutionsdepression
Meist ängstlich-agitierte oder hypochondrisch-paranoide Zustandsbilder mit chronisch-schleppendem Verlauf. Geringe oder keine fa-

miliäre Belastung, erstmaliges Auftreten bei Frauen nach dem 50., bei Männern nach dem 60. Lebensjahr («Rückbildungsalter»). Auslösung oft durch körperliche (Krankheit, Unfall) oder seelische Traumen; häufig psychische Erschütterungen und Problematik der zweiten Lebenshälfte («lebenskritische Depression»). Besondere Suizidgefahr (S. 181). Präpsychotisch finden sich vorwiegend introvertierte, rigide Persönlichkeiten.

4.2. Puerperalpsychose
Synonym: Wochenbettpsychose. Fällt zusammen mit der Schwangerschaftsdepression (und der klimakterischen Depression) unter den Begriff der «*Generationspsychose*». Nosologisch uneinheitliche Gruppe. Bei Vorherrschen der depressiven Symptomatik entspricht das Bild nicht der typischen endogenen Depression; oft überwiegt paranoides Beiwerk. Neben *depressiven* sind *schizophrene* und *delirantamentielle* Bilder zu beobachten.
Ursache endogen oder (früher häufiger) symptomatisch. Klingt nach 2–4 Wochen ab.

4.3. Klimakterische Depression
Weder nosologisch noch syndromal eine Einheit. Uncharakteristische Erschöpfungs-, Versagens- und Verstimmungszustände. Zusammenhang mit hormoneller und erlebnismässiger Umstellung wird angenommen.

4.4. «Monosymptomatische Hypochondrie»
Äussert sich jahrelang in ganz zirkumskripten Beschwerden ohne somatisches Substrat. Anzeichen einer depressiven Verstimmung können lange Zeit völlig fehlen. Möglicherweise auch Unterform der Involutionsdepression.

5. *Weitere Depressionsformen*
5.1. Stressdepressionen

5.1.1. Erschöpfungsdepression (Kielholz)
Traurig-ängstliche oder apathisch-düstere Verstimmungen entstehen durch langdauernde psychische Überbelastung.
Vegetative Dysregulationen (sympathisch-ergotrop): Frauen erkranken häufiger; bevorzugt ist das Alter zwischen 25–45 Jahren. Die Erschöpfungsdekompensation findet sich vor allem bei leptosom-asthenischen, übergewissenhaften Persönlich-

keiten. Konflikte wie bei reaktiver Depression, jedoch als affektive Dauerbe-
lastungen (einfache Fehlentwicklung). Typischer Ablauf: Zunächst neurasthenisches Prodromalstadium, dann psychosomatisches Stadium, eigentliche Erschöpfungsdepression.

5.1.2. Endoreaktive Dysthymie (WEITBRECHT): Nach körperlicher oder seelischer
Dauerbelastung (Stress) bei eher asthenischen Persönlichkeiten. Sie ist durch
ein dysphorisch-hypochondrisch-depressives Syndrom gekennzeichnet, mit Tendenz zur Vitalisierung. – Beziehungen zur Erschöpfungsdepression (S. 93), ferner
zur Entwurzelungsdepression, existentieller Depression und zur Entlastungs-
depression (emotionelle Entspannung nach langdauerndem Stress).

5.2. Reaktive Depression: S. 135.

5.3. Neurotische Depression: S. 144.

5.4. Symptomatische Depression
Depressives Syndrom bei Infektions- und Stoffwechselkrankheiten, endokrinen
Störungen, Vergiftungen usw.

5.5. Hirnorganische Depression
Depressives Syndrom bei Alterspsychosen, nach Schädel-Hirn-Trauma, bei
Tumor usw.

5.6. Depression bei Epilepsie: S. 101.

5.7. Depression bei Schizophrenie: S. 88.

6. Schema depressiver Störungen

Exogen	symptomatische Depression
	hirnorganische Depression
	Depression bei Epilepsie
	Involutionsdepression
Endogen	endogene Depression
	Depression bei Schizophrenen
	Depression bei Oligophrenen
	endoreaktive Dysthymie
Psychogen	neurotische Depression
	Erschöpfungsdepression
	reaktive Depression

7. Therapie der Depressionen[10]
Nach der Ursache (exogen, endogen, psychogen) der Depression richtet sich

---

[10] KIELHOLZ, P.: Diagnose und Therapie der Depressionen (Lehmanns,
München 1966).

die Therapie der Grundstörung (Behandlung der zugrundeliegenden Körperkrankheit, Psycho- und Soziotherapie usw.). Über Kriterien der Suizidgefahr S. 181.
Die somatisch-medikamentöse Therapie des depressiven Syndroms selbst erfolgt nach Zielsymptomen (Schema der Antidepressiva nach KIELHOLZ, S. 214).
1. Vitale Traurigkeit: Stimmungsaufhellende Antidepressiva (Tofranil, Noveril) S. 206, Elektroschock S. 216.
2. Hemmung: Antriebssteigernde Antidepressiva (Nortrilen, Pertofran) S. 206, Elektroschock S. 216.
3. Angst und Unruhe: Dämpfende Antidepressiva (Surmontil, Laroxyl) S. 206, evtl. Elektroschock.
Lithium speziell im Intervall S. 207.
Genaueres über Indikation, Dosierung, Nebenerscheinungen s. Medikamentöse Therapie S. 208.

7.1. Therapie durch Schlafentzug
Schlafentzug für die Dauer einer Nacht (konsequente Beschäftigung des Patienten durch Pflegepersonal) kann depressive Symptomatik erheblich bessern, gelegentlich sogar zum Verschwinden bringen. Effekt kann anhalten, sehr oft aber stellt sich die depressive Symptomatik nach 1–2 Tagen wieder ein.

Epilepsien

Die klassische ätiologische Einteilung unterscheidet die genuine (endogene, kryptogene, idiopathische) von der symptomatischen (exogenen) Epilepsie. Während die genuin-endogene Epilepsie auf einer ererbten Anlage beruht und in den ersten Lebensjahrzehnten manifest wird, ist die symptomatische Epilepsie Symptom eines zerebralen Krankheitsprozesses und kann in jedem Lebensalter auftreten.
Neuere Einteilungen sind differenzierter und unterscheiden zerebrale Residual- und Prozessepilepsie sowie genetische und ätiologisch unbekannte Epilepsie.
Die verschiedenen klinischen Anfallstypen lassen keine eindeutigen ätiologischen Schlüsse zu. Man differenziert in Grand mal, altersunabhängiges Petit mal (fokale, psychomotorische Anfälle) und altersgebundenes Petit mal (Propulsiv-, myoklonisch-astatisches, pyknoleptisches und Impulsiv-Petit-mal) sowie spezielle Epilepsieformen. Anstelle der Anfälle kommt es zu früher als Äquivalente bezeichneten Störungen (z.B. Verstimmung). Die psychischen Veränderungen gliedert man heute in episodische Störungen (Verstimmungen, Dämmerzustände, paranoid-halluzinatorische Psychosen) sowie Dauerstörungen (Wesensveränderung, Demenz).

1. Ätiologie

Die Differenzierung in *genuine* und *symptomatische* Epilepsie ist global und z.T. willkürlich, da die spezielle Pathogenese der Anfälle noch unbekannt ist, eine organische Hirnschädigung vorhanden, aber nicht nachweisbar sein kann oder keine kausale Beziehung zur Anfallsgenese hat, oder ein genetischer Faktor erst bei symptomatischer Zusatzschädigung manifest wird. Die folgende Einteilung[11] ist praxisnäher.

1.1. Genetische Epilepsie

Erkrankungsbeginn der hereditären Erkrankung zwischen 7–21 Jahren sehr häufig. Bevorzugter Anfallstyp: Aufwach-Grand-mal, pyknoleptisches Petit mal (Absence) und Impulsiv-Petit-mal. Im EEG vorwiegend zentrenzephale Form.

Die familiär bedingte Form findet sich bei 0,5% der Gesamtbevölkerung; bei einem epileptischen Elternteil 4% der Kinder krank.

1.2. Prozessepilepsie

Prozesshafte Erkrankungen des Zentralnervensystems: raumverdrängend (z.B. Hirntumor), metabolisch (z.B. Phenylketonurie), dysplasiebedingt (z.B. tuberöse Hirnsklerose), degenerativ (z.B. Zerebralsklerose, Pick-Alzheimer-Krankheit), entzündlich (z.B. Enzephalitis, Meningitis); Beginn eher häufig im Erwachsenenalter. Fokale Anfälle, ferner Schlaf- und Diffus-Grand-mal und psychomotorische Anfälle stehen im Vordergrund. Im EEG fokale und diffuse Krampfpotentiale.

Akute und chronische Vergiftungen können zu symptomatischen Grand-mal-Anfällen führen (z.B. Urämie, chronischer Alkoholismus, Schlafmittel-, Blei- und Kohlenmonoxydvergiftung).

1.3. Residualepilepsie

Hirnorganische Dauerschäden: abgelaufene Erkrankungen (z.B. Meningitis, Toxoplasmose), Schädigungen oder Missbildungen (z.B. Trauma: «Narbenepilepsie»; Kernikterus, Gefässanomalien). Anfälle beginnen je nach Läsion, jedoch gehäuft im Vorschulalter. Fokale, psychomotorische Anfälle, Propulsiv-Petit-mal überwiegen. ferner Schlaf- und Diffus-Grand-mal. EEG: diffus und fokal.

---

[11] MATTHES, A.: Epilepsie-Fibel (Thieme, Stuttgart 1969).
JANZ, D.: Die Epilepsien. Spezielle Pathologie und Therapie (Thieme, Stuttgart 1969).

1.4. Spezielle Epilepsieformen

Reflexepilepsie: Durch sensorisch-sensible Reize können Anfälle, meist Petit mal, ausgelöst werden. Besondere Bedeutung: photogene Form, die durch intermittierende Lichtreize provoziert wird. Selbstinduzierung durch Flickerbelichtung bei lustbetontem Anfallserleben. *Analog:* audiogene bzw. musikogene Epilepsie.
Latente Epilepsie: Im EEG Krampfpotentiale ohne klinische Anfälle oder Äquivalente. Bei multifokalen Hypersynchronien oder Temporalfokus eventuell später manifeste Epilepsie.
Fieberkrämpfe: Grand mal durch Fieberanstieg bei Kleinkindern. Prognose um so günstiger, je höher Temperatur, bei einmaligem Ereignis, Fehlen zerebraler Schädigung oder Epilepsiebelastung.

2. Elektroenzephalographie bei Epilepsie

Über normales EEG S. 11.

Zentrenzephales Muster: Generalisierte 3/sec-spikes-and-waves (Anfallstyp: genetisches pyknoleptisches Petit mal = Absence). Diffuse Epilepsie: multifokale Krampfpotentiale (spikes) (Anfallstyp: diffuses Grand mal).
Fokale Epilepsie: Lokalisierte, hypersynchrone Krampfspitzen, eventuell sekundäre Generalisation (Anfallstyp: Jackson-Epilepsie). Unterscheidung von EEG-Veränderungen inner- und ausserhalb des Anfalls. Im freien Intervall eventuell Allgemeinveränderung (S. 12) mit hypersynchronen Potentialen; bei zirka 25 % EEG o.B.
Provokation durch Hyperventilation, Stroboskop (rhythmische Lichtreize mit Flicker), Schlaf.

3. Anfallstypen

3.1. Grand mal

Generalisierter, tonisch-klonischer Krampfanfall: Dem Anfall können vorausgehen Prodromalerscheinungen (Verstimmung, Müdigkeit, Kopfdruck) und – unmittelbar vor dem Krampf – die Aura (motorisch, sensibel, sensorisch, vasomotorisch oder psychisch).

Aura: Der Kranke verspürt Parästhesien, Schmerz, Organmissempfindungen, Schwindel, Angeblasenwerden; sieht Farben, Funken, hört Dröhnen, Zischen, riecht Rauch, Gestank; führt automatische Bewegungen aus (Zuckungen, Kauen, Schmatzen); leidet unter Denkstörungen oder traumhafter Verwirrung (dreamy state). Die Halluzinationen der Aura wie auch während der Anfälle lassen Schlüsse auf die Lokalisation eines funktionellen oder organischen Fokus (Herd) zu: visuell (Okzipitallappen), akustisch (erste Temporalwindung), olfaktorisch

(Mandelkern, «uncinate fit»), dreamy state (Temporallappen), motorisch-sensibel (s. fokale Anfälle).

Der Anfall setzt blitzartig ein: Mit einem Schrei (Initialschrei durch Stimmritzenkrampf) stürzt der Kranke bewusstlos zu Boden (Verletzungen). Mehrere Sekunden dauert der gespannte Streckkrampf (Haut blass, evtl. seitliche Kopf- und Blickbewegung). Auf dieses *tonische* Stadium folgt die *klonische* Phase: rhythmische Zuckungen zirka 30 sec bis 1 min, Schaum vor dem Mund, Zungenbiss, eventuell Urinabgang, Gesicht zyanotisch. Pupillen weit (anfangs eng), reaktionslos.

Der Terminalschlaf (evtl. mit Babinski) schliesst den Anfall ab; auch nachfolgender Dämmerzustand möglich. Für den Anfall besteht Amnesie.

Schlaf-, Aufwach-, Diffus-Grand-mal-Typen sind Einteilungen nach dem zeitlichen Auftreten, d.h. die Anfälle ereignen sich nur während des Schlafes, beim Aufwachen oder tageszeitlich nicht gebunden (diffus).

Grand-mal-Status: Der Status epilepticus besteht in einer *Anfallsserie ohne Erwachen* zwischen den einzelnen Anfällen; Gefahr des Exitus (Hirnschwellung).

Vorkommen des Status bei alten therapieresistenten Fällen oder Fehlern in der Lebensführung: Diät, Sistieren der Medikamente, eventuell bei Unterdrückung von Petit mal.

Der klassisch-klonische Anfall ist nicht immer beobachtbar; durch Ausfall oder Veränderung einzelner Symptome kommt es zu den *atypischen* Grand-mal-Anfällen.

Therapie (S. 102): Langzeittherapie: Luminal, Mylepsin, Mensantoin, Zentropil bzw. Antisacer. Bei Aufwachtyp: vor allem Luminal.
Akuter Grand-mal-Anfall: Beobachtung, Lagerung, Kopf zur Seite. Zungenbissprophylaxe (mit weichem Gegenstand). Evtl. 5–10 mg Valium i.v. oder i.m.
Grand-mal-Status: Valium i.m. oder i.v. 10–20 mg; oder Luminal i.m. oder i.v. 0,2–0,4 g (Säugling 5 mg Valium oder 0,1 g Luminal). Evtl. Hypnophen (früher als Somnifen = Barbital + Aprobarbital aa im Handel), Phenhydan (= Phenytoin) 1 Ampulle i.m. oder i.v. Sofort Klinikeinweisung. Bei weiteren Anfällen: Medikation wiederholen, evtl. Narkose. Bei Sistieren: Luminal i.m. (alle 3 h) bis orale Medikation möglich.

3.2. Altersunabhängiges Petit mal

Fokaler Jackson-Anfall (rindenepileptischer Herdanfall): Bei erhaltenem Bewusstsein Beginn in einer Muskelgruppe, z.B. Fuss, Hand, Gesicht; meist Ausbreitung auf eine Körperhälfte, evtl. Übergang in generalisierten Krampfanfall. Motorischer Jackson: Fokus in vorderer Zentralwindung. Seltener sensibler Typ: lokaler Beginn mit Parästhesien (Fokus: hintere Zentralwindung).

Sensorischer Anfall: Sensationen aus verschiedenen Sinnesgebieten (visuell, akustisch, vestibulär usw.).
Vegetativer Anfall: Dienzephal bedingte Missempfindung vielfältiger Art und Lokalisation (Magen, Herz, Schwitzen, Hitze). Adversivanfall: Kopf wird auf die Seite gedreht, so dass der Patient über die Schulter zu erhobenem Arm blickt.
Hemi-Grand-mal: halbseitige Krämpfe; falls subkortikal mit Bewusstseinsveränderung. Meist bei Kindern, evtl. länger dauernde Hemiplegie.

Psychomotorischer Anfall (Dämmerattacke, Temporallappenepilepsie): 0,5–2 min dauernde traumhafte Bewusstseinsveränderung (dreamy state) mit Automatismen:

Bewegungsabläufe einfach und komplex (Nesteln, Zupfen, Davonlaufen), oral (Kauen, Schmatzen), verbal (Brummen, Singen, Einzelworte, Verbigeration). Halluzinationen, Déjà-vu-Erleben kommen vor.
Abortive Formen (z.B. Absence), Übergang in Grand mal möglich. Gehäuft im mittleren Lebensalter. Meist organische Schädigung des Temporallappens (limbisches System).
Therapie (S. 102): Mesantoin, Zentropil, Mylepsin, Luminal bzw. Antisacer comp. Bei Petit-mal-Status: Valium wie Grand-mal-Status (S. 98).

3.3. Altersgebundenes Petit mal

Pyknoleptisches Petit mal (Absence): Bewusstseinsverlust von mehreren Sekunden («dichtes» Auftreten, d.h. viele Male pro Tag). Der Patient ist plötzlich mit starrem Blick kurz «abwesend» und unterbricht abrupt eine begonnene Handlung oder Rede. Die Absence kann zusätzlich von Automatismen, Rück- oder Seitwärtsbewegungen, Muskelzucken, vegetativen Symptomen oder Tonusverlust begleitet sein.

Entsprechend unterscheidet man: retropulsive Absencen (Blick nach oben, Kopf rückwärts), Absence mit Automatismen (oral, Nesteln), adversiv rotatorische Absence (Bulbi, Kopf, evtl. Rumpf seitwärts), myoklonische Absence (beidseits synchrone Zuckungen in Gesicht oder Armen), vegetative Absence (vielfältige vegetative Symptome), atonische Absence (Tonusverlust im Gesichtsbereich, Kopf evtl. Oberkörper).

Genetisch bedingt; Auftreten im frühen Schulalter. Häufig zusätzlich Grand mal (Aufwachtyp). Therapeutische Prognose relativ günstig.

EEG: Zentrenzephales Muster: 3/sec spikes-waves.
Therapie (S. 102): Suxinutin.

Propulsives Petit mal (infantile Spasmen; BNS-Krämpfe): Im Säuglingsalter beginnende, organisch bedingte, in Serien auftretende abrupte Einzelzuckungen, die zu Vorwärtsbewegung («propulsiv») eines Körperteils führt (z.B. Kopf- oder Armheben, Beinbeugen). Je nach Form: Blick-, Nick- oder Salaam-Krämpfe (BNS). Salaam (orientalische Grussform): Oberkörper wird nach vorn geneigt.

EEG: Meist langsame, hohe Potentiale mit Krampfspitzen. Psychisch schlechte Prognose.
Therapie (S. 102): ACTH[12], evtl. Valium, Mogadon.

Myoklonisch-astatisches Petit mal (akinetische Anfälle, Lennox-Syndrom): Muskelzuckung mit verschiedenen Varianten, die zu plötzlichem Haltungsverlust führen kann.

Länger dauernder Petit-mal-Status möglich. Beginn im Kleinkindalter, häufig organischer Hirnschaden nachweisbar. Eher ungünstige Prognose.
EEG: Spike-wave-Variantmuster.
Therapie (S. 102): Suxinutin, ACTH, evtl. Mylepsin, Valium, Mogadon.

Progressive Myoklonusepilepsie: Asymmetrisch-asynchrone Zuckungen ohne Anfallscharakter.
Impulsives Petit mal: Erscheinungsbild ähnlich Propulsivanfällen, jedoch genetisch bedingt; Auftreten im Pubertätsalter bei psychopathischem Charakter.

EEG: Polyspike-wave-Komplex. Relativ günstige Prognose.
Therapie (S. 102): Mylepsin.

4. Psychische Störungen
4.1. Akute episodische Störungen
Früher als Anfallsäquivalente bezeichnete psychische Veränderungen (Verstimmung, Dämmerzustand, paranoid-halluzinatorische Psychosen):
Verstimmungen: Reizbar-aggressive oder dysphorisch-depressive,

---

[12] Kurschema in MATTHES, A.: Epilepsie-Fibel, p. 90 (Thieme, Stuttgart 1969).

selten euphorische Zustände, gelegentlich mit Beeinträchtigungsideen. Häufig vor Ausbruch eines Anfalls.

Dämmerzustände: Traumhafte, seltener delirante oder einfach benommene Bewusstseinsveränderung mit Halluzinationen und ungesteuerten Aggressionen oder Dranghandlungen (Exhibieren, Porio-, Pyromanie). Automatisierte Handlungsabläufe sind möglich. Katatone Formen, Stupor und Erregungen gleichen der schizophrenen Katatonie. Diese Dämmerzustände schliessen sich häufig an einen Anfall an oder sind der Ausdruck eines Petit-mal-Status.

Paranoid-halluzinatorische Psychosen: Neben den dämmrig-katatoniformen Episoden Vorkommen von schizophrenieähnlichen bewusstseinsklaren Psychosen mit Wahnideen und Sinnestäuschungen.

Therapie (S. 102): Tegretol, evtl. Valium, Neuroleptika. Evtl. Absetzen der antiepileptischen Medikation (da durch Anfallsunterdrückung nur «forcierte Normalisierung» erreicht wurde).

4.2. Psychische Dauerstörungen

Eine spezifische Wesensveränderung und Demenz wird von der klassischen Epilepsielehre als (organisch bedingte) Folge der verschiedenen epileptischen Erkrankungen beschrieben. Reizbarkeit, Verlangsamung, Haften, Umständlichkeit, Egozentrizität (Wesensveränderung) und intellektueller Abbau mit affektiver Nivellierung (Demenz) sind die Kardinalsymptome.

Bei langjährigen Anstaltspatienten (z. T. Hospitalisierungseffekt?) laufen die psychischen Vorgänge verlangsamt und zähflüssig-viskös ab. Da die Affekte abnorm lang andauern, haftet oder klebt der Kranke am Gleichen und Nächstliegenden und kommt nicht davon los. Auf diese Weise entstehen die epileptischen Perseverationen, die Weitschweifigkeit und Pedanterie und ebenfalls die ausgeprägte Ich-Bezogenheit. Alles geschieht gefühlsbetont («gefühlsklebrig») und wuchtig. Die empfindlichen Kranken werden zunehmend reizbar; es kommt zu Explosivreaktionen und entsprechenden Gewalttätigkeiten. Die Sprache ist singend-monoton, z. B. «…ich bin die liebe Sonntagsschullehrerin St., eine ganz liebe: den Kindlein in der lieben Sonntagsschule habe ich immer so schöne und liebe Geschichten erzählt…». Bei diesem schwulstigen und wiederholungsreichen Singsang hält die Jungfer St. mit süsslichem Lächeln dauernd die Hand des Arztes fest (sie «klebt» mit Gefühlen, Vorstellungen ebenso wie mit der Hand).

Nach neueren Untersuchungen (Janz, Matthes) weist nur etwa die Hälfte der Patienten psychische Dauerschäden auf. Der organische Kern ist eine (unspezifische) Hirnläsion, diffus oder lokalisiert, und entsprechend tritt die chronisch-irreversible Dauerschädigung mehr als *hirndiffuses oder hirnlokales Psychosyndrom* (S. 109, 110) in Erscheinung. Der intellektuelle Defekt ist von der Ätiologieform her bestimmt (Prozess- oder Residualepilepsie), vom Lebensalter bei Erkrankungsbeginn (evtl. Retardierung der Gesamtentwicklung) und von der Anfallshäufigkeit. Zur Hirnschädigung hinzu sind prämorbide Persönlichkeit und Milieufaktoren (Reaktion der Umgebung, des Patienten selbst auf Anfälle) an den individuell verschiedenen Persönlichkeitsveränderungen beteiligt, so dass die *psychisch auffällige Dauerhaltung* ein *Ergebnis mehrdimensionaler Faktoren* (Hirnschaden, Milieu, Persönlichkeit) darstellt.

Intellektuelle Beeinträchtigungen können speziell bei der genetisch bedingten Epilepsie ganz fehlen. Hingegen werden für diese zentrenzephalen Formen die Persönlichkeitsauffälligkeiten des Haltlos-Unzuverlässigen diskutiert. Für die psychomotorische Epilepsie gilt ein eher pedantisch eingeengtes Verhalten als typisch.

5. Therapie der Epilepsien

Bei Verdacht auf Prozessepilepsie klinische Abklärung mit neurologischer Untersuchung, EEG, Schädelröntgen, Hirnszintigramm, Pneumo- oder Echoenzephalographie, evtl. zerebrale Angiographie.

Neurochirurgische Therapie: Nur einseitig fokale Epilepsie bei Erwachsenen, falls medikamentöse Anfallsunterdrückung versagt.

Allgemeinbehandlung. Geregelte, ruhige Lebensweise mit genügend Schlaf, Vermeidung von unphysiologischem Stress. Alkoholabstinenz empfehlenswert; Nikotinverbot und besondere Diät (z.B. ketogen, NaCl-arm) nicht notwendig. Bei Kindern stellen Verwöhnung und Überforderung durch Elternhaus Probleme. Gefährdung durch Anfälle wird oft überschätzt (z.B. bei Sport, Berufswahl), jedoch Schwimmen nur unter Aufsicht, Fahrzeuglenken im öffentlichen Verkehr erst bei 3 Jahren Anfallsfreiheit (S. 191). Im Umgang mit Epileptikern ist der Empfindlichkeit Rechnung zu tragen; manche Verstimmungen sind reaktiv. Bei Dämmerzuständen wegen Fremd- und Selbstgefährdung Internierung. Therapien bei Epileptikern wegen Uneinsichtigkeit in eigenen Zustand oft dornenvoll, da sie ihre Anfälle nicht bewusst miterleben.

Medikamentöse Behandlung. Sie dient der Unterdrückung von Anfällen und richtet sich nach dem Anfallstyp. Barbiturate (z.B. Grand mal), Pyrimidine, Hydantoine, Sukzinimide (z.B. pyknoleptisches Petit mal = Absence), Benzodiazepine und Kombinationspräparate finden Anwendung. In etwa 50% wird medikamentöse Anfallsfreiheit erreicht (rund 20% unbeeinflussbar).

Bei der Langzeittherapie ist mit längerer Einstellungszeit zu rechnen (Patient und Angehörigen mitteilen). Steigerung um zirka ½–1 Tablette jeden 3. Tag bis zu Anfallsfreiheit oder Toleranzgrenze; Medikation meist 3mal pro Tag, nach Mahlzeiten. Erfolg kann mit EEG-Kontrollen überprüft werden. Bei Umstellung auf anderes Medikament stufenweiser Austausch. Kinder benötigen relativ höhere Dosen. Toleranzschwankungen bei Infekten, Schwangerschaft usw. Gewöhnung nach längerer Applikation beobachtbar. Erhöhung der Anfallsbereitschaft durch folgende Medikamente möglich: Stimulantien, Analgetika und Antipyretika, Narkotika, Alkohol, Antabus, Antibiotika, Anthelmintika, Hormone, Psychopharmaka.

Die Nebenwirkungen sind nach Medikamenten verschieden und bestehen vor allem in allergischen Erscheinungen (meist Dermatosen bei Behandlungsbeginn), neurotoxischen Symptomen (Müdigkeit, Ataxie, Schwindel), Blutveränderungen (absinkende Leukozyten, Anämie), Nierenstörungen (Eiweiss, Ödeme). Kontrollen (Blut-, evtl. Urinstatus) alle 3–6 Monate. Absetzen der Medikamente erst nach 3-4 Jahren Anfallsfreiheit unter EEG-Kontrolle. Vorsichtige Reduktion um zirka ½ Tablette pro 3 Monate.

Über die gebräuchlichsten Medikamente (Chemie, Indikation, Komplikation, Dosierung) unterrichtet die Tabelle 5.1 (S. 104–107).

6. Anhang: Narkolepsie
Keine Beziehung zu Epilepsie. Minuten bis Stunden dauernde Anfälle von Schlaf- oder Tonusverlust. Vor allem bei Affekten plötzliches Zusammensinken ohne Bewusstseinsverlust (Lachschlag). Symptomatische und idiopathische Form.

Therapie: Weckamine S. 206.

Exogene Psychosen

Die Gruppe der exogenen (organischen und symptomatischen) Psychosen umfasst folgende Krankheitsbilder: Alterspsychosen, progressive Paralyse, Intoxikationspsychosen, Infektions-, Stoffwechsel-, endokrine Psychosen, hirntraumatische Psychosen. Die exogenen Psychosen werden auch «*körperlich begründbare*» Psychosen genannt. Diesen exogenen Psychosen ist gemeinsam, dass die *Ursache* eine *körperliche* ist. Man spricht von *symptomatischer* Psychose, wenn die seelische Störung Begleitsymptom einer allgemeinen Erkrankung ist (das Gehirn wird indirekt über Stoffwechsel oder Durchblutung betroffen), und von *organischer* Psychose, wenn das Gehirn direkt geschädigt wird oder erkrankt. Die psychischen Symptome der verschiedenen Krankheiten gleichen sich auffallend. Aufgrund des psychischen Befundes kann man nur sagen, dass eine exogene Psychose vorliegt; welcher Ursache diese aber ist, lässt sich nur durch die körperlichen Symptome der Krankheit feststellen. Die exogenen psy-

5.1. Ambulante Epilepsiebehandlung[1]

Medikament	Handelsform	Indikation
Barbiturate und Abkömmlinge		
Luminal	Tabl. 100 mg	Basismedikation aller Anfallsformen,
Luminaletten	Tabl. 15 mg	besonders Grand-mal- und kombinierte Formen (Aufwach- und Wachepilepsie)
Epi-Pille	Pille 50 mg Luminal	wie Luminal (dank Laxantienanteil bei Obstipation angezeigt)
C-Pille	Pille 50 mg Luminal	wie Luminal (dank Koffeinanteil bei Schläfrigkeit angezeigt)
Mysoline	Tabl. 250 mg	psychomotorische Epilepsie, Grand mal, Aufwachepilepsie
Hydantoine		
Phenytoin	Tabl. 100 mg	als Basismedikation bei Grand mal (Schlaftyp) und Kombinationsformen, besonders auch psychomotorische Epilepsie
Zentropil	Tabl. 100 mg	wie Phenytoin
Antisacer (simplex)	Drag. 100 mg	wie Phenytoin
Epanutin	Kaps. 100 mg und 50 mg Stechamp. 250 mg	wie Phenytoin sowie bei Status epilepticus parenteral
Phenhydan	spritzfertige Amp. 271,8 mg	wie Epanutin
Mesantoin	Tabl. 100 mg	wie Phenytoin

---

[1] Nach SPIELER, E.: Praxis *62:* 6–15 (1973) (gekürzt).

Durchschnittsdosierung pro Tag, mg				Nebenwirkungen
Säugling	Kleinkind	Schulkind	Erwachsener	
45–90	60–150	100–200	200–300	Schläfrigkeit, Ataxie, Exantheme, Hyperirritabilität, selten Knochenmark-, Nieren- und Leberschäden, Obstipation
45–90	60–150	100–200	200–300	wie Luminal, ausgenommen Obstipation
45–90	60–150	100–200	200–300	wie Luminal, ausgenommen Schläfrigkeit
	250–375	500–750	750–1000	wie Luminal
	50–150	150–200	150–300	Ataxie, Nystagmus, Tremor, Exanthem, Fieber, Diplopie, Zahnfleischhypertrophie, Magenschmerzen, Hirsutismus, Leukopenie, Panmyelopathie, Osteopathie, Leberschädigung, Kleinhirndauerschaden
	100–200	200–300	200–400	wie Phenytoin
		100–200	200–300	wie Phenytoin
7–10/kg Körpergewicht	50–150	100–200 2 Amp. i.v. + 1 Amp. i.m.	200–300 2 Amp. i.v. + 1 Amp. i.m.	wie Phenytoin
wie Epanutin	wie Epanutin	wie Epanutin	wie Epanutin	wie Phenytoin
		150–200	200–300	wie Phenytoin, jedoch toxischer, besonders auf Knochenmark; zudem: chloasmaartiges Gesichtspigment, Lupus erythematodes, Müdigkeit

5.1. Ambulante Epilepsiebehandlung (Fortsetzung)

Medikament	Handelsform	Indikation
Oxazolidine		
Petidion	Drag. 250 mg	Absenzen
Succinimide		
Suxinutin	Kaps. 250 mg	Absenzen
Sulfonamidderivate		
Ospolot	Tabl. 200 mg	psychomotorische Epilepsie, Grand mal
Iminostilbene		
Tegretol	Tabl. 200 mg	Basismedikation bei psychomotorischer Epilepsie
Benzodiazepine		
Valium	Tabl. 2, 5, 10 mg Kaps. 2, 5, 10 mg Amp. 10 mg	Status epilepticus
Mogadon	Tabl. 5 mg	Lennox, BNS
Rivotril	1 Tr. = 0,1 mg	Lennox, BNS
Dipropylazetat		
Depakine	Tabl. 300 mg	Absenzen (Grand mal, psychomotorische Epilepsie)

Durchschnittsdosierung pro Tag, mg				Nebenwirkungen
Säugling	Kleinkind	Schulkind	Erwachsener	
	500–750	500–1250	750–1500	Exantheme, Leukopenie, Ataxie, Nieren- und Leberschäden, Magenschmerzen, Photophobie, intellektuelle Beeinträchtigung kann evtl. Anfälle provozieren
	500–750	500–1250	750–1500	Übelkeit, Erbrechen, hämorrhagische Gastritis, Allergie, Leukopenie, extrapyramidale Symptome
	einschleichend beginnen	200–400	400–800	Parästhesien, Müdigkeit, Magenschmerzen, Herzsensationen, dysphorische Zustände, Tachypnoe
	200–300, Dosis langsam steigern!	300–800, Dosis langsam steigern!	600–1200, Dosis langsam steigern!	Übelkeit, Ataxie, Schwindel, Müdigkeit, Appetitlosigkeit, Allergie
Initialdosis: 5 i.v.	10	10	10–20	Schläfrigkeit, Mattigkeit, Gleichgültigkeit, Beeinträchtigung der Atem- und Kreislauffunktion, Ataxie, Dysarthrie, Schwindel, Apathie
0,5–1/kg	2,5–5 3 × 1			vermehrte Speichelsekretion, Darmlähmung, Schläfrigkeit, evtl. Schlaflosigkeit
0,1–0,3/kg				Schläfrigkeit, Muskelhypotonie
	200–400	600–800	800–1200	Nausea, Erbrechen

chischen Symptome sind in drei typische Syndrome zu gliedern.
Merkwürdigerweise gibt nicht die «Art» der Ursache den Ausschlag,
welches Syndrom entsteht, sondern entscheidend ist, ob die Schädigung *akut* erfolgt oder *chronisch*, und ob das Gehirn *diffus* oder *lokal*
betroffen wird.

Folgende drei somatogene Psychosyndrome sind zu unterscheiden:

1. Akuter exogener Reaktionstyp (BONHÖFFER)

Eine *akute* Allgemein- oder Hirnerkrankung bzw. Hirnschädigung
führt bei «symptomatisch» Veranlagten zu folgender *typischer
Reaktion*:

Der Kranke wird plötzlich verwirrt oder benommen; weiss nicht, wo er sich
befindet (Ort und Zeit), hält Personen seiner Umgebung für Herrn X oder die
Maria, spricht ganz unzusammenhängend; ist von angstvoller Unruhe erfüllt
oder apathisch, motorisch erregt oder stuporös. Im Wirbel des wirren Geschehens
verkennt er das Ticken der Uhr als Kettengerassel und halluziniert Funken,
Trommeln, Gestalten oder ganze Szenen (Hinrichtung, Volksfest). Wahnhafte
Ideen, vergiftet oder verfolgt zu werden, schiessen auf und wechseln rasch. Ist
die Psychose vorbei, vermag sich der Kranke nur teilweise zu erinnern.

Durch Fehlen oder stärkere Ausprägung einzelner Symptome kommt es zu den
typischen Syndromen des akuten exogenen Reaktionstyps:

1.1. Delirium (oder delirantes Syndrom)

Bewusstseinstrübung, Desorientiertheit, ungeordneter *Bewegungsdrang,
Angst, inkohärentes Denken, szenenhafte Halluzinationen* und wahnhafte Ideen. Verstärktes Auftreten in der Nacht (z.B. Delirium tremens, Fieber- und arteriosklerotische Delirien; posttraumatische
Commotio + Contusio cerebri).

1.2. Dämmerzustand

Traumhafte Bewusstseinseinengung, *Halluzinationen,* Fähigkeit zu
komplizierten Handlungen bei erhaltener oder fehlender Orientierung
(z.B. epileptischer Dämmerzustand).

1.3. Benommenheit (Somnolenz bis Koma)

Dösigkeit mit allgemeiner Verlangsamung und Verminderung der
psychischen Aktivität (z.B. traumatische und Infektionspsychosen).

Amentia (amentielles Syndrom): Inkohärentes Denken, Ratlosigkeit, geringe
Benommenheit, wenige Halluzinationen; Kontaktnahme möglich (z.B. Infektionskrankheiten).

Katatones Syndrom: Akute katatoniforme Symptome mit Bewusstseinstrübung, wie Erregung, Stupor und Negativismus (z. B. Enzephalitis, Hirntumor).

Für den akuten exogenen Reaktionstyp besteht *Amnesie*. Er geht entweder in Heilung oder in ein psychoorganisches oder hirnlokales Psychosyndrom über.

1.4. Nicht-typische Syndrome vorwiegend in Vor- und Nachphase

Neben den typischen Syndromen akuter und exogener Reaktionen kommen bei akuten oder subchronischen körperlichen Erkrankungen Syndrome vor, die sich ebenfalls bei Störungen nicht-exogener Genese finden. Es fehlt ihnen das exogene Leitsymptom der Bewusstseinsveränderung; oder Bewusstseinstrübung, -einengung oder Benommenheit sind nur schwach ausgeprägt oder treten erst in einer späteren Phase auf. Sie sind meist in der Vor- oder Nachphase exogener Psychosen beobachtbar, können ineinander übergehen und sich mit den Syndromen Delirium, Dämmerzustand, Benommenheit mischen.

1.4.1. Hyperästhetisch-emotionelles Syndrom. Neurastheniesymptome, Dysphorie, Unruhe. Vor- oder Nachphase exogener Störungen (z. B. Infektions- und Stoffwechselkrankheiten).

1.4.2. Maniformes und depressives Syndrom. Maniforme Erregung oder ängstlich-depressives Verhalten, meist als Vor-, Übergangs- oder Nachphase (z. B. Infektions- und Stoffwechselpsychosen).

1.4.3. Paranoid-halluzinatorisches Syndrom. Verfolgungs-, Beeinträchtigungs-, Beziehungsideen; verbale, taktile oder visuelle Halluzinationen bei klarem Bewusstsein, z. B. paranoide Episoden bei Infektionskrankheiten, Alkoholparanoia; Alkoholhalluzinose, Dermatozoenwahn.

1.4.4. Weitere Formen. Ferner sind *phobisch-anankastische* und *expansiv-konfabulatorische Syndrome* beobachtbar[13].

2. Psychoorganisches Syndrom (*organisches Psychosyndrom, hirndiffuses Psychosyndrom oder amnestisches Syndrom,* E. BLEULER)

Für *chronische* exogene Krankheiten mit *diffuser* Hirnschädigung ist folgendes Bild charakteristisch:

Ohne Benommenheit oder Bewusstseinstrübung kann sich der Kranke nicht an frische Ereignisse erinnern, während das Altgedächtnis noch relativ erhalten ist. Daher vermag er sich weder in der räumlichen noch zeitlichen Gegenwart zurechtzufinden; Gedächtnislücken überbrückt er mit Verlegenheitslügen (Konfabulationen). Eindrücke werden nur ungenau aufgefasst, die Konzentration auf eine Aufgabe gelingt schlecht. Das Denken ist arm an Inhalt, langsam und vage

---

[13] CONRAD, K.: Die symptomatischen Psychosen. Psychiatrie der Gegenwart, vol. 2 (Springer, Berlin 1972).

und bleibt am gleichen Thema haften. Die Einstellung auf ein neues Objekt ist erschwert, es kommt zu Wiederholungen (Perseverationen), und das Denken lässt Kritik- und Urteilsfähigkeit vermissen. Je nach dem Wechsel des augenblicklichen Affekts schlägt die Stimmung vom Weinen ins Lachen und wieder ins Weinen um. Der affektive Rapport ist auffallend gut.

Das psychoorganische Syndrom wird somit durch folgende Symptome gebildet:
Merkfähigkeitsschwäche und Orientierungsstörung (örtlich, zeitlich); *Gedankenarmut, Perseverationen, Einstellungsstörung, Auffassungs-, Konzentrations- und Urteilsschwäche. Affektlabilität und -inkontinenz.* Im *Schriftbild* sind Zittrigkeit, Verklecksungen, Buchstabenauslassungen oder -verdoppelungen charakteristisch.
Je nach der Grundkrankheit stehen Gedächtnis- oder Denk- oder Affektstörungen im Vordergrund.

Über Korsakow-Syndrom S. 128.

Schreitet die Grundkrankheit fort, so geht das psychoorganische Syndrom kontinuierlich in die irreversible organische Demenz über: Verblödung durch allgemeine Senkung des intellektuell-affektiven Niveaus (infolge Ausfalls einzelner psychischer Funktionen).

Diskussion (nicht für den Anfänger)[14]
Die Ansichten gehen auseinander, ob das psychoorganische Syndrom (POS) reversibel ist oder nicht, ob es auf akutpassagere oder nur auf chronische Störungen anwendbar ist. – Was man in der Praxisroutine als POS diagnostiziert, kann durchaus auch einmal reversibel sein (z.B. bei Restitution nach Hirntrauma). Ohne Zweifel gibt es auch akute, kurzdauernde psychoorganische Zustandsbilder, die in den Symptomen dem POS entsprechen (z.B. bei Vergiftungen).
Zum Teil tritt hier das *Durchgangssyndrom* (WIECK) in die begriffliche Lücke, doch ist in der Formulierung «Durchgangssyndrom» das Psychoorganische nicht genannt, und inhaltlich ist der Rahmen zu weit gespannt, da unseres Erachtens Überschneidungen mit dem Syndrom des akuten exogenen Reaktionstyps vorliegen.
Auf der anderen Seite ist die Bezeichnung POS zu allgemein (da «psycho-organisch» auch der akute exogene Reaktionstyp und das hirnlokale Psychosyndrom sind). Zur Differenzierung des POS schlagen wir vor: Als Oberbegriff *hirndiffuses Psychosyndrom*, das sich unterteilt in *reversibles hirndiffuses Psychosyndrom* (passagere, meist akute Störungen) und *irreversibles hirndiffuses Psychosyndrom* (chronische irreversible Dauerschädigungen, im wesentlichen amnestisches Psychosyndrom).

---

[14] Hierzu verdanken wir Hinweise Herrn Prof. H. WALTHER-BÜEL, Direktor der Psychiatrischen Universitätsklinik Bern.

3. Hirnlokales Psychosyndrom

Lokale Hirnschädigungen führen zu einem chronischen Psychosyndrom, das durch allgemeine *Störungen des Antriebs und der Stimmung*, vor allem plötzliches Einschiessen von Trieben und Verstimmungen, gekennzeichnet ist. Bewusstseins- oder Gedächtnisstörungen fehlen.

Das hirnlokale Psychosyndrom nach M. BLEULER besagt, dass an verschiedenen Orten lokalisierte Hirnschädigungen zu einer ähnlichen Grundform seelischer Störungen führen.

Genauere Differenzierungen erscheinen diskutierbar; so werden folgenden lokalen Hirnschädigungen folgende psychische Symptome zugeordnet:

Stirnhirnschädigung: Antriebs- und Interesselosigkeit; Orbitalhirnschädigung: Witzelsucht und Triebenthemmung; Stammhirnschädigung: Apathie, Stimmungs- und Triebentladung.

Endokrines Psychosyndrom: Entsteht bei verschiedenen endokrinen Erkrankungen und ist in den Symptomen dem hirnlokalen Psychosyndrom gleich (M. BLEULER)[15].

4. Apallisches Syndrom (KRETSCHMER)

Nimmt eine Sonderstellung unter den Folgezuständen nach Hirntrauma ein. Zu verstehen ist darunter eine Trennung von Hirnstamm und Hirnmantel (Dezerebration). Neurologisch: Rigor und Spastik, Beuge- und Streckkrämpfe, Störung von Pupillen- und Augenmotorik, gelegentlich orale Automatismen (Leerlaufsaugbewegungen). Oft trotz desolaten Bildes überraschend gute Reversibilität, in hirndiffuses Psychosyndrom auslaufend.

Alterspsychosen

Über normales Alter S. 53.

1. Altersbedingte Versagenszustände

Steigerungen der normalen Alterssymptome haben Krisen und De-

---

[15] Grundsätzliches zu hirnorganischen Störungen s. BLEULER, M.: Endokrinologische Psychiatrie (Thieme, Stuttgart 1954).
WALTHER-BÜEL, H.: Die Psychiatrie der Hirngeschwülste und die zerebralen Grundlagen psychischer Vorgänge. Acta neurochir., suppl. 2 (1951).
HAASE, H. J.: Amnestische Psychosyndrome im mittleren und höheren Lebensalter (Springer, Berlin 1959).
WALTHER-BÜEL H. und SPOERRI, TH.: Zur Psychiatrie hirnorganischer Störungen (Karger, Basel 1965).

kompensationen zur Folge. Die Tatsache des Alterns wird verdrängt oder mit Apathie hingenommen. Charaktereigenschaften werden karikiert, kompensierte Fehlhaltungen treten zutage. Sexuell perverse Entgleisungen sind bei Männern häufig. Es kommt zu Krankheitsbefürchtungen, Unruhe, Schlaflosigkeit, Depressionen, funktionellen Organbeschwerden usw. Die Formen akuten und chronischen Versagens sind vielgestaltig; relativ gemeinsam erscheint die Tendenz zu hypochondrischem, ängstlich-dysphorischem und sensitivem Verhalten. Anderseits kann die vitale Schwächung zur Sozialisierung abnormer Persönlichkeiten beitragen (z.B. Abnahme massiv hysterischer, anankastischer Symptome). Ob beginnender hirnorganischer Abbau oder psychoreaktive Momente Ursache des Versagens sind, ist oft schwer zu entscheiden. Auslösend wirken neben Körperkrankheiten der Verlust von nahestehenden Personen, des gewohnten Lebensraums[16].

2. Arteriosclerosis cerebri (Hirnarteriosklerose)

Beginn selten Ende 40, häufiger im 6. Jahrzehnt, zuerst schleichend mit neurasthenieähnlichen Beschwerden. Allmähliche Ausbildung eines *psychoorganischen Syndroms*, mit Gedächtnis-, Denk- und Affektstörungen. Zustände von Verwirrtheit, die *vorwiegend nachts* auftreten, sind Anzeichen eines arteriosklerotischen *Deliriums*. Der auffallende *Wechsel der Erscheinungen* ist charakteristisch; sogenannte luzide Intervalle sind möglich. Depressive Verstimmungen werden häufig beobachtet. Verschiebung des Wach-Schlaf-Rhythmus (nachts unruhig, tagsüber schläfrig). Weiteres Fortschreiten führt zur arteriosklerotischen *Demenz*.

Eine Demenz schliesst sich oft an eine Apoplexie mit neurologischen Herdsymptomen an: *postapoplektische Demenz;* hier findet sich vorwiegend Affektlabilität.

Der Hirnabbau geht mit den klinischen Störungen nicht immer parallel; so können bei deutlicher Atrophie Symptome nur diskret ausgeprägt sein (und umgekehrt).

Pathologisch-anatomisch: Arteriosklerose der *kleinen* Hirngefässe mit Nervenzellenschwund; bei Apoplexie durch Blutung oder Nekrose entsprechende Be-

---

[16] RUFFIN, H.: Das Altern und die Psychiatrie des Seniums. Psychiatrie der Gegenwart, vol. 2 (Springer, Berlin 1972).

MÜLLER, CHR.: Alterspsychiatrie (Thieme, Stuttgart 1967).

funde. Arteriosklerose der grösseren Hirn- und Körpergefässe sowie auch die Fundussklerose sind nicht beweisend für Arteriosklerose der kleinen Hirngefässe.

3. Dementia senilis (senile Demenz)

Beginn im 7. Jahrzehnt, vielfach mit *Charakterveränderungen*, wie Reizbarkeit, mangelndem ethischem Empfinden, Triebenthemmung (individuelle Charakterzüge werden verstärkt, karikiert). Auftreten eines *psychoorganischen Syndroms* mit allgemeiner Verlangsamung; Merkfähigkeitsstörung mit Desorientiertheit, Affektlabilität und Urteilsschwäche stehen im Vordergrund. Aus diesen Symptomen heraus wachsen Misstrauen, Bestehlungs- und Verfolgungswahn. Depressive Verstimmungen und Verwirrtheitszustände können das Bild komplizieren. Der Endzustand der völligen Verblödung entwickelt sich langsam.

Familiär gehäuftes Auftreten. Pathologisch-anatomisch: Diffuse Hirnschrumpfung mit Nervenzellenausfällen, Alzheimerscher Fibrillenveränderung und senilen Plaques.

4. Präsenile Psychosen (ALZHEIMER und PICK)

Sie treten im 4. und 5. Lebensjahrzehnt auf.

4.1. Alzheimersche Krankheit

Sie setzt allmählich mit Gedächtnisstörungen – im Rahmen des *psychoorganischen Syndroms* – ein. Das Bild wird typisch durch eine leere *Beschäftigungsunruhe* mit Reibe- und Zupfbewegungen («Scheintätigkeit»), *Logoklonien* der Sprache (Wortanfänge werden wiederholt) und Desorientiertheit. Die Verblödung tritt sehr rasch ein; Unruhe und Erregbarkeit der völlig abgebauten Dementen sind typisch; häufig ist der Saugreflex auslösbar. Der Hirnbefund entspricht dem der senilen Demenz.

4.2. Picksche Krankheit

Umschriebene Schrumpfung des Stirn-, Schläfen- oder Scheitelhirns. Es findet sich das *hirnlokale Psychosyndrom* mit Antriebs- und Stimmungsstörungen ohne Gedächtnisschwäche. Bei der Stirnhirnatrophie steht Antriebsmangel, bei Beteiligung der orbitalen Rindenteile affektive Enthemmung (Witzelsucht, Wegfall ethischer Bremsung) im Vordergrund. Die Temporalatrophie zeigt sich in Sprachstörungen (sensorischer Aphasie, Verbigerationen).

5. Dermatozoenwahn

Kann bei präsenilen Erkrankungen vorkommen. Kleine Tiere (Milben, Käfer) werden auf der Haut halluziniert. Es handelt sich um eine chronische taktile Halluzinose, deren nosologische Stellung ungeklärt ist (präsenil, depressiv, phobisch, toxisch, unspezifisch?).

6. Therapie der Alterspsychosen

Die zunehmende Überalterung der Bevölkerung macht die Betreuung und Behandlung geriatrisch Kranker besonders dringlich.

Milieutherapie: Verbleib der normalen Alten im Familienmilieu heute nur selten möglich, daher Schaffung von Alterssiedlungen oder Unterbringung in Nähe von Familie. Die Kranken sollen so lang wie möglich in gewohnter Tätigkeit und Umgebung belassen werden. Bei Unruhe, Pflegebedürftigkeit Plazierung in Altersheim oder -asyl. Schwere Verwirrtheitszustände, Fortlaufen machen Hospitalisierung in geriatrischen Abteilungen von Allgemeinspitälern oder psychiatrischen Kliniken notwendig. Betreuung hat sich dem Tempo und der Wesensveränderung der Alten anzupassen. Anregung durch Beschäftigungs- und Arbeitstherapie.

Psychotherapie: Bei Versagenszuständen als ärztliches Gespräch, nur in besonderen Fällen logotherapeutisch orientiert.

Medikamentöse Therapie: Bei Schlaflosigkeit, Unruhe, Verwirrtheit Gaben von Melleril (evtl. retard), Hemineurin, Chloralhydrat, Cocktails, evtl. Mogadon (vor allem nachts, um Wach-Schlaf-Rhythmus zu normalisieren). Herz-Kreislauf-Therapie wichtig. Zur Anregung: evtl. Encephabol, Stugeron usw.

Toxikomanie und Intoxikationspsychosen

1. Drogenabhängigkeit (Toxikomanie, Sucht)

Die klassische Definition der Sucht lässt sich nicht mehr ohne weiteres auf alle der heute gebräuchlichen Drogen anwenden. Seit 1957 gelten daher nach der WHO folgende Definitionen:

Drogenabhängigkeit (drug addiction): Überwältigender Wunsch oder Bedürfnis, den Drogenkonsum fortzusetzen und sich die Droge unter allen Umständen zu beschaffen; Tendenz zu Dosiserhöhung, psychische und physische Abhängigkeit von den Wirkungen der Droge, zerstörerische Wirkungen auf den einzelnen und die Gemeinschaft.

Drogengewöhnung (drug habitation): Wunsch, aber nicht Bedürfnis, die Droge weiterhin zu konsumieren, geringe oder keine Tendenz zu Dosissteigerung; gewisse psychische Abhängigkeit vom Effekt der Droge, jedoch keine physische Abhängigkeit und keine Entzugser-scheinungen. Zerstörerische Wirkung, wenn überhaupt, nur für den einzelnen.

In erster Linie werden Hypnotika, antipyretische Analgetika und Psychostimulantien missbraucht, Missbrauch von Cannabis und Halluzinogenen vor allem von Jugendlichen. Tranquilizer führen selten zu Abhängigkeit, während ein Abusus vorkommt.

Abhängigkeit erzeugende Drogen: Rauschgifte im engeren Sinne (Opium, Morphium, Morphinderivate und synthetische Morphinersatzmittel, Cannabis, Kokain, Khat), Analgetika (meist Kombinationspräparate, pyrazolon-, phenazetin-, kodein- und koffeinhaltig), Hypnotika (Barbiturate und barbituratähnliche Stoffe, wie Doriden, Noludar usw.), Stimulantien (Amphetamine, Ritalin usw.), Tranquilizer (vorwiegend vom Meprobamattyp), Lösungsmittel (Äther, Trichloräthylen, Benzol).

Deskriptiv-pharmakologisch lassen sich sieben verschiedene Typen einer Drogenabhängigkeit unterscheiden: *Morphin-, Kokain-, Cannabis-, Amphetamin-, Barbiturat-Alkohol-, Halluzinogen-* und *Khat-Typ*[17].

Drogenabhängigkeit entwickelt sich durch *periodische oder kontinuierliche Einnahme* einer Droge und basiert in der Entstehung schwerpunktmässig auf Persönlichkeit und Gesellschaft und findet sich bei nach Zustandsbild und Diagnose verschiedenen Störungen. Insuffizienzgefühle, Kontakthemmung, dysphorische Verstimmung, Schmerz- und Spannungszustände, Angst, Schlaflosigkeit und psychosomatische Beschwerden sind häufig auslösende Momente. Grundlagen: Abnorme Persönlichkeiten (z.B. haltlos-asthenische Psychopathie), neurotische Fehlentwicklungen (z.B. bei verwahrlosend-verwöhnendem «broken-home»-Milieu) oder Krisensituationen (z.B. Pubertätsreaktion, Existenzkrisen). Bei Gewohnheitssüchtigen beruht die Drogenabhängigkeit auf der Gewöhnung an die toxische Substanz (z.B. durch Verführung, Milieu). Soziokulturelle Faktoren (Stress, Leistungsforderung, Gefühl der Leere, Reizbedürfnis) haben in den letzten Jahren zu starker Zunahme der Drogenabhängigkeit geführt.

Die Sucht kann eine «prozesshafte» Entwicklung zeigen: Von relativ harmlosen zu gefährlichen Drogen (z.B. Cannabis → Heroin, Weckamin), von einfacher zu polytoxischer Abhängigkeit (z.B. Tranquilizer, dann kombiniert mit Hypnotika, Alkohol).

---

[17] LABHARDT, F. und LADEWIG, D.: Drogenabhängigkeit; in MÜLLER Lexikon der Psychiatrie (Springer, Berlin 1973).

Die Wahl des Giftes hängt von der äusseren Gelegenheit ab (Marihuanaparties, Trips in einer Gruppe, Erhältlichkeit der Droge) und der Persönlichkeit, die sich eine bestimmte Wirkung wünscht. Je nach Droge und Dosis besteht der pharmakodynamische Effekt in Euphorie, Rausch, Betäubung, Leistungssteigerung, Halluzinationen, Depersonalisationserlebnissen, Bewusstseinserweiterung usw. Nach der Genese lassen sich primäre und sekundäre Sucht unterscheiden. *Primäre* Giftsucht ist ein primäres Verlangen nach dem Gift wegen einer unerträglichen Situation. Bei der *sekundären* Abhängigkeit ist durch den langen Gebrauch der Droge eine Gewöhnung eingetreten, und erst aufgrund dieser Gewöhnung entsteht sekundär die Sucht nach der Droge.

Forensisch sind die Toxikomanien vor allem durch Delikte während der Abstinenz wichtig; meistens Verminderung der Zurechnungsfähigkeit, ferner Massnahmen.

1.1. Drogenabhängigkeit vom Typ Morphin

Morphinismus (spez. Heroinismus). Die *euphorisierend-stimulierende* Wirkung des Morphiums kann bei Gewöhnung nur durch ständige Dosissteigerung erzielt werden. Die *chronische Vergiftung* führt zum typischen Bild des Morphinisten:

Der hochgradig abgemagerte Kranke zeigt Pupillenverengerung, Pulsverlangsamung, Blutdruckabfall, Verstopfung, Ausfall von Menses und Libido; die Haut ist trocken, schlaff und die Injektionsstiche führen zu multiplen Abszessen. Immer mehr wird der Morphinist ermüdbar, ohne Antrieb, gereizt-hektisch oder apathisch, unberechenbar und häufig lügenhaft, hohl und leer. Sein Interesse engt sich auf die Beschaffung von Morphium ein, und er ersinnt hierfür die raffiniertesten Möglichkeiten. Bleibt er plötzlich ohne Morphium, so kann er durch die Abstinenz in einen Verzweiflungs- und Erregungszustand geraten, wobei körperlich weite Pupillen, Schwitzen, Zittern bis Krämpfe, Tachykardie, Durchfälle auftreten. Zuletzt dient das Morphium nur noch der Beseitigung dieser quälenden Entziehungserscheinungen.

Die *chronische Morphiumvergiftung* ist also körperlich vorwiegend durch vermehrten Vagotonus (enge Pupillen, Hypotonie sowie Verstopfung, Abmagerung), psychisch durch Dysphorie, Antriebslosigkeit und Wesensveränderungen (Willensschwäche, Lügenhaftigkeit) gekennzeichnet. Die *Abstinenz- oder Entziehungserscheinungen* sind umgekehrt durch Sympathikotonus (weite Pupillen, Schwitzen, Tachykardie, Schlaflosigkeit, Durchfälle) und Angst und Erregung charakterisiert.

Die Morphinderivate und Ersatzmittel Heroin, Dilaudid, Eucodal, Dicodid, Dromoran sowie Dolantin, Cliradon, Polamidon, Heptalgin, Desomorphin zeigen dem Morphium ähnliche Gewöhnungs-, Sucht- und Abstinenzerscheinungen.

Die Bereitschaft zum Morphinismus setzt eine abnorme Veranlagung voraus: Körperlich herrschen leptosomer Körperbau und vegetative Stigmatisierung vor, psychisch sind dysharmonische und hysterische Persönlichkeiten auf vorwiegend psychopathischer Grundlage häufig.

Therapie: Vorbeugung der Sucht geschieht durch grosse Zurückhaltung bei der Verschreibung von Morphium (häufiger Wechsel des Mittels). Medizinalpersonen sind besonders gefährdet. Die Entziehung hat stets in psychiatrischer Klinik zu erfolgen, da auf geschlossener Abteilung bessere Überwachung möglich (raffinierte Schmuggelversuche von scheinbar einsichtigen Patienten und Angehörigen).

Akute Morphiumintoxikation[18]*:* Bei Morphin- oder Morphinersatzvergiftung mit lebensbedrohlicher Atemlähmung Therapie mit Antidot Lethidron: insgesamt 1–4 Ampullen (zu 10 mg) i. v. oder i. m., oder mit Daptazol: insgesamt 50–100 mg, in repetierten Dosen.

Entziehungskur bei chronischer Morphiumvergiftung[19]*:* Sofortiger totaler Entzug, ausser bei lebensbedrohlichem Kollaps. Dämpfung mit Hemineurin (Distraneurin) bis 8 g pro Tag oder (mit) Neuroleptika (Largactil, Melleril), Valium. Allgemeine Massnahmen: Einlauf, evtl. Katheterisierung, Kreislaufstimulation (Coramin, Sympatol, Koffein).

Klinikaufenthalt: 2–3 Monate, Entlassung in ambulante Psychotherapie. Prognose mit Vorsicht zu stellen, hängt von Grundpersönlichkeit und Milieu ab.

Die Einstellung von Heroinsüchtigen auf *Methadon* ist umstritten, da so lediglich eine Abhängigkeit von einem andern Morphinanalogon eingeführt wird. Zudem besteht die Gefahr des *Mischungsmissbrauches.*

1.2. Drogenabhängigkeit vom Typ Kokain

«Kokainismus». Spielte längere Zeit keine wesentliche Rolle mehr (vor allem in den Jahren nach dem Ersten Weltkrieg in Mode), scheint nun neuerdings wieder aufzukommen. Wirkt zentral stimulierend, sympathikomimetisch (s. Amphetamin, S. 118).

Kokain ruft Rauschzustände mit Erregung, Enthemmung und Euphorie hervor. Der chronische Missbrauch führt zu Wesensveränderung. Häufig sind die *Kokainpsychosen:* Delirien mit euphorisch-ängstlicher Verstimmung, farbigen Visionen, Gehörs- und vor allem taktilen Sinnestäuschungen; Dämmerzustände mit kinematographischen Halluzinationen; «Kokainwahnsinn» mit fahriger Betriebsamkeit, zusammenhängenden Wahnideen, taktilen Halluzinationen (bei teilweise erhaltener Berufsfähigkeit). Der «Kokainparalyse» liegt ein Korsakow-Syndrom zugrunde.

Therapie: s. Morphinismus.

---

[18] MOESCHLIN, S.: Klinik und Therapie der Vergiftungen (Thieme, Stuttgart 1959).
[19] STAEHELIN, J. E. und KIELHOLZ, P.: in STAEHELIN Nichtalkoholische Süchte. Psychiatrie der Gegenwart, vol. 2 (Springer, Berlin 1972).

1.3. Drogenabhängigkeit vom Typ Cannabis

Konsumiert als *Haschisch* (Harz) oder *Marihuana* (Blätter des Indischen Hanfes). Wird vornehmlich geraucht, Einnahme p.o. oder i.v. nur in Einzelfällen. Überwiegend bei Jugendlichen; ähnliche Wirkung wie bei Halluzinogenen, jedoch geringer ausgeprägt und meist ohne Verlust der Ich-Kontrolle, führt aber auch dosisabhängig zu *Rauschzuständen* und *Selbstverfremdungserlebnissen* (Bewusstseinsveränderung). Gelegentlich starke psychische Abhängigkeit. Wo soziale oder Persönlichkeitskonflikte vorliegen, leistet der chronische Abusus *abnormen Entwicklungen* Vorschub.

Bei *akuter Intoxikation* vor allem vegetative Störungen (Tränenfluss, Nystagmus, Pulsanstieg, Schwindel, bei hohen Dosen Pupillenerweiterung). Gelegentlich mehr oder weniger ausgeprägte Angstzustände, eigentliche «*Horror trips*» (S. 121) scheinen eher selten zu sein und vor allem bei oraler Einnahme vorzukommen.

Therapie: Wie bei LSD-Zwischenfällen S. 121.

Von nur gelegentlichem Konsum (mit verschiedener Motivierung: Neugier, Protest gegen aussengelenkte Gesellschaft, Bewusstseinserweiterung usw.) finden sich alle Übergänge bis zum chronischen Abusus in Kombination mit anderen Drogen. Bindung an soziale Aussenseitergruppen, Einengung auf drogenbedingte Erlebnisse spielen eine Rolle. Gleichgültigkeit, Apathie und Leistungsverlust können Folgeerscheinungen sein. Bei ungefestigten Persönlichkeiten ist durch Haschisch (vermutlich unspezifische) Bahnung für «hard drugs» (z.B. Opiate, Kokain) möglich.

1.4. Drogenabhängigkeit vom Typ Amphetamin

Dexedrin, Pervitin, Aktedron, Ritalin usw. bewirken Antriebssteigerung, allgemeine Enthemmung, Wachbleiben, Abmagerung.

Einstieg bei Erwachsenen sehr oft über Abmagerungskuren, Bedürfnis nach Leistungssteigerung usw. Bei chronischem Abusus ängstlich-paranoid gefärbte Psychosen (evtl. mit mikrohalluzinatorischen Symptomen) möglich, Abgrenzung gegen Schizophrenie gelegentlich schwierig.

Bei Jugendlichen in den letzten Jahren sehr beliebt als *Rauschmittel*. Die vorherrschende i.v.-Applikation hoher Dosen führt meist zu schwerer psychischer Abhängigketi. Trotz scheinbar fehlender echter körperlicher Abhängigkeit kommt es bei Entzug zu ängstlich-depressiven Verstimmungen und körperlicher Leistungsunfähigkeit. *Soma-*

tische Komplikationen (Inokulationshepatitis, Abszessbildungen usw.) durch mangelhafte Hygiene wie bei Morphinismus.

Therapie: s. Morphinismus S. 116.

Bei *akuter Intoxikation* optische und akustische Halluzinationen, illusionäre Verkennungen, allgemeine psychomotorische Unruhe, gelegentlich massive Angstzustände, dazu pulsierende Kopfschmerzen, Tremor, Tachykardie, Hypertonie.

Therapie: Valium i.v. oder i.m., 10–20 mg, evtl. wiederholt. Bei extremer Hypertonie unter Umständen Regitin i.m.

1.5. Drogenabhängigkeit vom Typ Barbiturate

«*Hypnotikasucht*». Wegen Ähnlichkeit von Intoxikations- und Abstinenzsymptomen und weitgehender Kreuztoleranz ist auch der *Alkoholismus* (S. 123) hier einzuordnen. Gleiches gilt für die *Analgetikasucht* (Kombinationspräparate, meist auch ein Hypnotikum enthaltend).

Hypnotika- und Analgetikaabusus nimmt in den letzten Jahren rapid zu. An Schlafmitteln werden Barbiturate, Harnstoffderivate sowie Optalidon, Doriden, Noludar, Tranquilizer verwendet, während von den phenazetinhaltigen Schmerzmitteln vor allem Saridon, Kafa, Contra-Schmerz, Treupel, Spalttabletten missbraucht werden.

Schlafstörungen, innere Unruhe, *Spannungs-* und *Konfliktverhältnisse* in Beruf oder Familie, Bedürfnis nach Distanzierung und Betäubung führen über *Hypnotikamissbrauch* zu Abhängigkeit. *Analgetische Mischpräparate* werden vorwiegend zur Bekämpfung von *Verstimmungen*, bei Vorliegen *psychosomatischer Symptome* oder zwecks Stimulation und Leistungssteigerung (z.B. weibliche Arbeitskräfte in der Uhrenindustrie usw.) eingenommen.

Akute Schlafmittelvergiftung führt zu Somnolenz bis Koma. *Chronische* Intoxikation mit Schlaf- und Schmerzmitteln bewirkt Gewöhnung, Sucht- und Abstinenzerscheinungen. *Körperlich* zeigt sich die chronische Vergiftung in Abmagerung, Tremor, Ataxie, verwaschener Sprache, Nystagmus, fehlendem Bauchdeckenreflex, Blut- und Hautveränderung. Phenazetin hat eine Café-au-lait-Verfärbung und eine zu Schrumpfniere mit Urämie führende interstitielle Nephritis zur Folge. *Psychisch* ist eine Wesensveränderung mit epileptoider Verlangsamung, Dysphorie und mnestischen Störungen beobachtbar.

Als Abstinenzsymptome treten Delirien, Dämmerzustände, Halluzinosen und epileptische Anfälle auf.

Akute Schlafmittelintoxikation[20]*:* Verlegung je nach Fall in internistisches oder psychiatrisches Spital. Für Transport Stimulation mit Micoren.

Magenspülung, nur klinisch und bei frischen Fällen: Seitenlage, Oberkörper tief, Spülung mit 250 cm³ pro Spülung, insgesamt 2 Liter. Stündliche Kontrollen von Reflexen, Atmung, Puls, Blutdruck. Immer Seitenlage. Absaugen der Bronchien. Bei Zyanose: O_2, 6 l/min, mit Nasenkatheter, Sauerstoffbrille. – Bei weiterer Verschlechterung: Intubation, später künstliche O_2-Beatmung mit Ballon (4 l/min), zuletzt Tracheotomie.

Bei Blutdruckabfall: *Noradrenalin*tropfinfusion i.v. in 5%iger Lävulose; Noradrenalinmenge nach Tiefe des Schocks regulieren; Blutdruck soll auf zirka 110 mm Hg gehalten werden.

Flüssigkeitszufuhr 2 l/24 h: 2000 cm³ 5%ige Lävulose + 500 cm³ Plasmalösung (2 Teile Trockenplasma gelöst in 1 Teil Wasser). Bei Flüssigkeitszufuhr Vorsicht wegen Gefahr des Lungenödems. *Antibiotikaschirm.* Bekämpfung der Hypo- und Hyperthermie. Bei schlechter Atmung und stets bei fehlenden Korneal-, Rachen- und Trachealreflexen: *Megimid* (1 Ampulle = 50 mg). Megimid ist indiziert bei schweren Schlafmittelvergiftungen mit Barbituraten und ähnlichen Substanzen (Adalin, Doriden, Persedon, Sedormid, Chloralhydrat). Bei vorhandenen Reflexen wegen Krampfgefahr kontraindiziert. Man injiziert 50 mg Megimid i.v., Wiederholung nach 3 min; falls Erfolg ausbleibt evtl. weiter alle 5 min, bis Reflexe wieder auslösbar sind und Muskeltonus zurückkehrt. Totaldosis zwischen 200–600 mg. Bei sehr schweren Fällen Megimid als Dauertropfinfusion (z.B. 500 mg/1000 cm³). Letzte Möglichkeit: künstliche Niere.

Entziehungskur bei chronischer Schlaf- und Schmerzmittelintoxikation[21]*:* Sehr langsamer Entzug. Feststellung der Dosis, bei der gerade Entziehungssymptome (Zittern, Unruhe, Blutdruckabfall) aufzutreten beginnen; Dosiserhöhung bis zum Verschwinden der Abstinenzerscheinungen. Langsame Reduktion der Dosis in 2–4 Wochen, zuletzt der Abenddosen. Gleichzeitig *Neuroleptika* (z.B. Largactil), die über 2–3 Monate weitergegeben werden können. Erst nach vollständiger Entgiftung evtl. Insulinisierung 3mal täglich.

1.6. Drogenabhängigkeit vom Typ Halluzinogene

Halluzinogene oder psychodysleptische Substanzen wie LSD, Mescalin, Psilocybin usw. bewirken dosisabhängige *Intoxikationspsychosen paranoid-halluzinatorischer Art* mit Depersonalisations- und Derealisationserlebnissen. Kann zu psychischer Abhängigkeit und bei prä-

---

[20] Moeschlin, S.: Klinik und Therapie der Vergiftungen (Thieme, Stuttgart 1959).

[21] Staehelin, J. E. und Kielholz, P.: in Staehelin Nichtalkoholische Süchte. Psychiatrie der Gegenwart, vol. 2 (Springer, Berlin 1972).

disponierten Konsumenten zur Auslösung endogener (schizophrener) Psychosen führen. Bei chronischem Abusus Gefahr der Verschärfung sozialer Konflikte wie bei Cannabis.

Therapie: S. 118.

Hauptkomplikation neben der eigentlichen Intoxikationspsychose ist der «*Horror trip*» als psychische Fehlreaktion, verbunden mit massiven Angstzuständen und vielfältigen neurovegetativen Begleiterscheinungen. Erregung, Angst, Denkstörungen und Halluzinationen machen Abgrenzung gegen akute Schizophrenie oft schwierig.

Therapie: Valium p. o. oder i. v., 10–30 mg, evtl. zu wiederholen; gelegentlich ist durch erfahrene Therapeuten ein «talk down» (Art beruhigendes Gespräch) möglich. Selbstgefährlichkeit – nicht unbedingt Suizidalität – nicht unterschätzen, Klinikeinweisung oft notwendig.

Etwas seltener kommt es zum *Echorausch* (flash back), d. h. zu einer (Intoxikations-)Psychose ohne vorangehende Intoxikation.

Therapie: wie oben.

1.7. Drogenabhängigkeit vom Typ Khat

Khat (auch Kat oder Kath) ist ein natürlich vorkommender «Amphetamin»-Ersatz, pharmakologisch den Weckaminen verwandt. Gilt eher als Genussmittel bzw. steht im Übergangsfeld zu den Rauschdrogen. Soll, genossen als Tee, die anregende Wirkung von Kaffee übertreffen. *Symptomatik wie Amphetamin*, ist jedoch sechsmal schwächer als Pervitin. Scheint bei uns keine ins Gewicht fallende Rolle zu spielen.

2. Drogenkonsum der Jugendlichen

Beginn in den sechziger Jahren in Kalifornien mit zunehmender Verbreitung über ganz Europa. Wohl zu verstehen als soziales Phänomen (Folgeerscheinung bei Befriedigung aller primären Bedürfnisse in der Wohlstandsgesellschaft). Schätzungsweise haben 25–40% aller Jugendlichen Drogenerfahrung, es sollen aber nur zirka 4% wirklich abhängig werden. Die vorausgehend dargestellte Unterscheidung verschiedener Abhängigkeitstypen ist etwas gekünstelt, da *Polytoxikomanie* zu überwiegen scheint und zufolge grosser «Experimentierfreude» immer neue Stoffe Eingang ins «Drogenrepertoire» finden. Im Grunde genommen liegt nicht eine *Rauschgift-*, sondern eine *Rauschsucht*, gelinder ausgedrückt eine *Rauschsehnsucht* vor. Dabei kommt es bei den Jugendlichen zu *Störung der Persönlichkeitsent-wicklung*, häufig zu *sozialer Desintegration* mit Abbruch der beruf-lichen Ausbildung usw. Über Therapie und Prophylaxe sind die Mei-nungen geteilt. Vom Entzug während langer Zeit in geschlossener, spezialisierter Klinik bis zu Soziotherapie, eventuell in therapeutischen Wohngemeinschaften, wird alles empfohlen, schlüssige Resultate lie-gen keine vor. Neuere Untersuchungen allerdings lassen erkennen, dass jüngere Jugendliche den Drogenkonsum vor allem aus Angst vor gesundheitlicher Schädigung aufgeben, ältere hingegen eher aus wirklich freier Entscheidung (rational begründeter Verzicht) wegen der möglichen Gefahren und Folgen. Auf alle Fälle ist *weder Glorifi-zierung des Konsums noch Bagatellisierung der Gefahren oder über-schiessende Schwarzmalerei am Platz.*

Die *Drogenkarriere* ist nichts Einheitliches. Zu unterscheiden sind offenbar vier Stadien[22]:

1. Das Vorstadium: Ablehnung des Leistungsprinzips, antiautoritäre Verhaltens-weisen, Protest gegen «normale» Verhaltensweisen. Eigener Lebensstil wird gesucht. Die psychedelisch wirksamen Drogen scheinen vorzuherrschen.
2. Das Stadium der Drogeneinnahme: Konflikte zwischen den gewohnten Nor-men und der sich mit der Drogenerfahrung einstellenden Bindung zur Subkultur. *Sehr viele Jugendliche geben hier ihre Drogenkarriere auf.*
3. Stadium: Vereinsamung nimmt durch Übergang auf das «Fixen» (Bevor-zugung der i.v.-Applikation) zu, das Einzelerlebnis der Drogenwirkung geht vor, nur noch lockerer äusserlicher Kontakt mit andern Konsumenten. Eigent-liche Polytoxikomanie beginnt.
4. Stadium: Echte Suchtsymptome, Entwicklung von Toleranz und Entzugser-scheinungen.
Therapieplan richtet sich unter Berücksichtigung des erreichten Stadiums nach den gegebenen, regional sehr verschiedenen institutionellen Möglichkeiten, so bei 1. und 2. Stadium psychotherapeutische und soziotherapeutische Massnah-men, 3. Stadium Klinikbehandlung oder therapeutische Wohngemeinschaft, 4. Stadium Klinikbehandlung mit ausgedehntem Rehabilitationsprogramm.

3. Andere Vergiftungen[23]

3.1. Kohlenmonoxydvergiftung

Kohlenmonoxydvergiftung, meist durch Leuchtgas, führt zu akuter Intoxikation

---

[22] Weitbrecht, H. J.: Psychiatrie im Grundriss (Springer, Berlin 1973).
[23] Moeschlin, S.: Klinik und Therapie der Vergiftungen (Thieme, Stuttgart 1959).
Boor, W. de: Pharmakopsychologie und Psychopathologie (Springer, Berlin 1950).

(exogene Psychosen), chronischer Intoxikation (neurasthenische Beschwerden) und Dauerschädigungen (organisches und hirnlokales Psychosyndrom, Demenz). Die *akute* Vergiftung kann Benommenheit bis Bewusstlosigkeit, Rausch, Delirien und Dämmerzustände bewirken. Anzeichen *chronischer* Vergiftung sind Schlafstörungen, Kopfschmerzen und allgemeine nervöse Beschwerden. Neurologische Störungen verschiedenster Art (epileptische Anfälle, Parkinsonismus) kommen vor. Als Spätform bezeichnet man das Auftreten der Schädigungen nach einem freien Intervall von Tagen bis Wochen. Je nach Art der Hirnschädigung bleiben psychoorganisches Syndrom, hirnlokales Psychosyndrom oder Demenzzustände zurück. – Pathologisch-anatomisch: Multiple Nekrosen als Anoxiefolgen.

3.2. Schwefelkohlenstoff- und Trichloräthylenvergiftung
Rausch, Benommenheit, Delirien, neurologische Störungen. Bei chronischer Intoxikation oft psychoorganisches Syndrom, Dauerschädigungen kommen vor.

3.3. Chronische Intoxikation mit organischen Lösungsmitteln (Äther, Benzol, Toluol und weitere Kohlenwasserstoffverbindungen)
Diffuse hirnorganische Schädigungen, Wesensveränderungen.

3.4. Chronische Quecksilbervergiftung
Psychische Störungen können evtl. erst nach Verschwinden der körperlichen Vergiftungszeichen auftreten; nach neurasthenischem Vorstadium vor allem Stammhirnsyndrom. «Schreckhafte Reizbarkeit» wird als charakteristisch angesehen. Selten Korsakow-Syndrom.

3.5. Chronische Bleivergiftung
Psychische Störungen oft erst nach Verschwinden der körperlichen Symptome; neurasthenisches Vorstadium, später psychoorganisches Syndrom, Blei-Korsakow. Epileptische Anfälle und exogene Psychosen kommen vor.

3.6. Thalliumvergiftung
Exogene Psychosen, Wesensveränderungen.

Alkoholismus

Alkoholismus ist der Sammelbegriff für die verschiedenen akuten und chronischen Zustände der Alkoholintoxikation: Pathologischer Rausch, Trunksucht, chronischer Alkoholismus, Delirium tremens, Alkoholhalluzinose[24].

---

[24] Wyss, R.: Klinik des Alkoholismus. Psychiatrie der Gegenwart, vol. 2 (Springer, Berlin 1972).

1. Einfacher Rausch

Verschiedene Stadien (Angetrunkenheit, leichter, mittelschwerer und schwerer Rausch.)

Über Blutalkoholwerte, Fahrtauglichkeit S. 191, 192.

2. Komplizierter und pathologischer Rausch

Symptomatik weicht vom einfachen Rausch ab. Beobachtete Symptome nicht völlig persönlichkeitsfremd. Es kommen hochgradige Erregungszustände, aber auch depressiv-paranoide und maniforme Syndrome zur Beobachtung. Delirante Räusche kopieren Symptome des Delirium tremens, andere Formen ähnlich der Alkoholhalluzinose. Grundsätzlich *transitorische psychotische Zustandsbilder*.

Dem sogenannten pathologischen Rausch wurde früher besondere Bedeutung beigemessen. Hier vor allem Ähnlichkeit mit dem epileptischen Dämmerzustand. Charakteristisch vor allem qualitative und quantitative Abweichung von der einfachen Rauschreaktion. Schlagartiges Einsetzen der hochgradigen vitalen Erregung mit ungerichtetem Angriffs-, Abwehr- oder Fluchtverhalten und Neigung zu Gewalttaten. Theoretisch nach dem pathologischen Rausch *Terminalschlaf*.

Kriterium der *Amnesie:* Sowohl nach schwerem einfachem Rausch wie nach kompliziertem und pathologischem Rausch möglich. Abgrenzungen wichtig in forensischer Hinsicht.

Disponiert sind Epileptiker, Schizophrene, Hirntraumatiker, Psychopathen sowie Persönlichkeiten, die unter starker Affektspannung stehen.

Therapie: Sofortige Isolierung unter Aufsicht ist unumgänglich, notfalls mit Gewalt. Prazine oder Librium i. v. Bei längerer Dauer Internierung. Bei Alkoholkoma: Kreislaufmittel, Infusionen.

Alkoholintoleranz: Geringfügige Alkoholisierung führt zu Rauschsymptomatik. Disposition kann angeboren oder erworben sein (organische Hirnschädigung, durch somatische Erkrankungen, evtl. durch zunehmende Schädigung im Verlaufe der trunksüchtigen Entwicklung).

3. Trunksucht

Definiert durch *unwiderstehliches Verlangen* nach Alkohol (Abhängigkeit), jedoch noch ohne Dauerschädigung. Grösse der zugeführten Menge unwesentlich. Verschiedene Verlaufsformen, unter anderem auch solche mit ausgeprägter Rauscharmut.

Trunksucht findet sich bei normalen Gewohnheitstrinkern, Psychopathen, Neurotikern, manisch-depressiven Verstimmungen (s. Veranlagung zur Toxikomanie).

Dipsomanie oder periodische Trunksucht ist das «störenweise» auftretende Verlangen nach Alkohol; manisch-depressive Schwankungen oder reaktive Verstimmungen sind häufig die Ursache. Der Volksmund spricht von Quartalssäufern.

4. Chronischer Alkoholismus

Der chronische Alkoholabusus hat zu irreversiblen *körperlichen* und *seelischen Dauerschädigungen* mit entsprechendem sozialem Abstieg geführt.

Das gedunsene schlaffe Gesicht mit den erweiterten Blutgefässen sowie die zu «Bierwitzen» bereite, unversehens in Gereiztheit umschlagende Stimmung kennzeichnen den Alkoholiker bereits auf den ersten Blick.

Die seelischen Anfangssymptome imponieren als *Persönlichkeitsveränderung:* Affektlabilität und allgemeine Enthemmung (hierdurch Reizbarkeit, Euphorie, Willensschwäche, Rücksichtslosigkeit). Später zeichnet sich das *psychoorganische Syndrom* mit Gedächtnis-, Auffassungsstörungen und Urteilsschwäche immer deutlicher ab. Schuldgefühle haben reaktive Entwicklungen zur Folge. In der Regel wird der Alkoholabusus bagatellisiert, und Besserungsversprechen werden ebenso bereitwillig und rasch gegeben wie sie hernach gebrochen werden. Trotz Nachlassens der Potenz bleibt die Libido längere Zeit erhalten.

Unter fortschreitendem intellektuellem Abbau und affektiver Verflachung entwickelt sich das Bild der organischen *Demenz*. Die körperlichen Symptome des chronischen Alkoholismus bestehen vor allem in einer *Leberschädigung* (Vergrösserung, pathologische Funktionsproben), Polyneuritiden und Gastritis mit morgendlichem Erbrechen.

Der Alkoholismus ist wesentlich häufiger bei Männern; bei Frauen, meist Psychopathinnen, sind dafür die Schädigungen schwerer und die Prognose schlechter.

4.1. Therapie: Allgemeines

Ziel der Behandlung ist Beseitigung der Ursache und Erziehung zur Abstinenz.

Psychotherapie bei neurotischer oder reaktiver Trunksucht. Speziell als Gruppenbehandlung, möglichst unter Einschluss des häufig therapiebedürftigen Partners in Behandlungsplan. Betreuung durch Alkoholfürsorge oder in Abstinenzvereinen. Zunehmender Einfluss der AA (Anonyme Alkoholiker); ehemalige Trinker schliessen sich zu Gruppen zusammen (kennen sich nur bei Vornamen), tauschen Erfahrungen aus und stehen Alkoholgefährdeten in Krisen und jederzeit bei (Auskünfte und Kontaktvermittlung unter «AA» im Telefonverzeichnis jeder grösseren Stadt). Für rückfällige schwere Alkoholiker Entziehungskuren in Trinkerheilanstalten (zirka 1 Jahr). Zur Ausnüchterung Einweisung uneinsichtiger Alkoholiker in psychiatrische Klinik; Unterstützung der Entgiftung durch Vitamin B, Litrison. Bei günstigen Voraussetzungen Einstellung auf Antabus.

4.2. Antabusbehandlung

Prinzip: Durch Dauermedikation von Antabus (Disulfiram) wird eine Alkoholintoleranz erzeugt. Alkohol + Antabus bewirken eine akute Vergiftung, die sich zunächst in Rötung des Kopfes und der Konjunktiven zeigt, dann in Herzklopfen, Kopfschmerzen, Atemnot; *Blutdruckabfälle* mit Schwindel bis zum Kreislaufkollaps. Der Trinkversuch unter Antabus demonstriert dem Patienten die Wirksamkeit.

Indikation: Zur Mitarbeit bereite Trinker. Einstellung klinisch oder ambulant (falls Abstinenz mehrere Tage vor Trinkversuch gewährleistet).

Genaue internistische Untersuchung (Belastungs-EKG, Leberfunktionsprüfung usw.).

Kontraindikationen: Schwere Herz-, Kreislaufleiden, Hypertonie, Apoplexiegefahr, florides Magenulkus, schwere Leber-Nieren-Schädigung, schwere Stoffwechselstörung, Epilepsie, Status nach schwerem oder mehrfachem Delir, posttraumatische Hirnschwäche.

Kurschema: An drei aufeinanderfolgenden Tagen je 1,0 g = 2 Tabletten Antabus, in Wasser aufgelöst. Am 4. Tag *Trinkversuch* mit 10 g Alkohol enthaltendem Getränk (z. B. 100 cm³ Wein; 200 cm³ Bier). Hierdurch wird Patient mit den unangenehmen Vergiftungserscheinungen (s. oben) bekannt und vor künftigen Exzessen abgeschreckt. Zugleich wird der Arzt über den Schweregrad der Reaktion unterrichtet. Zu starke Reaktion kann durch Liegen, Sauerstoffinhalation, Sympatol und Promethazin abgeschwächt werden.

Als *Erhaltungsdosis* wird 0,25 g = ½ Tablette pro Tag oder 1 Tablette jeden 2. Tag gegeben; nach gewisser Zeit Reduktion auf 0,125 g.

Die Tabletten sind *in Wasser aufgelöst* von einer vertrauenswürdigen Drittperson (ausserhalb der Familie, nicht Ehegattin bzw. Ehegatte!) zu verabreichen, z. B. Arbeitgeber, Trinkerfürsorge, Arztpraxis usw.

Jeder Patient hat einen Disulfiramausweis («Antabusausweis») auf sich zu tragen. Zu meiden sind aldehydhaltige Medikamente (z. B. Paraldehyd). Mit Weinessig angemachte Salate sowie mit Wein zubereitete Speisen (Sauerkraut, Fondue, Saucen) können die Unverträglichkeitsreaktion ebenfalls auslösen.

Als harmlose *Nebenwirkungen* können auftreten: Müdigkeit, Schlafvertiefung, Potenzschwäche usw.

Komplikationen (durch Alkoholgenuss oder Überdosierung): Bewusstseinstrübungen, epileptische Anfälle, apoplektische Anfälle. Sofortiges Sistieren der Therapie notwendig.

Im Prinzip gleich wie die Antabuskur ist die Erzeugung einer medikamentösen Alkoholintoleranz durch *Dipsan* (Kalzium-Karbimid-Zitrat). Dipsan ist aber weniger toxisch, weniger wirksam, wirkt kürzer. Trinkversuch: 2–4 Tabletten 1–2 h vor Beginn. Erhaltungsdosis: 2- bis 3mal 1 Tablette pro Tag.

4.3. Brechvergällungskur (Aversionsbehandlung)

Prinzip des bedingten Reflexes; mit Alkohol wird gleichzeitig Apomorphin oder Emetin gegeben. Nur noch selten angewendet.

5. Delirium tremens

Das Delirium tremens ist die häufigste Alkoholpsychose; es tritt nach mehrjährigem Alkoholabusus plötzlich auf, ist ein lebensbedrohlicher Zustand mit Verwirrtheit, Erregung, Angst und Gesichtshalluzinationen und klingt spontan nach wenigen Tagen wieder ab.

Auf der Grundlage des chronischen Alkoholismus wird das Delirium meist durch akute Krankheiten (Pneumonie), Unfälle oder Operationen ausgelöst. Vorausgehen können *prädelirante Erscheinungen,* wie Unruhe, Reizbarkeit und flüchtige optische Sinnestäuschungen. Das Delirium selbst bricht häufig in der Nacht aus: Bebendes, schweissbedecktes Gesicht, Zittern der Hände, Unruhe des angstvoll-läppischen und verwirrten Kranken lassen ein Alkoholdelirium oft schon aufgrund des äusseren Eindrucks vermuten.

Zum Typus des deliranten Syndroms gehörig, weist das Delirium tremens folgende Symptome auf:

Bewusstseinstrübung mit örtlicher und zeitlicher Desorientiertheit (autopsychische Orientierung aber erhalten).

Bewegungsdrang: Im sogenannten Beschäftigungsdelirium schlachtet der Metzger mit halluzinierten Messern halluzinierte Schweine.

Mischung von *Angst und Euphorie,* sogenannter Galgenhumor; *szenenhafte visuelle Halluzinationen* (kleine, herumspringende Tiere, umstürzende Wände), selten Körperhalluzinationen, vereinzelt akustische Elementarhalluzinationen.

Suggestibilität: Auf Suggestion hin werden von weissem Blatt Sätze abgelesen.

Grobschlägiger *Tremor* der Hände und des übrigen Körpers. Nach *2–5 Tagen* Abklingen der Psychose.

Epileptische Anfälle können auftreten, und zwar meist zu Beginn. Stets besteht Schlaflosigkeit.

Das Delirium ist lebensbedrohlich durch die Gefahr des Herz- und Kreislaufversagens und der Pneumonie.

Nach Verschwinden der akuten Psychose bleibt der chronische Alkoholismus zurück, in schweren Fällen sogar ein Korsakow-Syndrom.

Therapie: Prädelirium und Delirium gehören in Klinikbehandlung. Für Transport Dämpfung mit Librium 50–100 mg i.m., i.v. (nie Morphium-Scopolamin, Barbiturate, keine Neuroleptika). Durch hohe Hemineurin- oder Libriumgaben kann Prädelir häufig kupiert werden.

In Klinik: Bettruhe (ohne Zwang, Fixierung), evtl. Herz-Kreislauf-Stützung (⅛ mg Strophantin, Coramin). Flüssigkeitszufuhr (gezuckerter Tee, Milch, Vitamin-C- und -B-Komplex); evtl. Antibiotikaschirm bei höheren Temperaturen.

Dämpfung: Hemineurin = Distraneurin 6–8 g pro Tag oder: Librium (1- bis 6mal 50–100 mg i.v. oder i.m.). Seit Hemineurintherapie Mortalität gering. Früher gebräuchliche Medikation: Cortison, Curéthyl, Paraldehyd.

6. Alkoholhalluzinose

Die seltene Alkoholhalluzinose der chronischen Alkoholiker bricht meist akut aus. Bei *ungestörtem Bewusstsein* leidet der Kranke unter *Gehörshalluzinationen*. Die Stimmen sprechen untereinander über ihn, schimpfen über seine Trunksucht, beleidigen oder verteidigen ihn, und der Kranke hört all dem wie einem dramatischen Hörspiel zu. Selten sind Gesichtshalluzinationen vom Typ des Delirium tremens, zu dem alle Übergänge möglich sind.

Die Stimmung ist von *Angst* beherrscht, und mit *Wahnideen der Verfolgung* versucht der geplagte Kranke die drohenden Stimmen und seine Angst zu erklären. Auch Galgenhumor kommt vor. Die Halluzinose heilt unter Abstinenz nach Stunden bis Monaten. Dauert sie länger als 6 Monate, geht sie entweder in organische Demenz über oder zeigt immer mehr das Bild einer paranoiden Schizophrenie (die durch den Alkoholismus ausgelöst oder gefärbt wurde) [25].

Therapie: Internierung und Abstinenz, Beruhigung mit Neuroleptika, evtl. Frenquel.

7. Alkoholisches Korsakow-Syndrom

Die alkoholische Korsakow-Psychose oder besser das alkoholische Korsakow-Syndrom besteht in hochgradiger *Merkfähigkeitsstörung* mit Desorientiertheit und mit Neigung zu *Konfabulationen;* die Stimmung ist stumpf-euphorisch, passiv.

---

[25] BENEDETTI, G.: Die Alkoholhalluzinosen (Thieme, Stuttgart 1952).

Das Korsakow-Syndrom entwickelt sich aus dem Delirium tremens, dem chronischen Alkoholismus oder der Polioencephalitis haemorrhagica superior.

Ferner ist das *Korsakow-Syndrom* bei verschiedenen hirnorganischen Störungen beobachtbar. Symptome: Merkfähigkeitsstörungen, Desorientiertheit, Konfabulationen, übrige Anzeichen des hirndiffusen organischen Psychosyndroms. Passagere Verwirrtheitszustände und Wahnideen möglich. Ob die Demenz dem Korsakow zuzurechnen ist, stellt eine alte Streitfrage dar. Der Amnesie des Korsakow-Syndroms liegt eine Schädigung der Tubercula mamillaria zugrunde. *Polioencephalitis haemorrhagica superior:* Deliröse und mnestische Störung mit neurologischen Symptomen, wie Augenmuskellähmungen, Polyneuritis. Pathologisch-anatomisch: Blutungen und Gefässwucherungen im Höhlengrau um den 3. Ventrikel; Vitamin-B-Mangel ist kausal beteiligt.

8. Alkoholischer Eifersuchtswahn

Er entwickelt sich bei chronischen Alkoholikern aufgrund der Impotenz und reaktiver Momente, wie Ablehnung durch die Ehefrau, Minderwertigkeitsgefühlen. Die kritiklos-grotesken Eifersuchtsideen verschwinden nach längerer Abstinenz.

Von *Alkoholparanoia* spricht man bei paranoischen Wahnbildungen chronischer Alkoholiker.

9. Alkoholepilepsie

Bei allen Formen des Alkoholismus können symptomatische epileptische Anfälle auftreten. Anderseits vermag der Alkoholismus bei entsprechender Disposition eine genuine Epilepsie auszulösen.

Andere exogene Störungen

1. Infektions- und Stoffwechselpsychosen

Sämtliche somatogenen Psychosyndrome können auftreten, vor allem aber der *akute exogene Reaktionstyp* mit *Benommenheit, Delirien* und *katatoniformen* Erscheinungen. Der sogenannte *hyperästhetisch-emotionelle Schwächezustand* (Neurastheniesymptome, Dysphorie) überdauert vielfach die akute Infektion[26].

Folgende Erkrankungen führen häufig zu folgenden seelischen Störungen:

---

[26] SCHEID, W.: Die psychischen Störungen bei Infektions- und Tropenkrankheiten (ebenfalls Paralyse). Psychiatrie der Gegenwart, vol. 2 (Springer, Berlin 1972).

Infektionspsychosen: Meningitis, Enzephalitis (Delirium, Amentia); Pneumonie (Fieberdelirium mit komplexhaften Halluzinationen); Chorea minor (Affekt-labilität, Reizbarkeit, Apathie, selten Delirium); Typhus abdominalis und Fleck-typhus (Benommenheit, Delirium, Dämmerzustand, Stupor).

Stoffwechselpsychosen: Urämie, Eklampsie (Delirium, Dämmerzustände, Be-nommenheit, Euphorie, katatone Symptome); kardiale Insuffizienz (ängstliche Erregung, Delirium); Karzinomkachexie (Delirium, Amentia, Korsakow); per-niziöse Anämie (halluzinatorisch-paranoide Erregungen, depressiv-euphorische Verstimmungen); Ikterus (Dysphorie, Apathie); ferner *Pellagra* (anfangs De-pression, später Delirium, Endzustand Demenz), Porphyrie.

Therapie: Meist zu Hause oder in allgemeinem Spital möglich, falls Überwachung, vor allem nachts, gewährleistet. Symptomatische Dämpfung mit Neuroleptika, Hemineurine usw.

Besondere Bedeutung hat der Folgezustand der Encephalitis epide-mica lethargica: der *postenzephalitische Parkinsonismus*[27].

Körperliche Symptome dieses akinetisch-hypertonischen Zustands-bildes: Maskengesicht, Rigor, Zahnradphänomen, Tremor, mono-tone Sprache, Blickkrämpfe.

Die psychischen Symptome sind die des hirnlokalen Psychosyndroms *(Stammhirnsyndrom):* Antriebslosigkeit mit gelegentlichem Ein-schiessen von Verstimmungen und Trieben. Entsprechende deliktische Handlungen können ein Frühsymptom sein. Im Spätstadium kommen paranoide Wahnbildungen vor. Bei *jugendlichen Postenzephalitikern* sind dranghafte Unruhe und allgemeine Triebenthemmung typisch; der aggressiv-bösartige Gesichtsausdruck lässt sie oft auf den ersten Blick erkennen. Man spricht angesichts der Charakteranomalien auch von Pseudopsychopathie.

Pathologisch-anatomisch: Narbiger Ausfall der Substantia nigra.

Paralysis agitans: Parkinson-Syndrom ohne vorausgegangene Enze-phalitis (hereditär?).

Der Parkinsonismus kann ebenfalls auf arteriosklerotischer Grund-lage auftreten.

Therapie: Nur symptomatisch. Leichte Gymnastik und Massage. Medikamen-töse Behandlung: Beginn mit kleinen Dosen, langsame Steigerung bis zu opti-maler Wirkung. Aturban: 3–6 Tabletten (zu 5 mg), Artane: 3 × 1 Tablette (zu 2 mg), Akineton: von 2 × ½ Tablette (zu 0,002 g) bis 5 × 2 Tabletten. Ferner Larodopa, Parpanit und Bulgakur.

---

[27] HARTMANN-VON MONAKOW, K.: Das Parkinson-Syndrom. Klinik und Thera-pie (Karger, Basel 1960).

Wahl des Medikaments und Höhe der Dosierung sind individuell sehr verschieden und im Einzelfall vorsichtig auszuprobieren. Neuerdings Pallidumausschaltung durch stereotaktische Operation.

2. Endokrine Störungen

Seelische Störungen bei Erkrankungen der endokrinen Drüsen gehören in den Rahmen des *endokrinen Psychosyndroms* und sind durch *Trieb- und Stimmungsanomalien* charakterisiert[28].

Basedowsche Krankheit (Hyperthyreose): Übererregbarkeit, Unruhe und Stimmungsschwankungen; delirante Episoden sind beobachtbar. Im Gegensatz hierzu finden sich beim *Myxödem* und *Kretinismus* (Hypothyreose) affektive Stumpfheit und allgemeine Verlangsamung.

Die Kretinen sind meist gutmütig-freundliche, aber empfindliche Schwachsinnige; Wahnideen und Stimmen sind katathymer Natur.
Klinefelter-Syndrom (Chromosomopathie): Stimmungs-, Antriebsschwankungen, häufig Debilität (Hirnschaden); zeugungsunfähig bei oft normaler Potenz.
Tetanie kann in leichten Formen mit Dysphorie und Ermüdbarkeit einhergehen; schwere Tetanien führen zum akuten exogenen Reaktionstyp. Ausser tetanischen kommen auch epileptische Anfälle vor.
Hypopituitarismus (Hypophyseninsuffizienz bei Simmondscher Kachexie, Sheehan-Syndrom): Antriebsarmut, Gleichgültigkeit, später Merkfähigkeitsstörungen; häufig delirante oder halluzinatorische Episoden.
Cushing-Syndrom: Stimmungsschwankungen, Apathie oder Erregung; Vorkommen von paranoid-halluzinatorischen Psychosen (gleiche Symptome bei Kortisontherapie möglich).
Addisonsche Krankheit: Ähnliche Symptome wie bei Hypophyseninsuffizienz[29].
Hypoglykämie: s. Insulinkur S. 217.
Keimdrüsen: s. Kastration S. 218.

3. Hirntraumatische Psychosen

Hirntraumen führen zu Commotio, Contusio und Compressio. Durch Hirnzerstörung können – nach Verschwinden der Bewusstlosigkeit – akute und chronische psychische Störungen auftreten. *Akute* Folgezustände: *Akuter exogener Reaktionstyp,* und zwar Benommenheit, Erregung, Delirien und Dämmerzustände.

(*Cave:* Der delirierende Posttraumatiker darf deshalb *nicht ohne nähere Abklärung* des chronischen Alkoholismus bezichtigt werden!)
Ausser zu neurologischen Hirnsymptomen kann es zu epileptischen Anfällen kommen, sogenannte traumatische *Frühepilepsie* mit günstiger Prognose.

[28]   BLEULER, M.: Endokrinologische Psychiatrie, p. 127 (Thieme, Stuttgart 1954).
[29]   STOLL, W. A.: Die Psychiatrie des Morbus Addison (Thieme, Stuttgart 1953).

Chronische Folgezustände (auch *Enzephalosen* genannt): *Psycho-organisches Syndrom*, vor allem Merkfähigkeits- und Auffassungs-störungen; in schweren Fällen tritt ein traumatisches Korsakow-Syndrom auf. Häufig ist das psychoorganische Syndrom nur schwach ausgeprägt, *neurasthenische* Beschwerden stehen im Vordergrund: Ermüdbarkeit und Reizbarkeit, Kopfschmerz, Schwindel, Lärm- und Hitzeempfindlichkeit und Alkoholintoleranz. Man spricht auch von *posttraumatischer Hirnschwäche*. Wichtigste Spätfolge ist die post-traumatische *Epilepsie* (durch Narbenbildung), die nach Monaten bis Jahren manifest wird.

Weitere Spätfolgen: Arachnoiditis mit Liquorzysten, Hirnabszess, subdurales Hämatom, Pachymeningitis haemorrhagica.

Lokale Hirnschädigungen haben das *hirnlokale Psychosyndrom* zur Folge (S. 111).

Therapie: Bei neurasthenischen Beschwerden symptomatische Dämpfung mit Librium, Neurotrasentin, Bellergal; Vermeidung von Überforderung durch Arbeit, langsame Steigerung der Beanspruchung, Alkoholverbot. Gefahr der abnormen Entwicklung und bei Unfällen das Rentenbegehren sind zu beachten.

4. Übrige organische Hirnerkrankungen

4.1. Hirntumor
Die psychischen Störungen bei Hirntumoren lassen sich unterteilen in *Benommenheit* mit allgemeiner Verlangsamung (als Zeichen er-höhten Hirndrucks), *hirnlokales* Psychosyndrom (Stirn-Orbital-Stammhirn-Syndrom S. 111), *psychoorganisches* Syndrom (diffuse Schädigung durch Tumor) mit fliessendem Übergang in Demenz. Ferner sind *katatoniforme* Symptome beobachtbar[30].

4.2. Chorea Huntington
Der hereditäre Veitstanz ist ein einfach dominant vererbtes Leiden. Dem Auftreten der choreatischen Zuckungen können pseudo-psychopathische *Charakterveränderungen*, wie Reizbarkeit und Trieb-enthemmung, vorausgehen. Später bildet sich eine schwere organische *Demenz* aus. Die Krankheit wird zwischen dem 20. und 40. Lebens-

---

[30] WALTHER-BÜEL, H.: Die Psychiatrie der Hirngeschwülste, p. 127 (Springer, Wien 1951).

jahr manifest; sie führt langsam fortschreitend und therapeutisch unbeeinflussbar zum Tod.

Pathologisch-anatomisch: Nervenzellenschwund in Striatum und Rinde.

4.3. Multiple Sklerose
Bewirkt verschiedenartige psychische Symptome: Auf dem Hintergrund des
psychoorganischen Syndroms werden vor allem Reizbarkeit, Euphorie und
Kritiklosigkeit deutlich; selten sind Delirien und Wahnbildungen zu beobachten.

4.4. Zerebrale Endangitis obliterans
Entspricht dem Symptombild der Arteriosclerosis cerebri. Auftreten bei jüngeren
Personen, entsprechende periphere Gefässveränderungen lassen an den «Hirn-
Bürger» denken.

4.5. Friedreichsche Ataxie, Wilsonsche Krankheit
Friedreichsche Ataxie (epileptiforme Wesensveränderung und Demez) und Wil-
sonsche Krankheit (affektive Erregbarkeit; Demenz).

4.6. Anhang: Hungerdystrophie
Kann zu akuten und chronischen psychischen Schädigungen führen[31].

5. Progressive Paralyse
Die progressive Paralyse ist eine luetische Erkrankung mit psychischen
und neurologischen Symptomen; sie führt – ohne Behandlung –
innerhalb weniger Jahre «progressiv» zur Demenz und zum Tod.
Sie tritt bei 4% der ungeheilten Syphilitiker auf, zirka 15 Jahre nach
der Infektion, und wird daher grösstenteils im mittleren Lebensalter
manifest. Die juvenile Paralyse beginnt – als Folge der angeborenen
Lues – bereits im Kindesalter.
Neurasthenisches Vorstadium oder *Charakterveränderungen* (Reizbarkeit, Antriebslosigkeit oder -überschuss) leiten die Krankheit ein.
Auf der Grundlage des *psychoorganischen Syndroms* entwickelt sich
eine hochgradige Urteilsschwäche, die sich in kritiklosen Handlungen
äussern kann; Gedächtnis- und Auffassungsstörungen sind ebenfalls
ausgeprägt.
Die Symptomatik ist sehr verschiedenartig; unterschieden werden die
expansiv-maniforme, depressive, agitierte und vor allem die einfach-
demente Form:

---

[31] SCHULTE, W.: Hirnorganische Dauerschäden nach schwerer Dystrophie
(Urban & Schwarzenberg, München 1953).

Expansiv-maniforme Paralyse: Unsinnige, phantastische Grössenideen bei manischem Syndrom; der Kranke ist Billionär, Obergott und besitzt Millionen von Flugzeugen, die täglich mit Schönheitsköniginnen frisch aus dem Orient eintreffen usw. Diese klassische Form ist heute sehr selten geworden.

Depressive Paralyse: Depressives Syndrom mit neurasthenischen Beschwerden, später nihilistische und Versündigungsideen.

Agitierte Paralyse: Deliriumähnliches Zustandsbild mit Erregung, Verwirrtheit und Halluzinationen. Auch schizophrenieähnlichen, katatoniformen Bildern kann eine Paralyse zugrunde liegen.

Einfach-demente Paralyse: Stetig fortschreitende Verblödung mit völligem intellektuellem Versagen und affektiver Abstumpfung; kritiklose *Euphorie*. Heute ist die dement-euphorische Form weitaus am häufigsten.

Folgende *körperliche* Symptome sind zur Diagnosestellung notwenig: Das leere, *schlaffe Gesicht* lässt den Paralytiker oft sofort erkennen; durch mangelnde Koordination der Muskeln geraten beim Sprechen schwierige Worte durcheinander: *Silbenstolpern* und -schmieren («dritte reitende Artilleriebrigade»). Die Schrift nähert sich, abgesehen von den organischen Zeichen des Zitterns und der Auslassungen, einem ausfahrenden, unregelmässigen Gekritzel. Entsprechend ataktisch ist der Gang. Fehlende Patellarreflexe usw. verraten Kombination mit Tabes dorsalis. Die Diagnose wird gesichert durch die Argyll-Robertsonsche *reflektorische Pupillenstarre*, positive Wassermannsche *Reaktion im Liquor* mit Zellvermehrung, positiver Pandyscher und Nonnescher Globulinreaktion, Goldsolscher Kolloidreaktion mit Paralysezacke (linke Seite der Kurve). Der unbehandelte Paralytiker stirbt in der Regel nach 3 Jahren. Die agitierte Form kann innerhalb von Tagen als «galoppierende» Paralyse zum Tod führen. In Schüben verlaufende Formen kommen vor, ebenso seltene Remissionen, die allerdings nur teilweise sind und den *paralytischen Defekt* hinterlassen. Hochgradige spastische Lähmung der Körpermuskulatur und Marasmus bilden gemeinsam mit der organischen *Demenz* den Endzustand. Pathologisch-anatomisch: Hirnrindenschwund vor allem des Stirnhirns mit Gefässinfiltrationen (Lymphozyten, Plasmazellen, «Paralyseeisen»), Gliafilz (Stäbchenzellen) und Spirochätenansammlungen.

Malariakur (WAGNER VON JAUREGG): 4 cm³ Malaria-Tertianablut i.m.; nach 10 Fieberzacken Unterbrechung mit Chinin (1 g/Tag 14 Tage lang). Früher nachfolgende Salvarsan-Wismuth-Therapie.

Penizillinkur: Jeden 2. Tag 1 Million Einheiten bis zu insgesamt 10 Millionen Einheiten (20 Tage Dauer). Diese Kur wird im Abstand von je 4 Wochen 2mal wiederholt.

Die *Kombination* von Malariakur mit nachfolgender Penizillinkur erscheint heute optimal. Manche Autoren sehen die Durchführung einer Penizillinkur als genügend an.

Die Besserung des Liquorbefundes erfolgt in der Reihenfolge: Zellzahl, Eiweiss, Wassermann, Kolloidkurve.

Die Notwendigkeit der Bevormundung paralytisch Defekter liegt auf der Hand. Vermögensdelikte sind wegen der Urteilsschwäche und Enthemmung besonders häufig.

Psychogene Reaktionen und Neurosen

Psychoreaktive und psychoneurotische Störungen bilden die gemeinsame *Gruppe gestörter Erlebnisverarbeitung*. Daher klassifiziert man sie als psychogen. Dass ein Erlebnis zum psychotraumatischen Konflikt wird, hängt von der Gesamtpersönlichkeit ab, die aufgrund ihrer Eigenart durch ein geeignetes Erlebnis psychotraumatisch gestört werden kann: Gesamtpersönlichkeit (nach Anlage, bisheriger Lebensgeschichte), Konfliktsituation, Umweltbeziehungen und Lebensalter sind Bedingungen, die – im Sinne einer Ergänzungsreihe – Voraussetzungen für die Störung des psychischen Gleichgewichts darstellen.

Die *Reaktionen* treten *akut, kurz* (Stunden bis Monate) und *einmalig* auf. Die aktuelle Konfliktsituation steht im Vordergrund; begünstigend wirken eine für das Erlebnis empfängliche Persönlichkeit, entsprechende Umweltbeziehungen und Altersentwicklung.
Die *Entwicklungen* entstehen als Folge von Schädigungen über längere Zeit (Drucksituation, Häufung von Mikrotraumen, «atmosphärische» Störung); sie verlaufen *chronisch* und *langandauernd*. Bei der Neurose spielt das Lebensalter insofern eine wesentliche Rolle, als die Schädigungen meist in der sensiblen Periode der frühen Kindheit erfolgen sowie die Umweltbeziehungen (gestörtes Kinder-Eltern-Verhältnis), gefährdende Konflikte (Trieb- und Bedürfnisfrustrierung, -verwöhnung), ferner anlagemässige Faktoren.

1. Psychogene Reaktionen

1.1. Reaktive Depression

Die depressive Erlebnisreaktion ist unter den abnormen Reaktionen die häufigste. Als Antwort auf ein Psychotrauma (Verlust, Enttäuschung) kommt es zu kurzdauernder depressiver Verstimmung mit Ängstlichkeit, Hemmung, Apathie oder aggressiver Verzweiflung. Liebeskonflikte, Schwierigkeiten in Beruf und Ehe, plötzliche Vereinsamung sind psychotraumatische Erlebnisse, falls sie das seelische Gleichgewicht zu erschüttern vermögen. Diese Erlebnisse bestimmen die depressiven Inhalte.

Depressive Reaktion häufig bei leptosomen, sensitiv-verschlossenen Persönlichkeiten. Sekundäre Vitalisierung ist beobachtbar (differentialdiagnostische Schwierigkeiten zu endogener Depression). Mit zunehmendem Alter dauert

Reaktion länger. Wie bei jeder psychoreaktiven Störung Möglichkeit einer anschliessenden (einfachen) Fehlentwicklung. Über Suizidalität S. 181.
Therapie: Behandlung der Konfliktsituation, evtl. medikamentös, dämpfend-stimmungshebend (S. 94).

1.2. Reaktive Erregung

Motorische Erregung mit heftigen Affekten (Angst, Wut, Verzweiflung) und vegetativen Begleiterscheinungen.
Disponiert sind reizbare, ängstliche und unausgeglichene Persönlichkeiten. Die Tendenz zu reaktiven Erregungen kann sich durch Einschleifen des Mechanismus und Sensibilisierung auf bestimmte Reize steigern.

Relativ häufig ist bei der reaktiven Erregung und auch bei den übrigen Reaktionen der Mechanismus des *Circulus vitiosus:* Ursache und Wirkung steigern sich gegenseitig (z.B. der Mann regt sich auf, weil die Frau ihn kritisiert; die Kritik steigert die Erregung, die ihrerseits wieder vermehrte Kritik bewirkt usw.).
Therapie: Behandlung der Ursache, evtl. medikamentöse Dämpfung.

1.3. Primitivreaktionen

Ein Erlebnis wird ohne intrapsychische Verarbeitung von einer Reaktion gefolgt und bewirkt das Auftreten *unterbewusster Mechanismen* (Traumdenken, Totstellreflex, Bewegungssturm). Starke Reize vermögen auch bei Normalen Primitivreaktionen auszulösen. Gefährdet sind aber vor allem primitive Charaktere sowie debile, infantile, hysterische und (durch Schädigungen verschiedener Art) allgemein intolerante Persönlichkeiten.

1.3.1. *Explosivreaktion.* Entladung innerer Spannung mit blindem Fortlaufen, Umsichschlagen, Zuckungen und Dämmerzuständen; oft nachfolgende Amnesie. Als Reaktion auf die Haft tritt der «*Zuchthausknall*» ein. Der *pathologische Rausch* ist in seiner dämmerigen Form ein zwar exogener, aber psychogen ausgestalteter Dämmerzustand.
Bei den *Haftreaktionen* oder «-psychosen» können ausser den Symptomen der Explosivreaktion auftreten: Depression, Stupor, hysterische Demonstrationen (Ganser-Syndrom S. 138), katathyme Wahnbildungen und Halluzinationen.
Amoklauf: Explosivreaktion mit Serie von Gewalttaten, evtl. mit anschliessendem Suizid.

1.3.2. Kurzschlusshandlungen. Affektive Impulse haben komplizierte Handlungen zur Folge, wie *Heimwehreaktionen* pubertierender Mädchen mit Brandstiftung oder *Kindstötung* unehelicher Mütter.

Die Kurzschlusshandlung tritt auf als inselförmiger, *meist orientierter Dämmerzustand*, häufiger als scheinbar durchdachte Handlung ohne Bewusstseinstrübung.

Therapie: Je nach Symptomen, meist Internierung notwendig. Bei Erregung Dämpfung mit Neuroleptika, z.B. Prazin, Librium i.v., Suggestionstherapie. Notfallsituation S. 182.

1.3.3. Schreckreaktionen (Synonym: Schreckpsychosen). Primitivreaktion in Form unwillkürlicher psychomotorischer Abläufe als Reaktion auf plötzlich auftretende (seelische) Erschütterungen. Zur Auslösung sind Überraschungsmoment und persönlichkeitsgebundene Disposition wesentlich. Massive vegetative Begleiterscheinungen, inklusive Entleerung von Blase und Mastdarm. Totstellreflex oder Bewegungssturm. Bewusstseinseinengungen verschiedenen Grades.

Protrahierter Verlauf («Schreckneurose») ebenfalls möglich. Vegetative Störungen, Konzentrationsschwäche, allgemeine Ermüdbarkeit, Angstträume usw. herrschen vor. Persönlichkeitsfaktoren fördern eine Fixierung der Symptomatik. Mehr oder weniger tendenziöse Ausgestaltung kommt vor.

Zusage von Versicherungsleistungen können Abklingen derartiger Reaktionen beeinträchtigen. Ausdruck «Neurose» in diesem Zusammenhang nicht angebracht.

1.3.4. Panikreaktion. Panik wird zu den *aktiven, kollektiven Psychosen* gezählt. Erscheinungen analog Explosivreaktion und Kurzschlusshandlungen. Panik entsteht jedoch erst, wenn nach einer gewissen Inkubationszeit *Panikbereitschaft im Kollektiv* (ängstliche Erregtheit, Neigung zu Kurzschlusshandlungen) erreicht ist. In Panikbereitschaft angestaute Angst entlädt sich plötzlich und führt zu Zusammenbruch überlegten Handelns. Automatismen, wie Fluchtreflex und Bewegungssturm, werden in Gang gesetzt. Dabei völlige Blindheit gegenüber den realen Chancen auf Rettung. Endigt erst, wenn die Betroffenen körperlich erschöpft sind.

Gegenmassnahmen: Bremsendes Eingreifen mit panikfesten Leuten, Entgegenwirken durch Gegenaffekte mit viel Gestik und Stimmaufwand.

1.3.5. Katastrophenreaktion. Katastrophe als äusseres konkretes Ereignis, plötzlich und lebensbedrohend eintretend. Führt offensichtlich zunächst zu Schreckreaktion (Totstellreflex), dann kopflose Flucht als Primitivreaktion. Unter Katastrophenbedingungen offenbar eher selten Panik, häufiger kommt es angeblich zur Unterwerfung der Masse unter das Diktat einzelner resistenter Persönlichkeiten. Suizid häufiger Reaktion auf psychische Dauerbelastung als Reaktion auf Katastrophe.

1.4. Hysterische Reaktion

Hysterisch ist ein *demonstratives* Verhalten, das durch seine *Tendenz* unecht erscheint. Dem hysterisch Reagierenden selbst sind aber Absicht und Zweck seiner Rolle verborgen; er nimmt seine scheinbare Krankheit ernst und leidet darunter. Die Übergänge zur Simulation (Vortäuschung) sind fliessend.

Alle seelischen Reaktionen können «hysterisch» werden, und zwar sobald sie in den Dienst eines bestimmten Zwecks gestellt sind. Werden die Symptome einer wirklichen körperlichen Krankheit auf seelischem Wege verstärkt oder, falls die Erkrankung ausheilt, festgehalten, so sind sie psychogen überlagert oder fixiert; geschieht dies mit einer demonstrativen Tendenz, spricht man von *hysterischer Überlagerung* oder *Fixierung*.

Unterbewusste Primitivmechanismen (Dämmerzustand, Stupor, Bewegungssturm) werden besonders leicht und häufig hervorgerufen. Ebenso sind grobe, dick aufgetragene *Konversionssymptome* (Lähmungen, Krämpfe, Anästhesien, Blindheit) geeignet, die hysterischen Tendenzen eindrücklich zu demonstrieren. Der grosse hysterische Anfall mit «arc de cercle» (nur Kopf und Füsse liegen auf) wird heute nur noch selten beobachtet. Hysterische Anfälle mit Andeutungen von tonisch-klonischen Phasen können den epileptischen gleichen, und zwar um so täuschender, je bessere Kenntnisse vom echten epileptischen Anfall bestehen; jedoch fehlen immer Urinabgang, Zungenbiss und Verletzungen. – Häufig sind Klagen über den «Globus hystericus» zu hören (Gefühl, eine Kugel im Hals zu haben).

Das *Gansersche Syndrom* ist ein hysterischer Dämmerzustand, in dem ein Verrückter (wie ihn sich das Volk vorstellt) gespielt und systematisch alles falsch gemacht wird (Schlüssel mit Griff ins Schloss stecken). Ein verwandter Zustand ohne Bewusstseinstrübung ist die hysterische *Pseudodemenz* (z. B. Farbe des Himmels ist grün).

Disponiert zu hysterischen Reaktionen sind debile, primitive, infantile Persönlichkeiten.

Therapie: Behandlung der Tendenz, Suggestionstherapie (nicht Hypnose).

1.5. Hypochondrische Reaktion

Krankheitsbefürchtungen meist diffuser Art beherrschen als überwertige Idee das Denken und Erleben.

Mit Sorge und ängstlicher Beharrlichkeit beobachtet der Hypochonder seine Körperfunktionen auf Krankheitszeichen. Als Ursachen kommen Unfall, Tod eines Angehörigen, Schuldgefühle wegen Geschlechtskrankheit oder Onanie in Betracht. Beeindruckbarkeit und Ängstlichkeit disponieren zur hypochondrischen Reaktion.

Therapie: Psychotherapie besteht in Besprechung der Ursachen und Ablenkung von den Symptomen.

1.6. Konversionsreaktion

Über psychogene Lähmungen, Krämpfe, sensorisch-sensible Ausfälle S. 145.

1.7. Paranoide Reaktion

Ein Erlebnis der Kränkung oder Demütigung vermag als Reaktion die überwertige Idee hervorzurufen, von der Umwelt verachtet oder geschädigt zu werden. Diese Neigung zu Beziehungsideen findet sich beim Normalen in Ausnahmesituationen, sonst vor allem bei Sensitiven. Die Psychotherapie richtet sich nach der Ursache.

2. Neurosen (psychogene Fehlentwicklungen)

Abnorme psychogene Entwicklungen sind der Oberbegriff für alle durch langandauernde psychotraumatische Schädigungen hervorgerufenen, chronischen Fehlentwicklungen. Dieser Begriff wird gemeinhin mit dem der Neurose gleichgesetzt. Zur schärferen Fassung des Neurosenbegriffs unterscheiden wir im folgenden mit BINDER zwischen einfacher und neurotischer Entwicklung.

Verkürzt ausgedrückt: Die einfache Fehlentwicklung ist «einfach», weil es sich um einen bestimmten chronischen Konflikt handelt, dessen sich der Patient bewusst ist. Die Neurose im engeren Sinne ist aber eine komplizierte Fehlentwicklung; nicht nur weil die Konflikte komplizierter sind, sondern weil die Konflikte komplizierte Abwehrmechanismen, vor allem die Verdrängung, zur Folge haben. Kompliziert wird das neurotische Störungsnetz bei den Infantilneurosen dadurch, dass sich durch Wechselwirkung der komplexhaften Störungen mit der Umwelt zusätzliche Fehlhaltungen entwickeln.

Über psychopathische Entwicklung S. 165.

2.1. Einfache Entwicklung

Chronische traumatische Erlebnisse werden nicht adäquat verarbeitet. Diese ungelösten Konflikte führen zu einer Fehlentwicklung der Persönlichkeit; die schädigenden Einflüsse und Schwierigkeiten werden aber nicht verdrängt, sondern bleiben bewusst.

Jede der beschriebenen abnormen Reaktionen kann, falls das psychotraumatische Erlebnis nicht überwunden wird und chronisch weiterbesteht, in eine abnorme einfache Fehlentwicklung ausmünden: vor allem *hysterische, hypochondrische, paranoide* und *querulatorische Entwicklung*. Weitere Formen der einfachen Fehlentwicklung: Vertrotzung, Verwahrlosung (S. 178), Stressdepressionen (S. 93).

2.1.1. Sonderform: Chronisch-depressive erlebnisreaktive Entwicklung.

Synonyme: *chronifizierte Angstneurosen; Entwurzelungsdepression; Entfremdungsdepression; chronisch-reaktive Depression; depressiv-ängstlicher Persönlichkeitswandel* u.a.m. Auch *larvierte Formen* analog, der larvierten Depression kommen vor. Verstanden wird darunter Fehlentwicklung aufgrund einer langdauernden *extremen Belastungssituation*, wie sie sich in den KZ der Nazizeit (aber auch unter den Bedingungen des Lebens der Verfolgten in der Illegalität mit Angst vor Deportation) oder in der Kriegsgefangenschaft ergaben. Die tiefgreifenden seelischen Schädigungen lassen sich zurückführen auf lange anhaltende Todesfurcht, Gewissheit eines grauenvollen Todes, Miterleben von Selektion und Ermordung von Angehörigen, dies alles bei Vernichtung des letzten Restes von Menschenwürde und unter dem Gefühl des Ausgeliefertseins («Sinn- und Wertberaubung der persönlichen und sozialen Existenz und Unaufhörlichkeit des Unerträglichen»[32]). Es kommt dabei zu einem *erlebnisbedingten Persönlichkeitswandel* mit Angst, Depressivität und Leistungsinsuffizienz als «Kernsymptomatik»; zudem chronische Deprimiertheit, Freudlosigkeit, mangelnde Initiative, angsterfüllte Erinnerungen, die weder verdrängt noch vergessen werden können, Verlust der Fähigkeit vertrauensvoller Hingabe an den Mitmenschen (Ehe!), Unfähigkeit zur Wiederverwurzelung, Schuldgefühle wegen «unverdienten» Überlebens, Hoffnungslosigkeit mit Todeswünschen ohne eigentliche Suizidideen, psychosomatische bzw. organneurotische Störungen. Bei

---

[32] BAEYER, W. v.; HÄFNER, H. und KISKER, K. P.: Psychiatrie der Verfolgten (Springer, Berlin 1964).

Opfern im *Kindes- und Jugendalter* kommt es vorwiegend zur *Verkümmerung der Charakterentwicklung* mit Angst, Verunsicherung, Resignation und Verbitterung, bei solchen *mittleren Alters* vorwiegend zu *chronischer Angstsymptomatik*, bei solchen *höheren Alters* zu *chronisch-depressiver Verstimmung* mit mehr oder weniger ausgeprägten *organneurotischen Störungen.*

Auftreten der Symptomatologie sofort nach Befreiung oder nach Überwindung des psychophysischen Erschöpfungszustandes. Symptome bestehen als solche weiter oder springen auf gezielten Reiz (Uniform, Türklingel usw.) akut wieder auf, ohne dass Angst durch Vernunft und Wollen unterdrückt werden kann.

Differentialdiagnostisch sind abzugrenzen: Folgen traumatischer oder dystrophischer Hirnschädigungen (allerdings ebenfalls entschädigungspflichtig nach Bundesentschädigungsgesetz), andere neurotische Fehlhaltungen oder Fehlentwicklungen. Begehrungstendenzen («Rentenneurose») wohl gelegentlich möglich, in diesem Zusammenhang Entschädigungsforderungen sehr oft nicht aus Gewinnstreben, sondern um recht zu bekommen.

Entschädigung nach Bundesentschädigungsgesetz (BEG 1956), wenn Extrembelastung (mindestens 1 Jahr KZ), zeitlicher Zusammenhang zwischen Verfolgung und Auftreten der Symptomatik (bis 6 Monate nach Befreiung). Entschädigungsanspruch beginnt bei einer Erwerbsminderung von 25%, beläuft sich durchschnittlich auf etwa 25–40% (bis 100%); besteht bei etwa einem Drittel ehemaliger KZ-Insassen. Entschädigungsanspruch besteht auch für Behandlung.

2.2. Neurotische Entwicklung

Neurose ist zu definieren als eine *Störung der Konfliktverarbeitung, die durch Verdrängung zu einem unbewussten Komplex führt.* Es handelt sich nicht um traumatisierende Einzelereignisse, sondern um grösstenteils *frühkindliche Konfliktsituationen*, die dem Bewusstsein entzogen werden. Diese Komplexe entfalten – bildhaft verkürzt ausgedrückt – vom Unbewussten aus ihre Störtätigkeit durch die Ausbildung neurotischer Symptome. Die «Ursache» der unbewältigten Konflikte liegt häufig in einer Störung der emotionalen Kind-Eltern-Beziehung (mit Frustrierung oder Verwöhnung), in gegensätzlichen Trieben, Bedürfnissen und Geboten, die zu einer Diskrepanz zwischen den subjektiven Triebansprüchen und den von der Umwelt geforderten Verhaltensweisen führen.

Als Ursache kommt jeder Konflikt in Betracht, der durch gegensätzliche Strebungen eine quälende innere *Zwiespältigkeit* hervorruft, und

zwar um so mehr, je vitalere und autoritativere Kräfte einander gegen-
überstehen.

Wichtigster Nährboden für pathogene Konflikte sind die Auseinandersetzungen,
die sich während der emotional-psychosexuellen Entwicklung innerhalb der
Dreiecksbeziehung Kind–Mutter–Vater ergeben (s. Entwicklungspsychologie
S. 44). Durch extreme Versagung oder Verwöhnung werden kindliche Entwick-
lungsstufen fixiert, nicht überwunden. Ungestillte Bedürfnisse und wachsende
Umweltsforderungen geraten in Widerstreit; es kommt zu Störungen mitmenschlichen Verhaltens, die sich in Geborgenheitswünschen, in Konflikt von Geben–
Nehmen, Selbstbehauptung und Anpassung zeigen. Entsprechend zeigen sich für
die sexuelle Entwicklung Störungen der oralen, anal-sadistischen und phallisch-
ödipalen Stufe. Speziell die ödipale Phase mit ihrem Streben nach Selbständigkeit
bewirkt Angst- und Schuldgefühle. Das kindliche Ich sieht sich zwischen den
Mühlsteinen des dem Lustprinzip gehorchenden Es und den Verboten und Forderungen des Über-Ich. Diese Konflikte sucht das Ich abzuwehren, und das geeig-
netste Mittel, die Angst- und Schuldgefühle zu bewältigen, ist die Verdrängung.

Über weitere Abwehrmechanismen, wie Regression, Identifikation, Projektion
usw., s. Konflikt und Abwehr S. 56.

Die Genese der Konfliktverdrängung liegt grösstenteils in der Kindheit, daher
spricht man von *Infantilneurosen*. Aktuelle Konflikte im späteren Leben führen
zu den *Aktualneurosen* (FREUD braucht diesen Begriff allerdings zudem zur
Charakterisierung der Neurasthenie, Hypochondrie, Angstneurose). Für Aktualneurosen im weiteren Sinne spielen triebhafte Konflikte die Hauptrolle, wie
Sexualität, Aggressivität, Macht- und Besitztrieb im Kampf mit ihren Gegenstrebungen. *Insuffizienz-* und *Minderwertigkeitsgefühle* werden häufig komplex-
haft verarbeitet; der Versuch, sie durch andere Strebungen zu kompensieren,
führt zur *Überkompensation*. Nicht nur Konflikte des Trieblebens und sozialen
Geltungsstrebens sind Ursachen der Aktualneurosen, sondern auch Unterdrückung in der Verwirklichung von *Werten*. Bei fehlender Realisierung von
tieferen, religiösen Werten spricht man auch von «existentieller» Neurose.
Als *neurotoide* Struktur bezeichnet man komplexbedingte Fehlhaltungen ohne
manifeste neurotische Symptome; in *Versagungs- und Versuchungssituationen*
können neurotoide Persönlichkeiten dekompensieren und massive neurotische
Symptome produzieren.

2.2.1. *Genese.* Die *Genese* des neurotischen Symptoms erfolgt vor allem nach dem Prinzip der Symbolisierung (Ausdruck) und Identifikation (Nachahmung).

Das neurotische Symptom *symbolisiert* den Konflikt, es ist unmittelbarer *Ausdruck* der zugrundeliegenden Störung (z. B. Gehstörung als Symbolisierung, Ausdruck der inneren Hilflosigkeit, des Standverlustes).
Identifikation mit kranker Beziehungsperson führt zu *Nachahmung* des Leidens
(Patient mit hysterischer Halbseitenlähmung kopiert Hemiparese des Vaters).

Symptombildung greift am *Locus minoris resistentiae* an: Organminderwertigkeit (nach abgeheiltem Ischias Überlagerung mit neurotischen Beinbeschwerden), seelische Disposition (konstitutionell oder durch Entwicklung ängstliche Menschen produzieren in Konfliktsituation neurotische Angstsymptome).

Das Symptom entsteht nach dem Prinzip des *bedingten Reflexes* (z.B. Konflikterlebnis während Eisenbahnfahrt bewirkt Eisenbahnphobie).

Analog zur neurotischen Symptombildung führen unbewusste, verdrängt-komplexhafte Tendenzen zur Traumbildung und zu Fehlhandlungen. *Traum:* S. 58.

Fehlhandlung: Ein anscheinend zufälliger Fehler erweist sich als Folge eines Nebengedankens oder eines Komplexes (z.B. statt «anlässlich von Kinobesuchen knüpfte er Bekanntschaften an» wird geschrieben: «anlässlich von Kniebesuchen...»; oder statt «wählt richtig» wird geschrieben: «quält richtig»).

Krankheitsgewinn der Neurose ist die Ersatzbefriedigung, die die Tendenzen des Komplexes durch die Auslebung im neurotischen Symptom gewinnen.

Disponiert zur Neurose ist jeder Mensch, insofern er lebenswichtige Strebungen unterdrückt und verdrängt. Gefährdet sind vor allem die – zu innerseelischer Verhaltung neigenden – *schizoiden* und *sensitiven* Persönlichkeiten sowie *Infantile* mit z.T. körperlichen Retardierungszeichen.

Je nach der Manifestierung der neurotischen Symptome im Körperlichen oder Seelischen werden Konversions- und Psychoneurosen unterschieden.

2.2.2. Psychoneurosen. Warum die Symptomatik – im Unterschied zu den Konversions- und Organneurosen – psychisch bleibt, ist umstritten (geringere Verdrängung, schwächeres Ich?).

2.2.2.1. Angstneurosen. Vorwiegend Kranke mit verdrängten sexuellen und aggressiven Impulsen leiden chronisch unter Angst oder werden anfallsmässig von Angst überfallen, die ihnen selbst unerklärlich ist. Zu akuten Angstzuständen geben besonders Situationen Anlass, die für den Komplex eine Versuchung oder Versagung bedeuten. Bei den *Phobien* (Objekt- oder Situationsphobien) tritt die Angst nur vor ganz bestimmten Objekten auf (z.B. Mäusen, Hunden, Haaren) oder in bestimmten Situationen (z.B. Eisenbahnfahrten, Brückenangst).

Agoraphobie: Angst vor weiten Plätzen, und – häufig gleichzeitig vorkommend – *Klaustrophobie:* Angst vor engen Räumen. Erythrophobie ist Angst vor Erröten.

Bei labilen, beeindruckbaren (nicht notwendig neurotischen) Persönlichkeiten kann eine sogenannte *Erwartungsangst* auftreten. Sie erwarten mit Angst die Situation, in der sie früher bereits – zufällig oder reaktiv – versagten, und ver-

sagen nun gerade wegen ihrer Erwartungsangst zum vornherein. Häufig Ausbildung eines Circulus vitiosus (S. 136).
Therapie: Verhaltenstherapie S. 230; aufdeckende Psychotherapie S. 232; symptomatisch Neuroleptika, Tranquilizer S. 208, 209. Bei Erwartungsangst: Suggestivtherapie.

2.2.2.2. Zwangsneurosen. Der Komplex wird meistens durch verdrängte anal-aggressive Konflikte gebildet.

Bei Zwangsneurotikern Tendenz zu generellem Zweifel, speziell an affektiver Zuwendung. Anankastische Persönlichkeiten neigen zu perfektionistischem, rigidem, zwangshaftem Verhalten (Beziehung zu «analem» Charakter). Als *Zwangskrankheiten* werden diagnostisch verschiedene Zustände mit schweren Zwängen zusammengefasst (Neurosen, Schizophrenie, hirnorganisch).

Als häufigste Zwangsgedanken drängen sich auf: Vorstellungen von Blut, Messer, sexuellen Szenen (auch symbolisch, z.B. Gefühl, Schlange im Bauch zu haben). Impulse zum Denken oder Äussern unanständiger Worte: «*Koprolalie*», vorwiegend in der Kirche; oder Zwang, den Tageslauf in Gedanken immer wieder sinnlos zu repetieren. Zwangshandlungen: Vergewisserungs- oder *Kontrollzwang* (z.B. wiederholtes Nachsehen, ob Türen geschlossen sind), *Waschzwang* sowie komplizierte *Zwangszeremonien.*

Zur Konfliktabwehr S. 56.
Therapie: Sonderstellung gegenüber andern Neurosen zeigt sich in mangelndem Behandlungserfolg; spontan kann nach langer Zeit Besserung eintreten. Symptomatisch: Neuroleptika S. 209; in seltenen Fällen mit hochgradig quälenden Symptomen Leukotomie S. 217.

2.2.2.3. Depressive Neurosen (neurotische Depression). Der neurotisch depressiven Fehlentwicklung liegen unverarbeitete Konflikte, Frustrationen oder Verwöhnungen zugrunde, die zur Diskrepanz zwischen Triebansprüchen (oral-aggressiver Natur) und Erfordernissen der Realität führen. Meistens sind kinderneurotische Symptome (S. 177) eruierbar. Bei den nach aussen eher passiven, verzichtbereiten Persönlichkeiten finden sich verdrängte Geborgenheitswünsche und sexuelle Tendenzen; die aggressiven Impulse richten sich statt nach aussen gegen sich selbst. Ängstlich-apathische Dauerverstimmungen, inadäquate Angstattacken oder ambivalent-labile Stimmungsschwankungen kommen vor. Auslösend wirken Versagens- und Versuchungssituationen.

Therapie: Aufdeckende Psychotherapie S. 232, antidepressive Medikation S. 205.

2.2.2.4. Hypochondrische Neurosen. Die Symptome der hypochondrischen Reaktion (S. 139) sind chronifiziert und können in
Krankheitsbefürchtungen und körperlichen Missempfindungen bizar-
re Formen annehmen. Vor allem ältere Persönlichkeiten werden nach
Leistungskrisen, Unfall oder somatischen Störungen in der ego-
zentrisch-narzisstischen Beobachtung ihrer körperlichen Funktionen
oder abnormen Sensationen fixiert.

Die nosologische Stellung schwer hypochondrischer Fehlentwicklungen ist unklar. Die Klagen können wahnähnlich sein und sind therapeutisch entsprechend
schwer beeinflussbar.

2.2.2.5. Charakterneurosen. Bei den bisher besprochenen Neurose-
formen zeigte sich die Neurose in einzelnen Symptomen. Entwickelt
sich aber der ganze Charakter neurotisch abnorm, so resultieren die
Charakterneurosen (auch «*Kernneurosen*» genannt).
Durch diese neurotischen Verbiegungen des Gesamtcharakters entstehen in sich widerspruchsvolle und spannungsgeladene Persönlichkeiten. Charakterneurosen sind stets Infantilneurosen.

Die Abgrenzung von der *Psychopathie* ist verschieden, je nach psychiatrischer
Schule und Zeitmode.
Therapie: Aufdeckende Psychotherapie, jedoch nur geringer Erfolg.

2.2.3. *Konversionsneurosen.* Unbewusste Konflikte führen zu *körperlichen* Symptomen, wie *Lähmungen* (Mono- bis Hemiplegien), *Krämp-
fen* (Tremor, Zucken, Schluck-, Wein-, Schreikrämpfe, choreatiforme
Bewegungen), *Tics* (Blepharospasmus, Tortikollis) sowie zu *sensiblen
und sensorischen Ausfällen* (Taubheit, Gesichtsfeldeinschränkung bis
Blindheit).
Es handelt sich um Funktionsstörungen im Bereich der Ausdrucks-
sphäre (Willkürmotorik, Sinnesorgane). Lähmung oder Anästhesie
entsprechen nicht den physiologischen Bedingungen (z.B. hysterische
Handschuhanästhesie). Das Symptom ist Symbol eines emotionalen
Gehaltes, es ist Ausdruck des Konflikts. So kann eine psychogene
Schluckstörung der symbolhafte Ausdruck für die Unfähigkeit sein,
«etwas schlucken» zu können. Bei den hysterischen Konversions-
symptomen ist die appellative Funktion deutlich, die pantomimische
Gebärde der Körperstörung, die innere Gestimmtheit demonstriert

und Zuwendung verlangt. Weitere Möglichkeiten der Genese folgen dem Prinzip der Identifikation, des bedingten Reflexes, des *Locus minoris resistentiae* (S. 143). Massiv-dramatische Konversionssymptome heute seltener zugunsten der «Intimformen» funktioneller Organstörungen. Die Konversionsneurosen können zur Psychosomatik im weiteren Sinne (S. 148) gerechnet werden.

Über Konflikt und Abwehr S. 56.
Therapie: Die Konfliktlösung steht im Vordergrund; zudeckende oder aufdeckende Psychotherapie. Zur Symptombehandlung (Lähmungen, Tics, Anfälle) Suggestionstherapie, Autogenes Training. Eventuell leichte Dämmerschlafkur.

2.2.4. Anhang: Nicht-psychogene Körperstörungen

2.2.4.1. Konstitutionelle vegetative Dystonie. *Konstitutionelle*, d.h. anlagebedingte und nicht erworbene *vegetative Dystonie:* Störung der sympathisch-parasympathischen Funktionen. Die vegetativ Labilen oder Stigmatisierten leiden an allgemeiner Übererregbarkeit, rascher Erschöpfbarkeit und an vielfältigen nervösen Symptomen (Kopfschmerz, Schwitzen, Schlafstörungen, Dermographismus, Schwindel, Durchfall-Obstipation usw.). Die vegetative Labilität ist eine Teilbedingung der psychosomatischen Störungen (S. 149).

Therapie: Beruhigungsmittel, Tranquilizer; geregelte Lebensweise ohne körperliche Überforderung, allgemeine Abhärtung.

2.2.4.2. Neurasthenie. Symptome wie bei der konstitutionellen vegetativen Dystonie, jedoch *erworben*, und zwar als Folge durchgemachter körperlicher Erkrankungen. Als pseudoneurasthenisches Syndrom sind Störungen zu bezeichnen, die als unspezifische Prodromalerscheinungen seelischer Erkrankungen auftreten.

3. Paranoische Wahnentwicklungen

Der paranoische Wahn ist als Ganzes (und nicht nur in einzelnen Inhalten) *verständlich* und *einfühlbar* und weicht nur quantitativ vom Normalen ab (im Gegensatz zum schizophrenen Wahn).

Entsteht durch Zusammentreffen besonderer Charaktere (Charakterneurosen, psychopathische Persönlichkeiten) mit besonderen Erlebnissen. Wurzel des Wahns ist eine überwertige Idee (Gefühl mangelnder Anerkennung), die sich kompensatorisch zum katathymen Wahn (Verfolgungswahn) weiterentwickelt.

Die Erlebnisse nennt man *Schlüsselerlebnisse,* da sie wie ein Schlüssel in das komplizierte Schloss des Charakters passen müssen. Als typische Charaktere der Paranoiker lassen sich zwei Gruppen unterscheiden: die *Expansiven* (sthenische Kampfnaturen mit verborgener asthenischer Verletzbarkeit) und die *Sensitiven* (zu innerseelischer Verhaltung neigende, vorwiegend asthenische Persönlichkeiten mit verborgenem sthenisch-kämpferischem Stachel). Beide Gruppen zeigen ausgesprochene Eigenbeziehungen (d.h. beziehen Ereignisse in der Umwelt katathym auf sich).
Über Begriffe «paranoisch» und «paranoid» S. 71.

Die *expansiven* Paranoiker entwickeln aufgrund von Schlüsselerlebnissen (Kränkungen, Niederlagen) einen *Verfolgungswahn* oder *Grössenwahn* (Erfinder, Prophet), *Eifersuchtswahn* oder *Querulantenwahn.* Die querulatorische Entwicklung nimmt vielfach ihren Ausgang von einer tatsächlich erlittenen Benachteiligung. Der Kampf um das vermeintliche Recht zieht mit der Zeit immer weitere Kreise (Typ: Michael Kohlhaas). Katathyme Illusionen und selten einmal Halluzinationen kommen vor. Bei den *sensitiven* Paranoikern findet sich der *sensitive Beziehungswahn* (KRETSCHMER)[33]: Das Schlüsselerlebnis der sogenannten beschämenden Insuffizienz (d.h. in einem wichtigen Punkt versagt zu haben) lässt überall Anspielungen auf die erlebte Niederlage vermuten. Eine häufige Form ist der *Masturbantenwahn,* dessen Wurzel der Onaniekomplex (S. 160) bildet; harmlose Bemerkungen der Umwelt werden als Hinweise auf die Onanie erlebt. Der *Liebeswahn* ist meistens ein schizophrener Wahn und nur selten eine verständliche paranoische Entwicklung.
Der *Verfolgungswahn bei Schwerhörigen* entspringt dem Misstrauen und Argwohn der Schwerhörigen, die ihre Mitmenschen nicht verstehen und daher falsch beurteilen.

Therapeutisch ist der paranoische Wahn kaum zu beeinflussen; durch Milieuwechsel und Ablenkung kann versucht werden, ihm Dampf zu entziehen.

Induzierter Wahn: Wahnkranke suggerieren anderen Personen, die mit ihnen zusammenleben, ihre Ideen; die Gesunden übernehmen den Wahn und spinnen ihn oft sogar weiter *(folie à deux).* Trennung vom Wahnkranken bringt evtl. Heilung.

---

[33] KRETSCHMER, E.: Der sensitive Beziehungswahn (Springer, Berlin 1950).

Psychosomatik [34]

Zur Psychosomatik sind *somatische Störungen* zu rechnen, deren Entstehung oder Fortdauer *durch psychische Vorgänge mitbedingt* ist. Ein grosser Teil der Kranken, die die Sprechstunde des praktischen Arztes aufsuchen, leiden an (auch) psychisch bedingten Körperstörungen (25–50%). Da die leichten Fälle durch den Hausarzt zu diagnostizieren und behandeln sind, bedarf es der psychologischen Schulung des ärztlichen Praktikers. Dass sich die Dynamik unbewusster Motive in körperlichen Symptomen äussern kann, ist unbestritten; das «Wie», «Wo», «Wer» und «Warum» sind aber bisher keineswegs eindeutig geklärt.

1. Begriff der Psychosomatik

Der theoretische Ansatz (Leib-Seele-Problem S. 7) ist nach Schulen verschieden, jedoch sieht man seelische Situation und leibliche Störung im Sinne der Ergänzung (komplementär) und wechselseitiger Abhängigkeit (interdependent). So meinen die folgenden Kurzformeln nicht Kausalität, sondern das Vorherrschen einer Teilbedingung, die einen (multikonditionalen) Mechanismus auslöst:

psycho-somatisch (psychisch ➤ somatisch)
somato-psychisch (somatisch ➤ psychisch)

Die psychosomatische Symptombildung wird von der Psychoanalyse grundsätzlich als Konfliktabwehr interpretiert; durch die «Somatisierung» wird die Konfliktspannung in «Körpersprache» ausgetragen (Regression auf infantile Entwicklungsstufe).

Psychosomatik ist ein *Modewort* und als Begriff zu vieldeutig verwendet: vom allgemeinen Verstehen des Krankheitsverhaltens bis zur speziellen körperlichen Läsion.

Psychosomatik im weitesten Sinn: Psychologischer Zugang zum psychisch oder körperlich Kranken (folglich eine ärztliche Haltung), psychische Überlagerung und Aggravation von Körperstörungen, Konversionssymptome (Willkürmotorik, Sinnesorgane), Organneurosen (funktionelle vegetative Störungen),

---

[34] ALEXANDER, F. and FRENCH, TH.: Studies in psychosomatic medicine (Norton, New York 1948).
Boss, M.: Einführung in die psychosomatische Medizin (Huber, Bern 1948).
WEITBRECHT, H. J.: Kritik der Psychosomatik (Thieme, Stuttgart 1955).
ÜXKÜLL, TH. VON: Grundfragen der psychosomatischen Medizin (Rowohlt, Hamburg 1963).
LÓPEZ IBOR, J. J.: Psychosomatische Forschung. Psychiatrie der Gegenwart, vol. I/2 (Springer, Berlin 1972).

organische Veränderungen an Organsystemen. Eine derart unbestimmt gefasste Definition ist grundsätzlich auf jedes Krankheitsverhalten anwendbar und wird damit zu allgemein. Wir beschränken den Begriff «psychosomatisch» im folgenden auf:

Psychosomatik im engeren Sinne: Organneurosen (d.h. funktionelle Störungen) und die speziellen psychosomatischen Krankheiten mit organischen Veränderungen.

Andere Definitionen erweitern den Begriff um die Konversionssymptome oder engen ihn auf die Krankheiten mit Organläsion ein.

2. Genese der psychosomatischen (=psychophysiologischen) Störung

Die Grundlage des Verstehens sind die Beziehungen zwischen Emotionen und ihren vegetativen Begleiterscheinungen (S. 12). Die Versuche mit der Magenfistel (S. 16) zeigen, dass verschiedenen emotionalen Zuständen verschiedene vegetative Veränderungen an inneren Organen parallel gehen (hypohyperfunktionelle Reaktion der Magenschleimhaut bzw. -motorik).

Der Weg «*von der Emotion zur Läsion*»[35] lässt sich durch das Schema verdeutlichen: Emotion ➤ vegetative Dysregulation ➤ funktionelle Störung ➤ morphologische Veränderung. Dieser kontinuierliche Übergang ist für einen Teil der funktionellen Magenstörungen nachweisbar (➤ Magenulkus), jedoch nicht für die funktionellen Herzstörungen (Herzneurose: nicht ➤ organische Herzerkrankung). Die folgende Feststellung hat also z.T. hypothetischen Charakter:

Organneurosen und spezielle psychosomatische Erkrankungen bilden die gemeinsame Gruppe der *psychophysiologischen Störungen* und stellen verschiedene Stadien derselben dar (mit oder ohne Organveränderung).

Zu den psychophysiologischen Störungen kommt es durch Situationen, die emotionell-vegetativ für den Organismus eine Belastung und Bedrohung bedeuten und zu Spannung führen (Stress). Dass eine Situation zu einer *Stresssituation* wird, ist zugleich – in verschiedener komplementärer Ergänzung – durch folgende Faktoren mitbedingt: die *Persönlichkeit* mit ihrer Lebensgeschichte (z.B. frühkindliche Neurosenzeichen, Unreife, Labilität, Ich-Schwäche) und Umwelt-

---

[35] Wissenschaftlicher Dienst «Roche»: Von der Emotion zur Läsion (Roche, Basel 1968).

kommunikation (z.B. gestörte Objektbeziehung mit Frustrierung – Verwöhnung, oral-aggressive Problematik) sowie die *Konflikte* (Geborgenheit–Selbständigkeit, Geben–Nehmen) mit ihren Abwehrmechanismen (Verdrängung–Regression–Zwang) und typischen Auslösern (Versagungs-Versuchungs-Situation). Der *somatische Faktor* ist als Disposition wirksam (allgemein als vegetative Labilität, oder speziell wie im Beispiel MIRSKYS), oder er kann als Noxe (z.B. Infekt) oder Vorschädigung (früherer Organerkrankungen) die Organwahl der Störung lenken. Der *soziokulturelle* Hintergrund stellt ein weiteres (Stress, Konflikt) förderndes oder vermeidendes Moment dar.
Alle diese Teilbedingungen (die z.T. nur verschiedene Gesichtspunkte sind) lassen sich in einer Ergänzungsreihe anordnen. Je nach Einzelfall liegt der Akzent mehr auf dem Somatischen oder Psychischen. Die komplexe Pathogenese veranschaulicht ein Schema der Entstehung des Asthma bronchiale (z.T. nach REED):

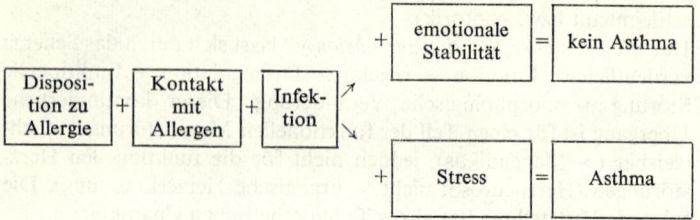

Frühere (monokausale) Theorien eines typischen Persönlichkeitsprofils oder einer spezifischen Konfliktsituation als alleinigem Faktor lassen sich heute nicht mehr aufrechterhalten. Eine *multikonditionale Genese* ist anzunehmen. Fraglich bleibt, ob der Mechanismus für die verschiedenen psychophysiologischen Störungen der gleiche ist.

Einen Modellfall für die Wechselwirkungen somatischer und psychischer Faktoren stellen die Befunde über die Entstehung des Magenulkus von MIRSKY dar. Sie haben besondere Bedeutung, da sich die Entstehung eines Ulkus voraussagen liess (prospektive Untersuchung). MIRSKY fand bei 12% der Neugeborenen gesteigerte Magensekretion mit erhöhtem Pepsinogenspiegel im Serum (hereditär, da Konkordanz bei EZ). Dieser somatische Faktor führt durch Hungergefühl zu entsprechenden Ansprüchen an Umgebung und zu oralen Konflikten (psychischer Faktor). Es liegt bis zu diesem Punkt eine somatopsychische Beziehung vor. Entsteht nun im späteren Leben ein durch Versagungs- oder Versuchungssituation gekennzeichneter Stress (sozialer Faktor), so tritt bei diesen Persönlichkeiten mit gastrischer Hypersekretion ein Ulcus pepticum auf (psychosomatisch). Dem Geschehen liegt also eine somatopsychisch-psychosomatische Wechselbeziehung zugrunde. Empirische Verifikation dieser Hypothese: Bei Rekruten wurden (mit entsprechenden Kontrollgruppen) über mögliche Ulkusentstehung unter Stress Voraussagen gemacht, die sich später bestätigten. – Psychische Gemeinsamkeiten zwischen Kranken, die an der gleichen psychosomatischen Störung leiden, würden also auf gemeinsame physiologische Abweichungen zurückgehen (hereditär, frühkindlich).

Dieses wechselseitige Sichbedingen körperlich-seelischer Faktoren ist formuliert im Begriff des Somatopsychisch-Psychosomatischen (Engel).

3. Theorie über Spezifität und Nichtspezifität
Für den Entstehungsmechanismus ist folgendes *Basismodell* akzeptierbar:
Stress bewirkt eine zentrale Aktivierung, die zum psychosomatischen Symptom führt (Kaplan).
An den drei Faktoren dieses Grundmodells setzen die verschiedenen Theorien an. Obwohl eine eingleisige Genese («nur» Persönlichkeit, «nur» Konflikt, «stets» untypisch usw.) unwahrscheinlich ist, illustrieren die Theorien doch – innerhalb eines multikonditionalen Konzepts – verschiedene *Möglichkeiten* der Entstehung.

3.1. Theorie der Spezifität
Der Stimulus (Stress) ist spezifisch, da er spezifische unbewusste Konflikte hervorruft. Hierdurch werden spezifische psychodynamische Muster aktiviert, die spezifische psychophysiologische Störungen zur Folge haben. So hat Alexander spezifische *Konfliktsituationen* für die Wahl des Leidens verantwortlich gemacht (z.B. Ulkus bei Abhängigkeits-Unabhängigkeits-Konflikt). Typische *Persönlichkeitsprofile* macht dagegen Dunbar für spezifische Störungen verantwortlich (z.B. Unfallbereitschaft bei Abenteuerlust, Dysharmonie).

3.2. Theorie der Nichtspezifität
Ein nichtspezifischer Stimulus (Stress) aktiviert z.B. chronische Angst, die psychophysiologische Störungen auslöst. Welches Organ aber betroffen wird, hat somatische Ursachen (Organminderwertigkeit, Locus minoris resistentiae).

3.3. Theorie der individuellen Spezifität
Unspezifischer Stress führt zu für die betreffende Persönlichkeit typischen affektiven Verhaltensweisen. Die entstehenden psychophysiologischen Störungen sind individuell spezifisch mit den «affective arousal patterns» (Lacey) verbunden. Gleicher Stress bewirkt bei einem Individuum z.B. Kopfschmerz, bei einem anderen Hypertonie. Intraindividuelle Unterschiede: Ein Individuum antwortet auf verschiedene Stressformen verschieden, aber auf einen speziellen Stress mit der gleichen Störung.

Zusammenfassend nehmen wir für die Psychosomatik an: *Organ-neurosen* (funktionelle, vegetative Dysregulation) und spezielle *psycho-somatische Krankheiten* (mit organischen Läsionen) sind verschiedene Stadien einer *psychophysiologischen Störung.* Die Genese ist multi-konditional, da heterogene Bedingungen (jeweils verschieden und wechselseitig) zusammenwirken (Stress, Persönlichkeit, Konflikt, somatischer Faktor, Soziokulturelles). Die körperlich-seelische Wech-selwirkung führt zum Begriff des *Somatopsychischen-Psychosomati-schen.*

4. Psychosomatische Krankheitsbilder

Es gibt weder eine einheitliche Beschreibung der psychosomatischen Krankheitsbilder noch des psychosomatischen Patienten. Eine häufige Gemeinsamkeit ist aber der *chronische Verlauf,* die *situative Abhängig-keit der Beschwerden,* die *vegetative Labilität* und das Vorkommen *ängstlich-zwangshafter Züge* im Krankheitsverhalten.

Der Zugang zum psychosomatischen Patienten und seiner Störung ist auf das gesamte Krankheitsverhalten und Erleben der Symptome als eines psychosomatisch Ganzen ausgerichtet. Der Anteil vorwiegend somatischer oder vorwiegend psychischer Beschwerden ist verschieden. So kann es innerhalb einer Krankheit auch Patientengruppen ohne nachweisbare psychosomatische Beziehungen geben (z.B. bei Asthma). Die zu beschreibenden Störungen werden nach dem Leitsymptom be-nannt (z.B. Atemstörung), obwohl gleichzeitig auch andere Be-schwerden als Nebensymptome vorhanden sein können. Der Über-gang vom einen in ein anderes Syndrom ist möglich («Krankheits-wandel»). Verschiedenartige, ständig wechselnde Beschwerden bilden ein spezielles funktionelles Syndrom[36]. Allgemein gilt für die Prognose, dass sie günstiger ist, je akuter die Funktionsstörung auftritt, und dass die Symptome mit zunehmendem Alter abnehmen. Das Ineinander-wirken der somatisch-vegetativ-emotionalen Ergänzungseinheit bleibt in der folgenden Beschreibung unberücksichtigt. Der somatische Teil-faktor ist vorausgesetzt, wird aber jeweils nicht mitdiskutiert. Wir be-schränken uns auf Hinweise zur *Psychodynamik,* d.h. auf die Aus-einandersetzungen zwischen unbewusst-bewussten Motivierungen und

---

[36] CREMERIUS, J.: Die Prognose funktioneller Syndrome (Enke, Stuttgart 1968).

ihren Gegenstrebungen (wobei «psychodynamisch» nicht «psychogen» im Sinne psychischer Bedingtheit meint). Aber auch diese psychodynamischen Beziehungen sind nicht gesichert, gleichen sich oft fatal und werden als uncharakteristisch angezweifelt.

Langdauernde Krankheiten führen aber auch zu einem *Verlust an Individualität* (vor allem in grossen Behandlungszentren) und *persönlicher Freiheit* (z. B. behandlungsspezifische Massnahmen usw.), was *sekundär* zu einer Verformung des krankheitsdependenten Verhaltens führen kann. Die Unterscheidung von Einflüssen primärer Persönlichkeitshaltungen auf das Krankheitsbild ist nicht unwichtig; zu einseitig psychosomatische Betrachtungsweise ist ebenso unangebracht wie zu einseitig somatische.

4.1. Magenstörungen

Aerophagie (Luftschlucken), Globusgefühl, Erbrechen, Kardiospasmus weisen Übergänge zu Konversionssymptomen auf. Das funktionelle Magensyndrom geht selten in ein anderes Syndrom über, aber relativ häufig in die Organläsion des Ulkus. Der Ulkuspatient (vorwiegend männlich) zeigt oft depressive Züge (Rückzugsreaktion S. 16), ein ehrgeizig-sthenisches, seltener passives Verhalten. Hyperaktivität kann als Überkompensation gedeutet werden. Die Grundkonflikte der Störung im oral-kaptativen Bereich werden in den Wunsch-Angst-Kollisionen von Geborgenheit, Abhängigkeit, Selbständigkeit deutlich.

Über psychophysiologische Beziehungen S. 12.
Therapie: Neben internistischer Behandlung (je nach Stadium) medikamentöse Beruhigung (Valium, Librium, Nobrium); Autogenes Training. Je nach Persönlichkeit verschiedene Formen der Psychotherapie. Grundsätzlich: Die Indikation zu einer psychoanalytischen Langzeitbehandlung ist bei den speziellen psychosomatischen Störungen (ohne wesentliche psychoneurotische Beteiligung) mit grosser Zurückhaltung zu stellen.

4.2. Kardiovaskuläre Störungen[37]

Das funktionelle Herzsyndrom mit Tachykardien, Extrasystolien und pseudoanginösen Beschwerden ist durch Angst- und Spannungszu-

---

[37] Richter, H. E. und Beckmann, D.: Herzneurose (Thieme, Stuttgart 1969). Spoerri, Th. and Winkler, W. Th.: Myocardial infarct and other psychosomatic disturbances (Karger, Basel 1969).

stände mitbedingt. Kombination mit Atemstörung ist häufig, z.B. bei Herzphobie (Sterbeangst mit vegetativen Begleiterscheinungen). Übergang funktioneller Störungen in organische Erkrankung nicht gesichert.

An *Koronarsklerose* leiden gehäuft aktive, vielfältig engagierte Persönlichkeiten mit intensivem Leistungs- und Geltungsstreben. Chronischer Stress an Entstehung mitbeteiligt, neben fettreicher Nahrung, Rauchen usw. (soziokulturelle Faktoren). Der *Myokardinfarkt* kann durch Stress (über Veränderung der Katecholamine, der Blutviskosität, -gerinnung) begünstigt werden.

Über Psychophysiologisches S. 12.

Essentielle Hypertonie: Episodische oder dauernde Blutdrucksteigerung bei gespannten Persönlichkeiten; hinter einer forcierten Selbstkontrolle verbergen sich häufig Aggressionsprobleme.

Therapie: Geregelte Lebensweise mit körperlicher Betätigung; Entspannung durch Valium, Librium. Eventuell leichte Dämmerkur bei «Managern», Autogenes Training.

4.3. Atmungsstörungen[38]

Emotionale Einflüsse sind wirksam über willkürliche Atem- und unwillkürliche Bronchialmuskulatur.

Hyperventilation: Rasches, vertieftes Atmen als Begleiterscheinung bei akuten Angstzuständen. Patienten empfinden subjektiv häufig Atemnot. Hyperventilation kann Konversionssymptom sein (Symbolisierung der Hilflosigkeit oder Identifikation mit Bezugsperson). Durch Überatmung entstehende Alkalose bewirkt zusätzlich somatische Störungen (Hyperventilationstetanie).

Asthma bronchiale: Stresssituationen lösen neben infektiösen, allergischen Faktoren Attacken aus. Der Anfallsmechanismus kann auch durch Vorstellung der Allergene (ohne deren Anwesenheit) nach Prinzip des bedingten Reflexes in Gang gesetzt werden. Bei Gruppe des emotional mitbedingten Asthmas finden sich häufig infantile Persönlichkeiten mit ängstlich-trotzigem oder übergefügigem Verhalten und ambivalenter Beziehung zur Mutterfigur.

Therapie: Wie bei Magenstörungen, evtl. Verhaltenstherapie.

---

[38]   Jores, A. und Kerékjartó, M. v.: Der Asthmatiker (Huber, Bern 1967).

4.4. Störungen des unteren Verdauungstrakts[39]

Obstipation, Diarrhoe, «Reizkolon» sind konflikt- und situations-
abhängige Störungen. Anal-aggressive Beziehungsprobleme (Geben–
Nehmen–Behalten) und depressiv-zwangsneurotische Abwehrformen
werden diskutiert.

Colitis ulcerosa: Auslösung, Verschlechterung durch emotionale
Faktoren. Häufig finden sich asthenisch-abhängige, zwangshafte Persönlichkeiten; rigid-übergewissenhaftes Verhalten mit starker Bindung
an Mutter (oder entsprechende Schlüsselfigur). Depressive Verstimmung, Apathie wird als Reaktion auf körperlichen Zustand interpretiert.

Therapie: Bei Kolitis intensiver Kontakt mit akut Krankem notwendig. Hypnose,
später Autogenes Training neben somatischen Massnahmen (evtl. Operation).

4.5. Anorexia nervosa[40]

Nahrungsverweigerung, Amenorrhoe, Erbrechen und Obstipation
sind Hauptsymptome. Wesentlich häufiger bei Frauen als Männern
(10:1), vor allem bei Mädchen im Pubertätsalter. Trotz Abmagerung
äussere Betriebsamkeit; braves, autoritätsgebundenes Verhalten, demonstrative Nahrungsverweigerung, Essen im geheimen. Konflikte
mit der meist überprotektiven Mutter, Ablehnung der Rolle der reifen
Frau, speziell weiblicher Körperformen (Sexualität, Gravidität). Regression auf oral-kaptativ-aggressive Stufe. Gelegentliche Attacken
von Fresssucht. Bei magersüchtigen Patienten kann Reifungskrise
(Pubertätsmagersucht) oder Essphobie im Vordergrund stehen; evtl.
mangelnde Wahrnehmung von Hungersättigung. Anorexia kann auch
Symptom einer beginnenden endogenen Psychose sein.

Therapie: Milieuwechsel kann Spontanheilung (ein Drittel) begünstigen; ana-
lytisch orientiertes Gespräch, jedoch analytische Langzeitbehandlung nur bei
Ausnahmefällen.
Kachektische Zustände erfordern Klinikeinweisung.

4.6. Obesitas

Übergewichtigkeit aufgrund von Ess- oder Fresssucht zeigt keine ein-
heitlichen Konflikt- und Persönlichkeitsprofile. Häufig Symptome wie

---

[39] Spiegelberg, U.: Colitis ulcerosa in psychiatrisch-neurologischer Sicht (Enke, Stuttgart 1965).
[40] Thomä, H.: Anorexia nervosa (Huber, Bern 1961).

Unreife, Misstrauen, Rigidität, Frustrationsdepression. Night-eating-Syndrom: Morgens wird wenig, abends viel gegessen, Schlafstörungen. Essattacken mit Unruhe, Schuldgefühlen nach frustrierenden Erlebnissen (Binge-eating-Syndrom). Gelegentlich abwechselnd mit anorektischen Phasen. Störungen im Körperbild (Wahrnehmung von Hungersättigung, äussere Erscheinung) können eine Rolle spielen. Häufiger bei älteren Frauen mit niederem Sozialstatus.

Therapie: Mögliche Konfliktsituation zum Thema des ärztlichen Gespräches machen; Gruppentherapie.

4.7. Hautstörungen[41]

Eher unspezifische emotionelle Zustände spielen bei Hautaffektionen eine auslösende Rolle. *Pruritus* bei Angst, Spannung, unterdrückter Aggression; Schmerz-Lust-Sensationen durch Jucken und Kratzen. Genitaler und analer Pruritus bei sexuellen Konflikten (hetero- und homosexueller Natur, Masturbationsersatz). *Hyperhydrosis*, speziell Handschweiss, findet sich bei Kontaktstörung (mit wechselseitiger Verstärkung) sowie bei akuter und chronischer Angst. Urtikaria-patienten haben oft ein aggressives oder überbetont gefälliges Verhalten; frühkindliche Frustrierungen werden häufig angegeben. ALEXANDER spricht bildhaft von unterdrücktem Weinen in die Haut. *Neurodermatitiden* zeigen Besserungen und Verschlechterungen in Abhängigkeit vom psychischen Zustand. Vermissen affektiver Zuwendung sowie Selbstunsicherheit spielen eine Rolle; ähnliche Verhaltensweisen wie bei Urtikaria.

Therapie: Neben medikamentöser Beruhigung entspannendes Gespräch, Suggestivtherapie, Autogenes Training.

4.8. Kopfschmerzsyndrome[42]

Emotionaler Stress kann *Spannungskopfschmerz* auslösen, der durch Vasokonstriktion (-dilatation) und/oder Muskelspannung im Bereich von Kopf und Nacken bewirkt wird. *Migräne* ist speziell bei unelastisch-perfektionistischen Persönlichkeiten mit ehrgeizigem Streben beobachtbar. Zu Anfällen soll es kommen, falls Patient den selbst-

---

[41] BORELLI, S.: Psyche und Haut. Handbuch der Haut- und Geschlechtskrankheiten, vol. 8 (Springer, Berlin 1967).
[42] WOLFF, H. G.: Headache and other headpain (Oxford University Press, New York 1963).

gestellten Anforderungen nicht genügt. Relativ häufiger Übergang in psychoneurotische Störung.

Therapie: Wie bei Hautstörungen.
Zur Psychosomatik der *Frauenheilkunde* S. 159.

Psychosomatische Gesichtspunkte werden ferner auf *Hyperthyreose, rheumatoide Arthritis* und *Schmerzsyndrome* angewendet.

Störungen der Sexualität [43]

Die Kenntnis des sexuellen Verhaltens ist für die psychiatrische Beurteilung von besonderer Bedeutung: Erstens stellt die Sexualität eine der wichtigsten Konfliktquellen dar; zweitens spiegelt sich in der sexuellen Erlebnis- und Reaktionsweise das allgemeine Verhalten wider, so dass sich in der Schilderung der Sexualität – wie in einem Vergrösserungsglas – Eigenarten der Gesamtpersönlichkeit besonders deutlich zu erkennen geben [44].

In der Sprechstunde bieten sich drei verschiedene «Patientenbilder» an, nämlich zunächst derjenige, der von Anfang an über sexuelle Störungen klagt, in zweiter Linie derjenige, der über diffuse Beschwerden (ohne Hinweis auf sexuelle Störung) klagt, die auf sexuelle Ursachen zurückgeführt werden müssen, und zuletzt derjenige, dessen Beschwerden nichts direkt mit Sexualität zu tun haben. Primär ist *zuhören* erstes Gebot, *präzisierende* Fragen müssen dem Niveau und Wesen des Patienten angepasst werden. Der Arzt muss sich aber immer über seine eigene Einstellung zur Sexualität ganz allgemein klar sein und sich vor wertenden Äusserungen und Stellungnahmen hüten. Wenn er das nicht kann, sollte er die Behandlung sexueller Störungen einem Kollegen überlassen.

1. Störungen der normalen Sexualbeziehung
Sexuelles Leben S. 52.

Die *Impotenz* des Mannes zeigt sich in Störungen der Erektion, d.h. das Glied wird nicht steif, oder in Form der *Ejaculatio praecox*

---

[43]   Giese, H.: Psychopathologie der Sexualität (Enke, Stuttgart 1962).
[44]   Masters, W. H. und Johnson, V. E.: Die sexuelle Reaktion (Akademische Verlagsgesellschaft, Frankfurt am Main 1967).
Masters, W. H. und Johnson, V. E.: Impotenz und Anorgasmie (Goverts, Frankfurt am Main 1973).
Fisher, S.: Understanding the female orgasm (Basic Books, New York 1973).

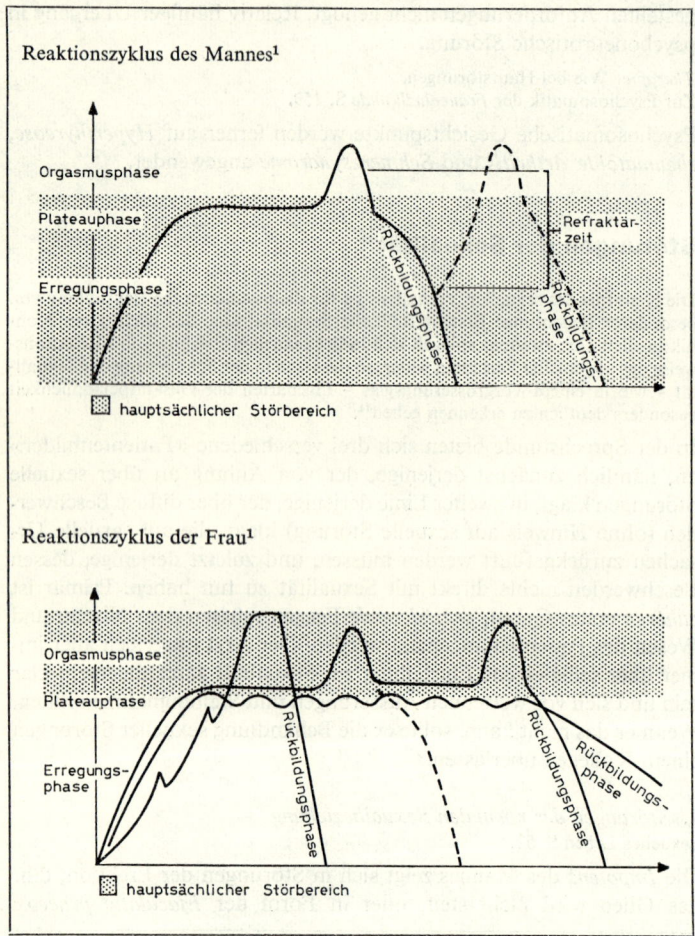

Reaktionszyklus des Mannes[1]

Orgasmusphase
Plateauphase
Erregungsphase
Rückbildungsphase
Rückbildungsphase
Refraktärzeit

☒ hauptsächlicher Störbereich

Reaktionszyklus der Frau[1]

Orgasmusphase
Plateauphase
Erregungsphase
Rückbildungsphase
Rückbildungsphase

☒ hauptsächlicher Störbereich

[1]   Nach MASTERS, W. H. und JOHNSON, V. E.: Die sexuelle Reaktion (Akademische Verlagsgesellschaft, Frankfurt am Main 1967).

(Samenerguss erfolgt vor oder während der Immissio). Bei der *primären Impotenz* war überhaupt nie Geschlechtsverkehr möglich, die *sekundäre Impotenz* kann sich aus den verschiedensten Gründen bei einem ursprünglich normal reagierenden Mann entwickeln. Dieser Störung der sexuellen Erregungsphase des Mannes ist die *mangelhafte Lubrikation* (Feuchtwerden der Vagina) bei der Frau gleichzusetzen.

Im Gegensatz dazu steht bei der Frau in der Regel als Störung *Frigidität* oder *Anorgasmie* im Vordergrund. Der Orgasmus, wie er von der Frau erlebt wird, zeigt verschiedenste Ausprägungs- und Ausformungsarten (S. 158). Die Unterscheidung in klitoralen Orgasmus (als Zeichen psychosexueller Unreife) und vaginalen Orgasmus (als Zeichen der Reife) ist nach neueren Untersuchungen nicht mehr zulässig. Zu unterscheiden ist eine *primäre Orgasmusstörung*, d.h. keine denkbare physikalische Stimulation führt zum Orgasmus, von einer *sekundären Orgasmusstörung*. Der Frigidität bei der Frau entspricht die sog. *Ejaculatio deficiens* beim Mann, d.h. die Unfähigkeit, in der Vagina zur Ejakulation zu kommen.

Den häufigen Klagen der frigiden Frauen über Ausfluss («Abwehrfluor»), Rückenschmerzen usw. könnte gelegentlich auch eine somatische Ursache als Folge der sexuellen Überreizung ohne Spannungslösung zugrunde liegen.

Nicht klar einzuordnen ist der Vaginismus («Vaginalkrampf»), d.h. Unmöglichkeit einer Immissio penis und in den meisten Fällen auch Unmöglichkeit einer gynäkologischen Untersuchung. Ursachen sind entweder primär psychische Störung oder primär somatisches Leiden.

Impotenz und Frigidität sind nicht pathologisch, wenn sie sich in Situationen und gegenüber Partnern ereignen, die abgelehnt werden. Fehlen der «männlichen Kraft» und «fraulichen Hingabe» kann auch einmal auftreten, falls der Mann z.B. durch berufliches Versagen nicht «seinen Mann stellen» zu können glaubt, oder die Frau sich um ihre weibliche Rolle gebracht fühlt. Bei vorübergehenden Störungen in der Partnerbeziehung ist auch die Potenzstörung nur vorübergehend, ausser sie fixiert sich durch Erwartungsangst. Therapeutisch: Beseitigung des aktuellen Konflikts; bei Erwartungsangst: suggestive Beruhigung, evtl. medikamentös unterstützt (z.B. Bellergal), und vor allem ein Verbot des Geschlechtsverkehrs, das daraufhin prompt übertreten zu werden pflegt!

1.1. Gynäkologische Störungen

Weibliche Geschlechtsfunktion und Mutterschaft sind psychophysiologisch beeinflussbar. Dysmenorrhoe, prämenstruelle Spannung können Zweifel an der eigenen weiblichen Rolle ausdrücken. Amenorrhoe kommt bei Depressionen, Anorexia nervosa, nach körperlicher Angst, Stress vor. Unfruchtbarkeit kann auch einmal psychisch mitbedingt sein (Schwangerschaft nach Adoption eines Kindes, durch Weckung mütterlicher Gefühle). Hyperemesis (Schwangerschaftserbrechen), habitueller Abort, Wochenbetts- und Laktationsstörungen stellen Probleme der Mutter-Kind-Beziehung dar (Konflikte mit der eigenen Mutter, Ablehnung des Mannes im Kind usw.). Pseudokyesis (Schein-schwangerschaft) kann sowohl Schwangerschaftswunsch wie -furcht zugrunde liegen. Diese Störungen haben kein einheitliches, psycho-dynamisches Schema, deuten jedoch auf Konflikte hin, die weibliche Rolle, Mutterschaft oder Ehesituation betreffen.

Nymphomanie: Hypersexualität bei Frauen. Neben überstarkem Triebverlangen können Frigidität, aggressive Impulse eine Rolle spielen. Wirkt sie sich störend aus, Versuch einer «Kraftabfuhr» in andere Aktivitäten, medikamentöse Dämpfung nur vorübergehend (Hova; Erfolg fraglich).
Donjuanismus: Kein Indiz für Triebstärke; der Partner wird meist aus neuroti-scher Bindungsscheu häufig gewechselt.
Prostituierte sind äusserst selten hypersexuell; Frigidität nicht obligat! Debilität und Arbeitsscheu häufig.

Abgesehen von den kurzen reaktiven Störungen sind Impotenz und Frigidität neurotisch bedingt, d.h. Symptome einer *Sexualneurose* (gestörte Sexualität zugleich Symptom und Konflikt).
Onanie ist als «Notonanie» lediglich ein Ventil, die Sexualspannung zu beseitigen, und daher vorehelich beim Mann die Regel und bei der Frau häufig. Beziehungsstörungen zum Partner können episodisch zum Wiederauftreten der Onanie führen. Falls die Onanie aus Kon-taktangst oder Narzissmus der Partnergemeinschaft vorgezogen wird und zur Sucht ausartet, wird sie zur Perversion. – Schuldgefühle und falsche Vorstellungen über körperliche Schäden bewirken den – heute dank Aufklärung nicht mehr häufigen – *Onaniekomplex* (Müdigkeit, Kopfdruck, Angst vor «Rückenmarkschwindsucht»; Therapie: Auf-klärung).

Entwicklung des Masturbantenwahns S. 147, Onanie beim Kind S. 179.

2. Perversionen
Perversionen sind *Abnormitäten des sexuellen Verhaltens;* die Objekt-wahl (Tier) oder die Art des Aktes (Sadismus) ist abwegig[45].

[45]   Boss, M.: Sinn und Gehalt der sexuellen Perversionen (Huber, Bern 1952).

Die Perversionen entstehen durch *Störungen der Sexualentwicklung.* Dem sexuellen Trauma (einzelne Verführung) kommt nur untergeordnete Bedeutung zu; entscheidender ist die gestörte Gesamtentwicklung (z.b. milieubedingte Verwahrlosung), die das Trauma nicht verarbeiten und vergessen lässt. Es kommt zur Fixierung auf einer prägenitalen (oral, anal-sadistisch, phallisch-ödipal) oder homosexuellen Stufe mit Fehlidentifizierungen. Diese infantilen Sexualtendenzen werden dann zur perversen Abnormität fehlentwickelt.

Sexualneurosen können als neurotisches Symptom ein perverses Verhalten zur Folge haben. FREUD: Der echt Perverse ist ein «bewusst» Perverser, der neurotische ist ein «verdrängt» Perverser.

Von *Sexualpsychopathie* (also einer angeborenen Triebanomalie) kann man nur bei der konstitutionellen Homosexualität sprechen (selbstverständlich gibt es Psychopathen mit Perversionen).

Fellatio (Penis in ore) und *Cunnilingus* (linguale Klitorisreizung) sind als Spielereien keine Perversionen. Erst wenn sie das eigentliche Ziel (statt Koitus) und die Bedingung für den Orgasmus darstellen, erhalten sie den Charakter der Perversion. Auch das normale Sexualverhalten zeigt häufig «perverse» Spielarten, die jedoch beim Normalen nie anstelle der genitalen Vereinigung treten, vielmehr diese nur vorbereiten. *Pseudoperversion:* Falls normale Sexualbetätigung nicht möglich und als *Ersatz* Zuflucht zu abnormen Entladungsmöglichkeiten genommen wird (Sodomie bei einsamen Hirten; Homosexualität in Gefängnissen).

Folgende Perversionen werden unterschieden:

2.1. Exhibitionismus
Zeigen der Geschlechtsteile mit und ohne Onanie, nur bei Männern, und zwar bei selbstunsicheren, triebschwachen oder auch schwachsinnigen, die sich den näheren Kontakt mit einer Frau nicht zutrauen.

2.2. Pädophilie
Geschlechtliche Befriedigung an Kindern des eigenen oder andern Geschlechts; bei Infantilen oder Senilen (auch hier Minderwertigkeitsgefühle vor reifer Frau).

2.3. Sodomie
Geschlechtsverkehr mit Tieren; bei Schwachsinnigen und Sonderlingen, meist nur Ersatzhandlung (s. oben). Strafrechtlich erfasst als Tierquälerei!

2.4. Fetischismus
Sexuelle Erregung und Befriedigung mit Gegenständen (Damenwäsche, Schuhen, Pelz), die oft zur Onanie gestohlen werden. Meist

lebensgeschichtlich begründet (z.B. erste sexuelle Erregung bei Kontakt mit Pelz).

2.5. Sadismus-Masochismus

Sexuelle Erregung durch Zufügen oder Erdulden von Schmerzen und Demütigungen. Sadismus und Masochismus gehören psychologisch zusammen und können beim gleichen Menschen ineinander übergehen. Sie kommen bei innerlich selbstunsicheren, schüchternen Persönlichkeiten (häufiger Männern) vor. Der Sadist fesselt, schlägt, beisst sein Opfer; das Extrem ist Lustmord. Umgekehrt schwelgt der Masochist im Erleiden von Erniedrigungen, die seine «Herrin» ihm, dem «Sklaven», zufügt. Frühkindliche Erlebnisse können prägend wirksam gewesen sein.

2.6. Nekrophilie

Sexuelle Befriedigung an Leichen[46].

2.7. Kleptomanie

Bei der Stehlsucht ist der Akt des Stehlens mit Erregung (selten deutlich sexuell gefärbt) verbunden, der Wert und Besitz des Gestohlenen spielt keine Rolle; vor allem bei Frauen (meist irgendwie frustriert) beobachtbar. Selten «symbolischer» Diebstahl (z.B. alte Jungfer stiehlt einen Stier und ein Paar Männerhosen).

2.8. Transvestitismus

Verlangen nach gegengeschlechtlicher Rolle und evtl. Geschlechtsumwandlung; Kleider des andern Geschlechts werden getragen. Transvestitische Männer erleben z.T. sich selbst als Frau (und umgekehrt). Es gibt hetero- und homosexuelle Transvestiten[47].

2.9. Homosexualität

Sexuelle Zuwendung zu Personen des eigenen Geschlechts. Homosexualität nimmt unter den Perversionen eine Sonderstellung ein.

---

[46] Spoerri, Th.: Nekrophilie (Karger, Basel 1959).
[47] Burchard, J. M.: Struktur und Soziologie des Transvestitismus und Transsexualismus (Enke, Stuttgart 1961).

2.9.1. Konstitutionelle Homosexualität (auch echte, angeborene oder Neigungshomosexualität genannt): Keine eindeutigen gegengeschlechtlichen Körperstigmen, keine chromosomalen Abweichungen, keine groben psychischen Auffälligkeiten. Ausdrucksformen, Beschäftigungen und typische Berufe des anderen Geschlechts können gewählt werden. Partnerbildungen kommen vor, evtl. mit aktiv-passiver Partnerkombination, jedoch sucht der Mann immer den Mann (bzw. die Frau die wirkliche Frau). Der echte Homosexuelle leidet nicht unter seiner Veranlagung, jedoch unter den sozialen Auswirkungen. Tendenz zum Partnerwechsel.

Zirka 5% der Normalbevölkerung angeboren homosexuell; bei EZ hohe Konkordanz. Dissimulation durch Tarnung in heterosexueller Ehe. Nach dem äusseren Habitus sind Homosexuelle schwer zu erkennen. Beim männlichen Homosexuellen weniger weibliches Verhalten als schwach ausgeprägte männliche und deutlich narzisstische Eigentümlichkeiten.

Kriterien für angeborene Homosexualität sind nach BRÄUTIGAM[48] weniger die ersten realen Partnerbeziehungen. Wichtiger ist die sexuelle Ausrichtung bei der ersten Onanie (ob in der Phantasie Mann oder Frau), der erste Pollutionstraum, die erste sexuelle Erregung.

2.9.2. Erworbene Homosexualität (auch Hemmungshomosexualität genannt): Vor allem bei infantil-retardierten Persönlichkeiten mit psychosexueller Unreife. Aus Gehemmtheit dem heterosexuellen Partner gegenüber kommt es zur homosexuellen Wahl. Häufig Neigung zu kindlichen, abhängigen Partnern (pädophile Homosexualität). Gruppe der abnormen oder kranken, da unreif-fehlentwickelten Homosexuellen. Grundlage: neurotisch, psychopathisch oder aufgrund von organischer Hirnschädigung (sogenannte Pseudopsychopathie). Unter der Perversion wird gelitten und daher oft der Arzt aufgesucht. Tendenz zu sozialer Unstetigkeit, pädophilen Delikten, anderer Kleindelinquenz (strafrechtlich meist vermindert zurechnungsfähig).

Die psychische Fehlentwicklung und Reifungshemmung steht im Vordergrund. Neurotische Genese (oder vorsichtiger: häufigstes psychodynamisches Schema): starke Bindung an die Mutter, fehlendes Vorbild des Vaters. Durch Fixierung an Mutter Verbot der Beziehung zu anderen Frauen (Inzesttabu); bei Fehlen eines echt männlichen Vorbildes wird männliche Identifikation nicht gelernt. Einzelverführung ist für die Genese unbedeutend; sie kann aber den Stil der Abnormität prägen (wie im übrigen auch bei der normalen Sexualität).

---

[48] BRÄUTIGAM, W.: Formen der Homosexualität (Enke, Stuttgart 1967).

2.9.3. Entwicklungshomosexualität. Episodisches Auftreten gleichgeschlechtlicher Handlungen in den Reifungsjahren (S. 49). Unsicherheit des Triebziels, Hemmung vor dem heterosexuellen und
Nähe zum gleichgeschlechtlichen Partner sind Bedingungen für
diese passagere Fehlhaltung (Häufigkeit bei Männern zirka $\frac{1}{3}$,
Frauen $\frac{1}{5}$).

2.9.4. Pseudohomosexualität. Die homosexuelle Betätigung ist nur
eine Ersatzhandlung oder ereignet sich aus nicht-sexuellen Motiven.
Bei «*Strichjungen*» (homosexuelle Prostitution) erfolgt der Kontakt
wegen finanzieller oder sozialer Vorteile. Gefahr des Abgleitens in
Kriminalität durch Erpressung; gewerbsmässige (weitgehende oder
ausschliessliche Verdienstquelle) homosexuelle Tätigkeit als solche
ebenfalls strafbar.
Nothomosexualität bei Vorkommen in Gefängnissen oder ander-
weitiger Isolierung vom andern Geschlecht.

2.10. Therapie der Perversionen
Aufdeckende analytische Psychotherapie zeitigt nur wenige Erfolge, besonders
bei Homosexualität (auch bei erworbener Homosexualität, angeborene Variante
unbeeinflussbar). Hingegen hilft psychagogische Führung; bei angeborener
Homosexualität Förderung der Sozialisierung und Bindung an Partner. Bei Gemeingefährlichkeit (vor allem Pädophilie) Verwahrung oder Kastration (S. 218).

Psychopathische Persönlichkeiten

Der Begriff der psychopathischen Persönlichkeit ist umstritten. Man nennt sie
auch *abnorme Persönlichkeiten* oder kurz: Psychopathen (Ausdruck heute etwas
verpönt und zu vermeiden, da zu wertend!).
Früher wurde der Kreis dieser *vererbten* «Dauerzustände» affektiver Abnormitäten zu weit gezogen. Pseudopsychopathien (durch fetale oder frühkindliche
Hirnschädigung) und frühkindlich fixierte Fehlhaltungen (durch traumatisieren-
des Milieu) sind seither abgegrenzt worden. Extreme Psychoanalytiker bestreiten
die Vererbung und lassen statt «Anlage» nur die abnorme Umwelt gelten;
«Psychopathie» geht in dem Begriff der Charakterneurose auf. – Die Klassi-
fizierungen sind verschieden; wir folgen der unsystematischen, aber lebensnahen
Typologie SCHNEIDERS. Die Psychopathie ist nicht «starr» zu sehen; die vererbte
Persönlichkeitsvariante wird und entfaltet sich in Auseinandersetzung mit der
Umwelt.
Liegt der Akzent stärker auf der Anlage, so spricht man von psychopathischen
Dauerzuständen. Falls neben der Anlage typische Konfliktsituationen («Schlüs-

selerlebnisse») für die abnorme Persönlichkeit eine Rolle spielen, spricht man von psychopathischer Entwicklung (oder abnormer Persönlichkeitsentwicklung).

Psychopathie als *vererbte abnorme Charakterartung* liegt bei Persönlichkeiten vor, die «an ihrer Abnormität leiden oder unter deren Abnormität die Gesellschaft leidet»[49]. Man unterscheidet folgende Formen: Hyperthyme, subdepressive, zykloide und schizoide sowie reizbare, fanatisch-verschrobene, selbstunsichere, haltlose, gemütskalte, hysterisch-geltungssüchtige und infantile Psychopathen.

Als *Soziopathen* (Begriff der angloamerikanischen Psychiatrie) werden asoziale Fehlhaltungen bei nach Anlage und/oder Entwicklung abnormen Persönlichkeiten zusammengefasst.

Von diesen psychopathischen Dauerzuständen sind die *psychopathischen Entwicklungen* zu unterscheiden, bei denen es wegen der abnormen Charakterartung durch erlebnisbedingte oder soziale Einflüsse zur Fehlentwicklung kommt (z.B. querulatorische Entwicklung bei fanatischem Psychopathen nach unfallbedingter Leistungseinbusse).

Fliessende Übergänge liegen vor zu den Fehlentwicklungen bei Charakterneurose (S. 145) und den psychogenen Wahnentwicklungen (S. 146).

Folgende Formen psychopathischer Persönlichkeiten lassen sich differenzieren:

1. Hyperthyme (hypomanische) Psychopathen

Manisches Syndrom (S. 69) in schwächerer, d.h. hypomanischer Ausprägung.

Antriebsvermehrung, euphorisch gehobene Grundstimmung und allgemeine Enthemmung sind die Merkmale der Hyperthymen. Wegen der Neigung zu Streitsucht, Querelen, Unstetigkeit, leerer Betriebsamkeit kommt es oft zur sozialen Entgleisung.

2. Subdepressive (zykloide) Psychopathen

Depressives Syndrom (S. 69) in schwächerer, d.h. subdepressiver Ausprägung.

---

[49] Schneider, K.: Die psychopathischen Persönlichkeiten (Deuticke, Wien 1950).
Petrilowitsch, N.: Abnorme Persönlichkeiten (Karger, Basel 1966).

Dysphorisch gedrückte Grundstimmung mit allgemeiner Hemmung und Antriebsarmut kennzeichnet die konstitutionell Depressiven.

Gemeinsam finden sich hyperthyme und subdepressive Psychopathen im Sinne phasischer Schwankungen zwischen hypomanischer und depressiver Grundstimmung beim *zykloiden Psychopathen*. Die Zykloiden sind meist Pykniker.

3. Schizoide Psychopathen

In den affektiven Reaktionen liegen Ähnlichkeiten mit dem schizophrenen Verhalten vor. Keineswegs ist aber die Schizoidie eine Vorstufe der Schizophrenie.

Die Schizoiden sind häufig von leptosom-asthenischem Körperbau. Ihre Motorik ist eckig und steif; sie sind kontaktarm, distanziert (sie gehen affektiv nicht aus sich heraus, und man kommt nicht an sie heran), ihre Gefühlsskala schwankt zwischen empfindlich und stumpf, und die Denkweise neigt zu Gegensätzen.

4. Reizbare (epileptoide) Psychopathen

Die Reizbaren sind abnorm leicht erregbar; daher vermögen bereits geringfügige Anlässe zu explosiven Kurzschlussreaktionen zu führen. Liegt der Akzent auf den Explosivhandlungen und finden sich im Körperbau athletische Stigmen, so spricht man von *epileptoiden* Psychopathen.

5. Fanatische (verschrobene) Psychopathen

Selbstbewusst, expansiv und durch Fehlschläge nicht belehrbar sind die Fanatischen. Sie kennen nur ihre überwertige Idee, die sie der Umwelt aufzwingen wollen. Ist das gesamte Verhalten «schief» und das Denken von umständlich pedantischer und übertriebener Konsequenz, so nennt man sie *verschrobene* Psychopathen.

6. Selbstunsichere Psychopathen

Minderwertigkeitsgefühle, mangelndes Selbstbewusstsein und sensitive Reaktionen stellen die Eigentümlichkeiten der Selbstunsicheren dar. Beziehungen bestehen zu den *Anankasten*, d.h. den zu Zwangserscheinungen neigenden Persönlichkeiten.

7. Haltlose (asthenische) Psychopathen

Halt- und Willensschwäche, mangelnde Ausdauer und Durchschlagskraft zeigen die Haltlosen. Sie sind abnorm beeinflussbar und lassen sich ebenso leicht zum Bösen wie Guten verführen. Man bezeichnet diese kraft- und saftlosen Psychopathen auch als trieb- oder besser *antriebsschwache* Psychopathen.

Spricht man von *asthenischer* Psychopathie, so steht die allgemeine Schwäche und Leistungsunfähigkeit im Vordergrund. Bei diesen vitalschwachen Persönlichkeiten kommt es zu asthenischen Versagenszuständen und Kümmerentwicklungen.

8. Gemütskalte (moralisch defekte) Psychopathen

Die Gemütskalten oder moralisch Schwachen (bis Defekten) zeigen ein mangelhaftes Empfinden für Recht und Unrecht, den eigenen Wert und die Werte der Mitmenschen.

Sie lassen Gefühlsregungen, wie Mitleid, Gewissen und Reue, vermissen und haben auch für ihre eigene Person weder rechten Stolz noch Trotz. Nach aussen spielen diese Psychopathen oft übertrieben die Gemütstiefen und rühren besonders kräftig die moralisch-ethische Trommel.

9. Hysterische (geltungssüchtige) Psychopathen

Der hysterische Charakter ist geltungssüchtig, überschwänglich, affektiv labil und unecht. Die Leiden und Klagen stehen im Dienst der Geltungssucht. Der Hysteriker will mehr und anders scheinen als er ist.

Die Ich-Struktur ist unstabil mit chamäleonhaftem Wechsel der Rollen (Prinzip der Drehbühne). Der Begriff der «Hysterie» als einer nosologischen Einheit ist heute aufgegeben; das hysterische Syndrom findet sich bei hysterischer Reaktion, Entwicklung (einfach, neurotisch) und hysterischer Persönlichkeit (Psychopathie).

Die *Pseudologie* (Pseudologia phantastica, krankhafte Lügensucht) entspringt einem geltungssüchtig-kindlichen Wunschdenken, das sich mit dem So-und-nicht-Anders der Realität nicht abfindet, sondern je nach Absicht oder Laune die Wirklichkeit aufpoliert oder durch «Passenderes» ersetzt. Fliesst das Fabulierte glanzvoll daher, fehlt das narzisstische Sichbewundern des Pfaus nicht. So steigert sich der echte Pseudolog immer mehr in ein Netz möglich-unmöglicher Lügen hinein. Mit der Zeit glaubt er selbst daran, oder er handelt doch wenigstens seinen Lügen entsprechend, selbst wenn es ihm schadet.

10. Infantile Psychopathen

Kindliche Eigentümlichkeiten bleiben dauernd bestehen, wie allgemein naives Gebaren, Stimmungslabilität, Unbeständigkeit und Un-
selbständigkeit sowie realitätsferne Ziele. Körperlich finden sich
meistens infantile Stigmen.

Straffällig werden die Psychopathen häufig; verminderte Zurechnungsfähigkeit
liegt vielfach vor und bedingt Massnahmen.

11. Therapie bei psychopathischen Persönlichkeiten

Keine aufdeckend-analytische Behandlung. Suggestivtherapie bei hysterischen
Symptomen. Die Psychotherapie besteht grösstenteils in Disziplinierung und
Schaffung eines geeigneten Milieus. Medikamentöse Beruhigung oder Anregung.

Oligophrenien

Unintelligent werden Persönlichkeiten genannt, deren Intelligenz nur leicht unter-
durchschnittlich ist und an der Grenze der Norm liegt (IQ 90).
Über Intelligenzquotient (IQ) S. 198.

Der *Oligophrene* ist weder im praktischen Leben noch in seinen intellektuellen Leistungen zur Lösung neuer Aufgaben befähigt. – Je nach
dem Grad des Schwachsinns erscheint das Äussere bereits auffällig:
Der Gang ist unelastisch bis stolpernd-tappend, die Mimik undif-
ferenziert bis grob, die Sprache stammelnd bis unartikuliert, der Satz-
bau primitiv bis zum Telegrammstil. Die Vorstellungen haften am
Konkreten und Gewohnten, daher ist die *Abstraktions- und Kombi-
nationsfähigkeit* sowie die *Begriffs- und Urteilsbildung* gestört. Der
Gedächtnisschatz bleibt entsprechend gering.

Die Schlauheit mancher Schwachsinniger darf nicht mit Intelligenz verwechselt
werden; sie geht nur auf den gerade vor Augen liegenden Vorteil aus, und dies
ohne Voraussicht und ohne die Möglichkeiten erwägenden Nachdenkens, wodurch eine Handlungsweise erst intelligent wird.

Die beschriebenen Eigentümlichkeiten sind beim *Debilen* nur schwach,
beim *Imbezillen* deutlich und beim *Idioten* am stärksten ausgeprägt.
Im einzelnen lassen sich die drei Schwachsinnsgrade wie folgt differenzieren:

1. Debilität (IQ 90–75)

Volksschule mit Wiederholung von 1 bis 2 Klassen oder Hilfsschule;

praktische Intelligenz meistens besser als theoretische; in der Regel kein gelernter Beruf.

Intelligenzprüfung[50]*:* Höhere Intelligenzleistungen mangelhaft: Binet-Bilder und Moral der Fabel vom Salzesel werden nur teilweise richtig erfasst (z.B. Binet 2: Packt den Bub, weil er Scheibe zerschlagen hat; Moral des «Salzesels» kann nicht allgemein formuliert werden: der Esel hätte das nicht tun sollen). Unterschiedsfragen werden bei abstrakten Beispielen nicht mehr richtig beantwortet (z.B. Mitleid-Barmherzigkeit: wenn einem einer leid tut), ebenso Fragen nach Sinn von Sprichwörtern (z.B. Wer dem andern eine Grube gräbt...: das ist ein Erdarbeiter) oder Definitionen (z.B. Was ist Gerechtigkeit?: Wenn Gott den X straft).

2. Imbezillität (IQ 75–50)
Elementarste Schulkenntnisse bis zur Stufe der 2. Klasse; nur für ganz unselbständige Tätigkeit brauchbar.

Intelligenzprüfung: Lesen und Schreiben sehr fehlerhaft; nur Additions- und Subtraktionsaufgaben mit einstelligen Zahlen. Salzesel wird nicht mehr verstanden (z.B. das ist wegen dem Salz), Binet-Bilder nicht mehr erkannt (z.B. Binet 2: Bekommt Schläge, weil er böse war). Bei Frage nach Unterschied von Leiter/Treppe: Bin auch einmal von der Leiter gefallen. Oder Definitionen: Was ist eine Schwester? Ja, die kneift mich immer.

3. Idiotie (IQ unter 50)
Völlige Bildungsunfähigkeit. Die schweren Fälle können weder sprechen, gehen noch selbständig essen und sich sauber halten.
Es besteht Neigung zu gleichförmigen Bewegungen (z.B. Hin-und-Her-Wiegen des Oberkörpers) und zum Zerreissen der Kleider. In leichteren Fällen sind die Idioten zu einfachsten Verrichtungen erziehbar und fähig, im Telegrammstil zu sprechen.

Etwas abweichend von dieser Einteilung unterscheidet die WHO *Grenzfall von Intelligenzschwäche* (IQ 85–68), *leichte Intelligenzschwäche* (IQ 67–52), *mässige Intelligenzschwäche* (IQ 51–36), *starke Intelligenzschwäche* (IQ 35–20) und *Idiotie* (IQ unter 20).

Die Oligophrenen sind in bezug auf den Antrieb zu unterteilen in die *erethischen* (unruhigen) und die *torpiden* (stumpfen) Schwachsinnigen. Häufig kommt es zu schweren *Verstimmungen*, die teils endogen, teils reaktiv (z.B. Eifersucht) sind.
Katathyme Wahnbildungen und *Halluzinationen* entstehen als Reak-

---

[50]   Schema der Intelligenzprüfung S. 195.

tionen auf einschneidende Erlebnisse; die Symptomatik ist dramatisch und bunt wie ein Bilderbuch.

Schwachsinn kombiniert sich relativ oft mit Psychopathie. Mangelhafte Bremsung der Triebe und Affekte hat kriminelle Handlungen zur Folge. In der Mehrzahl der Fälle sind die Oligophrenen gutartig und lenkbar; dank ihrer Anhänglichkeit und kasperlehaften Spässe gehören sie zu den liebenswerten Erscheinungen des Anstaltslebens.

Oligophrenien finden sich bei 3–4% der Gesamtbevölkerung (Zahlenangaben unterschiedlich).

Ursache: Die *leichten* Schwachsinnsformen sind meist *vererbt*, während die *schweren* Oligophrenien durch exogene Hirnschädigungen früh *erworben* werden[51].

4. Endogener Schwachsinn

Der *endogene Schwachsinn* ist meist hereditär-familiärer Natur (80% aller Schwachsinnsformen).

Im Vergleich zu anderen seelischen Störungen zeigt die hereditäre Debilität oder Imbezillität eine auffallend starke Vererbungstendenz (EZ nahezu 100% Konkordanz).

Die Ursache des *Mongolismus* ist unbekannt. Die Mongoloiden (vorwiegend imbezill) haben ein flaches Gesicht mit Sattelnase, Schlitzaugen und Epikanthus (Hautfalte am inneren Lidwinkel); sie sind lebhaft und von heiterer Grundstimmung; sie sterben meist früh.

Mütter bei Geburt des Kindes oft höheren Alters, evtl. familiäre Komponente. Bei den Mongoloiden ist die normale Chromosomenzahl (46) um ein rudimentäres Chromosom vermehrt.

Entwicklungsstörungen des Gehirns führen zu Mikrozephalie (oft hereditär), zu abnormer Bildung der Hirnwindungen (Mikrooligogyrie) und zu Hydrozephalus.

Anlagebedingte Krankheitsprozesse des Gehirns liegen folgenden Schwachsinnszuständen zugrunde: tuberöser Sklerose (epileptische Anfälle, Hauttumoren, Herzfehler); familiärer amaurotischer Idiotie Tay-Sachs (infolge Hirn- und Retinadegeneration Anfälle, Bewegungsstörungen, Blindheit; rascher Exitus); Sturge-Weber-Krankheit (Gesichtsnävus, epileptische Anfälle); Laurence-Biedl-Moon-Krankheit (Retinitis pigmentosa, Polydakdylie, Fettsucht); Hurlerscher Gargoylismus (Dysostosen); familiärer Störung des Phenyl-Brenztraubensäure-Abbaus (Rigor, athetotische Unruhe; Nachweis: Grünfärbung des Urins mit Ferrichlorid); Kernikterus der Neugeborenen bei Erythroblastosis; Pelizäus-Merzbach-Marksklerosen.

---

[51] Benda, H.: Die Oligophrenie. Psychiatrie der Gegenwart, vol. 2 (Springer, Berlin 1972).

5. *Exogener Schwachsinn*

Zur Hirnschädigung kann es intrauterin, *sub partu* und postnatal (erste Monate und Jahre) kommen. *Enzephalitits, Meningitis* (mit Folgezuständen von Porenzephalie und Hydrozephalus) und *Hirnblutungen* während der Geburt (nachfolgende neurologische Störungen, epileptische Anfälle) spielen die Hauptrolle.

Selten sind folgende zu Hirnschädigung führende fetale Infektionen: Kongenitale Lues mit Hirnsyphilis; Toxoplasmose (Meningoenzephalitis mit Chorioretinopathie, Hydrozephalus, xanthochromem Liquor); Erkrankungen der Mutter an Rubeolen in ersten Schwangerschaftsmonaten (Hirn- und Augenmissbildungen). Über Schwachsinn bei Kretinismus S. 131.

6. *Sonderformen*

Nicht-Oligophrene trauen sich ihre Intelligenz übersteigende Aufgaben zu.

6.1. Salonblödsinn oder höherer Schwachsinn

Bei an sich nicht oligophrenen Persönlichkeiten beobachtbar; sie verfügen über ein gutes Wissen und Sprachgewandtheit, denken und formulieren jedoch ganz *unklar*. Da sie ebenso unbeständig wie unternehmend planen und handeln, scheitern sie meist im praktischen Leben.

6.2. Verhältnisschwachsinn

Missverhältnis zwischen Wollen und Können. Während die Intelligenz für eine bescheidene Tätigkeit ausreichen würde, trauen sich die Verhältnisschwachsinnigen viel zu schwierige Leistungen zu, in bezug auf die ihre Intelligenz «schwachsinnig» ist.

7. *Therapie des Schwachsinns*

Eine kausale Behandlung der Oligophrenie gibt es nicht; hingegen kommt der Prophylaxe in der Schwangerschaft Bedeutung zu (Luesbehandlung, Rubeolenverhütung, Rhesusfaktor). Je nach Schwachsinnsgrad und Verhalten ist Schulung und Fürsorge in einem Heim für Schwachsinnige, in Familienpflege oder in einer geschlossenen Anstalt notwendig. *Erethische* sind mit *Neuroleptika* (S. 209) zu dämpfen; in seltenen Einzelfällen verspricht eine *Leukotomie* (S. 217) Erfolg. Oligophrene in der Freiheit bedürfen meist der Führung durch einen Vormund; ihre Fähigkeiten sind nicht zu überfordern, und durch Wahl eines geeigneten Milieus soll ihrer Leichtgläubigkeit, Verstimmbarkeit und Empfindlichkeit Rechnung getragen werden. Im eugenischen und sozialen Interesse sind ausgesprochen Oligophrene nur in Ausnahmefällen und möglichst nur nach Sterilisation ehefähig. Straffälligkeit ist relativ häufig; meist verminderte Zurechnungsfähigkeit, selten Unzurechnungsfähigkeit.

Kinderpsychiatrie

Zur *normalen Entwicklung* s. Entwicklungspsychologie S. 44. Über Erziehung
S. 48, sexuelle Aufklärung S. 49, Schulreife S. 49.

Vorbemerkung: Das Kind ist aufgrund seiner «Instinktarmut, aber Weltoffen-
heit» den Einflüssen der Umwelt besonders ausgesetzt. Daher kommt es häufig
zu milieubedingten psychoreaktiven Störungen. Diese entstehen zwar leichter als
beim Erwachsenen und sind ausgeprägter und dramatischer, zeigen aber auch
eine bessere spontane Heilungstendenz. Die Entwicklungsprogression entfaltet
natürliche Gesundungskräfte.

Ärztliche Behandlung im Kindesalter bedeutet in besonderem Masse, zunächst
Fehler im Erziehungsmilieu zu beseitigen und mit therapeutischem Eingreifen
ins Innerseelische des Kindes zurückhaltend zu sein, um der spontanen Selbst-
regulation zum Durchbruch zu verhelfen. So kann als Faustregel gelten: *Psychotherapie des Kindes heisst Psychotherapie der Eltern.* Viele Verhaltensauffälligkeiten hängen mit den normalen Entwicklungsphasen zusammen, die es gemeinsam mit dem Kind durchzustehen gilt, ohne sie durch abnorme Reaktion der Eltern hierauf oder massive ärztliche Massnahmen zu fixieren und sekundär zu
verstärken. Der Angstbereitschaft des Kindes ist Rechnung zu tragen. Umstruktu-
rierende Phasen, wie Trotzalter und Pubertät, sind Wetterwinkel psychischer
Störungen; sie können sich zu Krisen zuspitzen.

1. Störung der seelischen Reifung

Körperliche und seelische Reifungsverzögerung ist Gesamtretardie-
rung. Bleibt die seelische gegenüber der körperlichen Entwicklung
zurück, so spricht man von psychischer Retardierung. Psychische
Teilretardierungen sind intellektuelle oder affektiv-charakterliche
Retardierungen. Der IQ gibt Aufschluss über die intellektuelle Reifung (gemessen am altersgemässen Durchschnitt; s. Testuntersuchungen bei Kindern S. 198).

Teilretardierungen bzw. -akzelerierungen führen wegen der Diskrepanz innerhalb der Persönlichkeit besonders leicht zu psychischen Störungen. Ursachen
sind anlagemässige «Spätentwickler», frühkindliche Hirnschädigung, Milieu-
störungen, Neurosen, Schwachsinn. Therapeutisch: Zuwarten bei den «Spät-
entwicklern» und sukzessive Steigerung der Leistungsforderung; bei Entwick-
lungsgestörten Behandlung der Ursache. Schulunreife Kinder stelle man auf ein
Jahr vom Schulbesuch zurück.

2. Frühkindliche Hirnschädigung

Leichtgradige Hirnschädigungen zeigen sich nicht in Defekten der
Motorik und Intelligenz. Sie führen zu psychischen Störungen: Reiz-
überempfindlichkeit, Stimmungslabilität, vermehrter, aber unbe-

ständiger Antrieb, fahrige Psychomotorik. Eine Distanzstörung zeigt sich in gutem Kontakt bei beeinträchtigtem Sozialgefühl (LEMPP).

Schwere intrauterin, geburtstraumatisch oder frühkindlich erworbene Hirnstörungen haben deutliche *motorische und Intelligenzdefekte* zur Folge. Leichte Hirnstörungen können motorische Mikrosymptome aufweisen, wie Ungeschicklichkeit, schlechte Schrift (evtl. Bajonettfinger, Pneumoenzephalogrammbefund). Störungen im Bereich der Wahrnehmung (z. B. Figur-Hintergrund-Erfassung), unstabile Aufmerksamkeit führen zu Beeinträchtigungen der Intelligenzleistung. LEMPP findet bei 10–12% aller Kinder leichtgradige Hirnschädigungen[52]. Trotz Lernschwierigkeiten haben die Fälle eine gute Prognose, d.h. Möglichkeit zur Kompensation im Verlauf der Entwicklung. Sie stellen aber einen günstigen Nährboden für abnorme Reaktionen und Neurosen dar (z. B. Stottern, Enuresis, Schwererziehbarkeit).

3. Oligophrenie

Der Schwachsinn verrät sich durch eine Verzögerung der intellektuellen Entwicklung, und zwar um so früher, je ausgeprägter er ist. Die Oligophrenen sind meistens antriebsgestört (torpid oder erethisch). Bei IQ unter 90 häufig Sonderschulung notwendig.

Schwachsinn (Unintelligenz, Debilität, Imbezillität, Idiotie S. 169) setzt sich aus erworbenen und angeborenen Formen (exogen, endogen) zusammen. Speziell fällt die Verzögerung der motorischen und der Sprachentwicklung auf. Sonderbegabungen trotz Schwachsinns sind möglich (z. B. Gedächtnis). Retardierte Sprachentwicklung häufig milieuabhängig. In intelligenter Familie kann unintelligentes Kind als schwachsinnig imponieren. Milieureaktive Fehlentwicklungen können Schwachsinn vortäuschen (sog. Pseudodebilität). Zirka 8–10% aller Kinder bedürfen der Sonderschulung (BENDA). Schwachbegabte können in den Normalklassen überfordert und dadurch ängstlich und trotzig werden. Die Versetzung in eine Hilfsklasse bringt Heilung. Genügt die Hilfsschule nicht, so stehen für schwer oligophrene, aber bildungsfähige Kinder heilpädagogische Heime zur Verfügung, in denen ihnen eine bescheidene praktische Ausbildung zuteil wird (Vermittlung durch Fürsorge- oder Gesundheitsbehörden).

4. Legasthenie

Bei normaler Intelligenz isolierte Lese- und auch Schreibschwäche.

Schwierigkeiten bei der Erfassung visueller Symbole, später oft Rechtschreibeschwäche. Fraglich, ob hereditär oder durch leichte Hirnschädigung. Therapie: Geduldiges Üben, bei schwereren Fällen spezielle Legasthenikerschulung.

---

[52] LEMPP, R.: Eine Pathologie der psychischen Entwicklung (Huber, Bern 1967).

5. Psycho- und Neuropathie

Mit der Diagnose einer *Psychopathie* im Kindes- und Jugendlichen-
alter sei man sehr zurückhaltend. Hinter scheinbar psychopathischem
Verhalten verbirgt sich oft eine Milieustörung, Neurose oder Hirnschädigung.

Abnorme Eltern vererben nicht nur, sondern prägen auch das Milieu. Die Diagnose
«Psychopathie» überlasse man dem Kinderpsychiater, der sich hierzu erst nach
klinischer Beobachtung entschliesst und den Verdacht erst ausspricht, falls das
Kind einem psychopathischen Verwandten (ausserhalb des Milieus) auffallend
gleicht oder sich ganz anders verhält, als nach Anlass, Alter und Milieu zu erwarten ist.

Unter *Neuropathie* versteht man eine anlagemässige vegetative Dy-
stonie. Der Begriff ist umstritten; er wird durch die frühkindlichen
Hirnschädigungen erweitert oder verschoben zu den psychosomatischen Krankheiten (erlebnisreaktiv mit somatischer Teilursache).

6. Abnorme Reaktionen und Neurosen

6.1. Konversionsreaktionen

Sie wollen als körperliche Ausdrucksgebärde und demonstrative
Tendenz Aufmerksamkeit und Hilfe der Erwachsenen erzwingen.
Häufig ist Nachahmung der Störung eines Erwachsenen oder bahnen-
de körperliche Erkrankung. Konjunktivitis führt zum nachher psychogen fixierten «Blinzeltic» oder Keuchhusten zu Hustenanfällen.

Weitere Konversionssymptome: Kaufaulheit (der oft Schluckangst zugrunde
liegt), Erbrechen (beim Kleinkind am Esstisch als Protest gegen die Mutter, beim
Schulkind morgens aus Angst vor der Schule usw.).
Das Kind ist besonders leicht «psychisch ansteckbar»; die imponierende Brille
eines Kameraden kann zur vorgetäuschten oder eingebildeten Kurzsichtigkeit
führen, oder die Chorea minor, der Blepharospasmus eines kranken Kindes können als «psychische Epidemie» auf die gesunde Klasse übergreifen und sie eifrig
zucken und blinzeln lassen.
Psychosomatische Leiden bzw. Organneurosen: Asthma bronchiale, Ulcus
ventriculi, Kolitis S. 152.

6.2. Reaktive Depression

Ältlich-freudloser Gesichtsausdruck, Apathie, traurige Teilnahms-
losigkeit, Reizbarkeit, Appetitlosigkeit sowie Regressions- und
Retardierungszeichen sind die Symptome. Die Störung liegt in einer
affektiven Frustrierung durch die Umgebung, speziell fehlender Kon-

takt zu einer mütterlichen Beziehungsperson (Vernachlässigung, Streit der Eltern, häufiger Pflegeplatzwechsel usw.).

Affektentzugssydrom (Anlehnungsdepression): Syndrom bei Säuglingen, die längere Zeit von der Mutter getrennt im Krankenhaus leben. Ebenfalls fehlende emotionale Beziehung als Ursache. Nach zirka 3 Monaten hört das anfängliche Klagen und Jammern auf, die Kinder werden zunehmend apathischer, schliesslich wird es unmöglich, mit ihnen in Kontakt zu kommen. Tritt vor allem dann auf, wenn vorher zwischen Mutter und Kind ein guter emotionaler Kontakt bestand. Soll reversibel sein. Analog sog. *Hospitalismus* als Form kindlicher Depression (etwa zwischen 6. Monat und 2. Lebensjahr), ebenfalls Reaktion auf Hospitalisierung und Trennung von der Mutter. Entwickelt sich trotz guter körperlicher Pflege. Kinder werden stumpf, retardieren oder regredieren, zeigen Trink- und Essstörungen. Gelegentlich geübte Prophylaxe: Mitaufnahme der Mutter ins Krankenhaus.

6.3. Angstneurose

Wegen der generellen Angstbereitschaft des Kindes kommt es häufig zu Angstreaktionen. Die Entwicklung zu Angstneurosen ist eher selten, kommt bei älteren Kindern vor, geht nicht auf einmalige Erlebnisse (Trauma), sondern auf chronische Konfliktsituationen zurück, die dem kindlichen Wesen gemäss selten bewusst verarbeitet werden.

6.4. Pavor nocturnus

Nächtliches Aufschrecken (häufig zwischen 5. und 10. Jahr), oft mit Angstträumen (wilde Tiere usw.); als vorübergehende Erscheinung häufig. Selten gleichzeitig Schlafwandeln (Somnambulismus).

Therapie: Beseitigung der Angstursachen. Bei Pavor zunächst Beruhigung, Entgegenkommen (offener Türspalt); bei längerer Dauer und der Tendenz, die Mutter herbeizuzwingen, eher Nichtbeachtung; Bestrafung immer falsch.

6.5. Zwangsneurose

Zwänge in seltenen Fällen bei Kindern über zirka 10 Jahren beobachtbar. Zwangssymptome und -rituale sind als Abwehr vorwiegend gegen aggressive Impulse deutbar, die Schuldgefühle nach sich ziehen.

6.6. Enuresis nocturna (nächtliches Bettnässen)

Häufiger bei Knaben, in ärmlichen Verhältnissen, bei Heimkindern

(50%). Primäre Enuresis: Fortbestehen der kindlichen Unreinlichkeit (Dauernässer); sekundäre Enuresis: Auftreten nach Phase der Sauberkeit als Regressionszeichen (Wiedernässer). Die auslösenden Ursachen sind psychisch: Angst, Trotz und sexuelle Erregtheit (WEBER).

Nichtpsychische Teilursachen: Urologische Komplikationen (Reizblase, Phimose), hereditäres Vorkommen (Bettnässerfamilien), selten Epilepsie. Ein Drittel der Bettnässer weist abnormen EEG-Befund auf (LEMPP). Die somatischen Faktoren wirken nur begünstigend, das Hauptgewicht kommt immer den psychischen Ursachen zu. Angst und Trotz weisen auf gestörte Elternbeziehung hin. Sexuelle Erregtheit evtl. durch Schlafen im Zimmer der Eltern oder mit andersgeschlechtlichen Geschwistern; selten Strafbedürfnis wegen verbotener Onanie. Meistens weisen die Bettnässer Züge von Kleinkindlichkeit auf. Die Tatsache des Bettnässens kann weitere abnorme Reaktionen zur Folge haben. Jenseits des 8.–10. Jahres ist Enuresis eine ernst zu nehmende Störung. Verschwindet häufig bei Veränderung äusserer Situation (Schuleintritt, -austritt, Rekrutenschule). Doch Verschwinden des Symptoms allein ist keine eigentliche Heilung (oft nur Symptomwechsel, in späterem Alter Übergang zu psychoneurotischen Symptomen). *Therapie:* Vermeidung von Angst, Abbau des Trotzes, Beseitigung sexueller Reize und Förderung der Reife, des Selbstgefühls. Oft hilft Versetzung in anderes Milieu. Aussprachen mit dem Arzt; evtl. Anlegung eines Kalenders, in dem an trockenen Tagen das Kind ein Bild zeichnen darf. Trockenkost, Blasenpflaster usw. haben lediglich suggestiven Effekt, können helfen, aber auch Trotz erzeugen. Nächtliches Wecken sollte vermieden werden, macht meistens nur Mutter und Kind nervös. Strafen, Blossstellen (Erörterung am Familientisch), Jammergesicht der Mutter sind immer falsch. Medikamente sollten nur bei hartnäckigen Fällen angewendet werden; manchmal helfen Sedativa zur Beruhigung (Bellergal, Melleretten), manchmal zur Herabsetzung der Schlaftiefe Stimulantia (Tofranil, Weckamine). Eine kinderpsychiatrische Spezialbehandlung ist die Spieltherapie (analytisch orientiert): das Kind kann im Spiel, Kneten mit Plastillin, Malen mit Fingerfarben seine Tendenzen und Konflikte ausleben (Deutungen je nach Alter des Kindes und Stil des Therapeuten).

6.6.1. Enuresis diurna (Einnässen am Tag). Seltener als Enuresis nocturna, gleiche psychodynamische Konflikte. Somatische Teilursachen besonders sorgfältig abklären.

6.6.2. Enkopresis (Einkoten). Erfolgt meist tagsüber in die Kleider. Zugrundeliegende Konflikte und Verhalten wie bei Enuresis, jedoch Trotz und aggressive Tendenz deutlicher.

6.6.3. Schulangst. Ablehnung des Schulbesuchs, mit verschiedenen Manifestationen von Angst und psychophysiologischen Reaktionen (Erbrechen, Bauchschmerzen usw.). Tritt besonders nach Unterbruch in Schulbesuch auf. Ursache: Angst vor Trennung von den Eltern.

Therapie: Schulbesuch so rasch als möglich durchsetzen. Störung in den USA häufiger, vermutlich weil dem Kind diese Neuroseform «erlaubt» wird.

6.7. Stottern (Logoneurose)
Beginn meist im Vorschulalter. Auslösend sind Angst, Schreck oder Hemmung; wichtiger ist die Grundlage einer gespannten Beziehung zu den Eltern, speziell zum Vater. Stottern tritt vor allem gegenüber Autoritätspersonen und bei Erwartungsangst auf.

Tonische und klonische Form lassen sich unterscheiden. Gestörte Atemtechnik unterhält Stottern. Ein Drittel weist leichte Hirnschädigung auf (Koordinationsstörung der Sprechmuskulatur). Bei Knaben findet sich Stottern häufiger als bei Mädchen (3:1). Häufig handelt es sich um brav-unsichere Knaben, die sich gegenüber strengem Vater nicht durchsetzen können (Aggressionsprobleme). Spontan oder durch Therapie bei je einem Drittel: Heilung, Besserung, unverändert.
Therapie: Ermahnungen und Anweisungen durch Eltern schädlich. Zunehmende Festigung des Selbstgefühls führt oft zu Besserung. Bei hartnäckigen Fällen: Sprachheilunterricht (Logopädie). Psychotherapie (selten analytisch, meist Stütztherapie). Bei Erwachsenen: Hypnose, Autogenes Training; Üben vor Spiegel und mit Tonband kann in Einzelfällen nützlich sein. Neue Methode: Verhaltenstherapie (S. 230).
Weitere Sprachstörungen: Mit dem Stottern verwandt, jedoch von ihm zu trennen, ist das Poltern (häufig pathologischer EEG-Befund). Agrammatismus (Telegrammstil) ist Ausdruck von Kleinkindlichkeit. Stammeln (Dyslalie) ist im Beginn der Sprachentwicklung normal, in reiferem Alter charakteristisch für Schwachsinn. Beschränkung der Artikulationsstörung auf R (Rotazismus), auf S (Sigmatismus).

6.8. Nägelbeissen (Onychophagie)
Tritt bei Verstimmung und Angst auf, bewirkt «Scheinberuhigung», oft aggressive Impulse gegen Elternteil. Persistiert häufig bis ins Erwachsenenalter.

Daumenlutschen: Beim Kleinkind normal, mit zunehmendem Alter Hinweise auf Entwicklungsstörung (Schuleintritt); später in Situationen von Angst, Frustrierung.

6.9. Weitere Störungen
Rhythmisches Schaukeln beim Einschlafen (Pagodenwackeln), Hin-und-Her-Werfen des Kopfes (Jactatio capitis nocturna), nächtliches Zähneknirschen, Haarausreissen (Trichotillomanie).
Therapie: Diese «Kinderfehler» sind bei längerer Dauer Symptome einer gestörten Eltern-Kind-Beziehung (wie bei allen Reaktionen und Neurosen des Kindes in stereotyper Weise wiederholt werden muss).

Bei Erhebung der *frühkindlichen Anamnese* pflegt man nach sog. *kinderneuroti-schen Störungen* zu fragen: Neben Verhaltensauffälligkeiten speziell nach Enu-resis, Pavor nocturnus und Nägelbeissen (womit allerdings nur eine oberflächliche Orientierung erreicht ist).

6.10. Trotzneurose

Die Vertrotzung richtet sich gegen die Erzieher, die die Selbständig-keit des Kindes beschränken. Aktive Vertrotzung zeigt sich in Aggres-sivität, in «Gerade-das-Gegenteil-Tun», passive in Verschlossenheit und Sichdrücken. Zur Entwicklung einer eigentlichen Trotzneurose kommt es, falls sich der Trotz nicht mehr nur auf eine bestimmte Erziehungsperson bezieht, sondern sich gegen jede Autorität richtet.

Asoziale Fehlhaltungen (Lügen, Stehlen) können aus einer Trotzneurose hervor-wachsen. Das *kindliche Lügen* ist beim Vorschulkind «physiologisch», sofern es die mangelnde Unterscheidung von Phantasie und Realität betrifft. Späteres Lügen kann bei Verfehlungen aus Angst erfolgen, die Liebe der Erziehungsper-sonen zu verlieren, oder aufgrund von Geltungs- und Renommiersucht. Meist ist die Ursache in Selbstunsicherheit zu suchen. *Kindliches Stehlen* kann Ausdruck einer affektiven Mangelerscheinung sein; die fehlende Liebe führt sich das Kind durch Stehlen von Objekten, meist Süssigkeiten, zu.

6.11. Verwahrlosung

Folge ungenügender seelischer Pflege und Erziehung. Äussere Ver-wahrlosung (der Kleider, Manieren) ist von der inneren, sittlich-moralischen Verwahrlosung zu trennen. Als seelische Frühverwahr-losung kann der Hospitalismus angesehen werden (s. reaktive De-pression).

Bei der späteren Verwahrlosung stehen allgemeine Verwilderung und Unbeständigkeit im Vordergrund. Da Geborgenheit und Führung fehlen, führt die steuerlose Entwicklung zu gleichzeitiger Unreife und Frühreife; der Jugendliche wird zunehmend innerlich unsicher und im Verhalten asozial. Häufig schliessen sich derartige «Halbstarke» zur Pseudogemeinschaft einer Bande zusammen.

Die Ursache liegt hier in mangelnder Fürsorge, Zuwendung oder Aufsicht der Eltern (die auch durch wirtschaftliche Not oder zerrüttete äussere Verhältnisse fehlen). Wohlstandsverwahrlosung meint, dass bei wirtschaftlich gehobenen Ver-hältnissen Interesse und Führung seitens der Eltern fehlen, evtl. durch Zuwendung materieller Vorteile wettgemacht werden. Verhätschelung und Verwöhnung sind ebenfalls eine Form der Verwahrlosung.

Therapie: Beseitigung der Ursachen, also Milieu mit Nestwärme und fester Hand; beim Jugendlichen zudem Interesse für ein Lebensziel wecken.

Schwererziehbarkeit ist ein Sammelbegriff für verschieden bedingte Erziehungsschwierigkeiten. Wirkliche Unerziehbarkeit (zirka 0,45 % nach STUTTE) ist meist Folge hirnorganischer Schädigung oder Symptom einer Psychopathie.

7. Onanie

Ob man das Spielen des Kleinkindes am Genitale Onanie nennen will, ist eine Frage des Geschmacks. In der Trotzphase und später ist Onanieren (mit deutlich genitaler Lustempfindung) selten und tritt nur episodisch auf, falls nicht sexuelle Dauerreize von aussen her sie unterhalten oder falsche Erziehungsmassnahmen (moralische Vorhaltungen, Drohung mit Krankheiten) sie fixieren. Beim vereinsamten, verwahrlosten, zukurzgekommenen Kind kann Onanie zur Sucht werden (mehrfach täglich); die Behandlung besteht in Beruhigung, Ablenkung von sexuellen Reizen, unauffälliger, allmählicher Erziehung zur Selbstbeherrschung. Als Entwicklungsonanie ist sie in der Vorpubertät häufig, bei Knaben in der Pubertät nahezu die Regel. Mutuelle Onanie ist gegenseitiges Masturbieren von zwei Partnern (Entwicklungshomosexualität S. 164).

8. Pubertätskrisen

Die Pubertät ist als Zeit der hormonalen Umstimmung und Neuorientierung der Persönlichkeit eine Prädilektionsstelle für das Wiederaufflackern kompensierter Störungen und das erstmalige Auftreten von Krankheiten: Schizophrenie (Hebephrenie, Schizophrenia simplex), Epilepsie; Verwahrlosung und soziale Anpassungsschwierigkeiten bei frühkindlicher Hirnschädigung, neurotischen Fehlentwicklungen, ferner zwangsneurotische Symptome (leichte Zwänge, «Orakeln» sind in Vorpubertät nicht pathologisch, verraten Kämpfe gegen Über-Ich, Abwehrzeremonien gegen aggressive Impulse).

Durch krisenhafte Übersteigerung normaler Pubertätseigenarten (S. 49) kann es zu Verstimmungen, neurasthenischen Zuständen, Dranghandlungen, Kontaktstörungen, fremd- und autoaggressiven Tendenzen, sexuellen Auffälligkeiten kommen. Wir typisieren im folgenden die Reifungsschwierigkeiten mit ihren sozialen Folgeerscheinungen.

8.1. Hysterische Pubertätsreaktionen

Anfallsartige Erregungs- und Verwirrtheitszustände und somatische Konversionssymptome, wie Lähmungen, Schwindel usw. (Schema: Imitation, Identifikation S. 142). Während beim Erwachsenen eine halbbewusste Tendenz der hysterischen Szene das schillernd Unechte gibt, ist beim Pubertierenden die echte Appellfunktion und der Ausdruck der Hilflosigkeit in der Gebärdensprache spürbar.

8.2. Pubertätsentgleisungen

Soziale Auswirkungen stehen im Vordergrund. Kontaktstörung und fehlender Halt haben bei weich-unsicheren Jugendlichen eine unstabile soziale Entwicklung zur Folge (evtl. mit Kleindelinquenz), falls nicht über längere Zeit eine erwachsene Beziehungsfigur Stütze und Richtung geben kann.

In Drangzuständen entladen sich starke innere Spannungen. Gewalttätigkeiten, Notzuchtsversuche, Heimwehreaktionen mit Primitivhandlungen (wie Brandstiftung, Diebstähle) sind möglich. Weglaufen kann Ausdruck eines triebhaften Abenteuerdrangs wie auch Flucht vor milieubedingten Schwierigkeiten sein.

Sexuelle Auffälligkeiten spiegeln die Unsicherheit im Triebziel wider, das Ausgeliefertsein an drängende Triebimpulse und die Hemmung einem Partner gegenüber. Die Onanie ist ein normaler Versuch, diesen Konflikt zu lösen. Episodisch kann es zu exhibitionistischen und sodomistischen Ersatzhandlungen kommen, die mit zunehmender Reife überwunden werden. Homosexuelle Handlungen unter gleichaltrigen Jugendlichen sind häufig; grösstenteils sind sie ebenfalls Symptome der Entwicklungsschwierigkeiten (Entwicklungshomosexualität S. 164) und nicht erstes Anzeichen einer echten Perversion. Sexuelle Anschuldigungen von Mädchen können lediglich phantasievolle Pseudologien sein und bedürfen der Nachprüfung.

Therapie: Aufklärende Beratung, Besprechung der gesamten Reifungsprobleme, unauffälliges Unterbinden der sexuellen Ersatzhandlungen. Gelegentlich ist Milieuwechsel erfolgreich; bei Verführung durch ältere Homosexuelle sollte stets eingegriffen werden.

8.3. Pubertätsdepression

Vollendeter Selbstmord ist in der Pubertät selten, Suizidversuche sind häufiger und stets ernst zu nehmen. Der Hintergrund wird durch Vereinsamung und Konfliktspannung gebildet. Der Suizidversuch kann sich plötzlich, ohne Vorwarnung ereignen und aus einem Anlass heraus, der dem Erwachsenen geringfügig erscheint. Unbedeutende Verfehlungen, Verluste wirken auslösend. Auch ein demonstratives Arrangement sollte den Ruf nach Hilfe, der in diesen Suizidversuchen liegt, nicht überhören lassen.

9. Psychotische Störungen

9.1. Hellersche Demenz
Im 4. Jahr Beginn mit fortschreitender Verblödung, Unruhe, Halluzinationen. Ursache unbekannt (zerebralorganischer Prozess, Schizophrenie?).

9.2. Frühkindlicher Autismus (KANNER)
Bei ungestörter Intelligenz schwere Kontaktstörung, keine personale Kommunikation mit Umgebung. Insbesondere Sprachauffälligkeiten (kleinkindlich, redet von sich in 3. Person, Stereotypien). Diagnostische Streitfrage, ob Psychopathie, schwere affektive Beziehungsstörung, Schizophrenie oder hirnorganische Schädigung.

9.3. Kindliche Schizophrenien
Sie sind ausserordentlich selten und sollten nur von Kinderpsychiatern diagnostiziert werden. Ob endogene Depressionen im Kindesalter vorkommen, ist umstritten.
Als «Borderline»-Fälle werden Zustandsbilder bezeichnet, die auf der Grenze zwischen neurotischen und psychotischen Störungen stehen, bald diese oder jene Symptomatik vermehrt aufweisen.

Psychiatrische Notfallsituation

1. Suizidalität
Bei Suizidalität (Selbstmordgefahr) ist zwischen *Bilanz- und Kurzschlusssuizid* zu unterscheiden. Erweiterter Suizid ist der Versuch, die Angehörigen mit in den Tod zu nehmen.

Epidemiologisch: Suizidhäufigkeit in einzelnen Ländern verschieden. In den USA 10, Schweiz/Schweden 20, Norwegen 6 (auf 100000 Einwohner). Zunahme bei sozialem Druck, Abnahme im Krieg, Prosperität. Vollendeter Suizid häufiger bei Männern als Frauen (3:1), in höherem Alter (vor allem Männer über 60 Jahre). Suizidversuche (hohe Dunkelziffer) Überwiegen der Frauen. Häufigste Mittel: Hypnotika, Öffnen von Pulsader, Ertränken usw.
Klinisch: Unterscheidung von Suizidversuch und vollendetem Suizid (7:1). Gegenüber Durchschnittsbevölkerung: Vermehrt Suizide in Familie (Vorbild) und Suizidversuche in eigener Anamnese.
Ernsthafter Suizid: Bei Depressionen verschiedener Genese, Schizophrenen, Alkoholikern, Toxikomanen, Psychopathen, evtl. Homosexuellen; bei ausweglosen Situationen, Isolierung, schwerer Körperkrankheit. Patienten waren meist vor Suizid in ärztlicher Behandlung. Alarmierend kann nach Unruhe, Apathie, Äusserungen über Lebensmüdigkeit plötzliche Ruhe sein (Entschluss zum Suizid). Häufigste Motive: Liebe, Ehe, Beruf. Stadien der Suizidalität: Erwägung, Ambivalenz, Entschluss.
Suizidversuch: Häufiger Suizidversuche in Anamnese als bei ernsthaftem Suizid.

Appellfunktion an Umgebung. Auch theatralische Suizide können erfolgreich sein, selbst wenn sie auf Nichtgelingen angelegt sind. Möglicherweise unentschiedenes Spielen mit dem Tod (Gottesurteil).
Über Suizid in der Pubertät S. 180.

Entscheid über Suizidalität, Indikation zur Hospitalisierung oder Entlassung äusserst schwierig. Konsilium durch Psychiater oft unumgänglich. Folgende Punkte weisen auf drohende oder nach wie vor bestehende Suizidalität hin[53]:

1.1. Zustandsbild
Depressiver Eindruck, deutliche oder versteckte Suizidäusserungen, Richtung der aggressiven Tendenzen gegen sich selbst, Selbstvorwürfe. In Träumen: Katastrophen, Fallen, Weggehen.

1.2. Kontakte
Familiär-soziale Isolierung; keine tragende Beziehung zu Arzt.

1.3. Konfliktsituation
Unlösbare Probleme mit verwickelter Vorgeschichte; subjektive Ausweglosigkeit; mangelnde Mitarbeit der Angehörigen.

1.4. Anamnese
Suizide in Familie; frühere Suizidversuche.

1.5. Diagnose
Depressionen (reaktiv, endogen, neurotisch usw.), Süchte, evtl. Schizophrenie. Systematische Kriterien zur Beurteilung der Suizidalität s. KIELHOLZ[54].

1.6. Therapie der Suizidalität
Bei nicht-internierungsbedürftigen Patienten Psychotherapie; Suizid zum Thema machen. Besprechung reaktiver Momente, Kontakt mit Angehörigen aufnehmen. Spannungsdämpfende Mittel (Valium, Melleril, Nozinan). Vorsicht mit Antidepressiva (bei Nachlassen der Hemmung vermehrte Suizidgefahr). Bei Internierung: Überwachung vor und während Eintritt in Spital. Selbst bei internierungswilligen Patienten kommen Suizide auf dem Weg ins Krankenhaus vor.

2. Erregungszustände
2.1. Reaktive Erregung
Beispielsweise Ehekonflikte, berufliche Schwierigkeiten.

---

[53] HENDIN, H.: Suicide. Comprehensive textbook of psychiatry (Williams & Wilkins, Baltimore 1967).
PÖLDINGER, W.: Die Abschätzung der Suicidalität (Huber, Bern 1968).
[54] KIELHOLZ, P.: Diagnose und Therapie der Depressionen für den Praktiker (Lehmanns, München 1966).

Therapie: Klärend-entspannendes Gespräch, soziale Massnahmen (Trennung der Partner, Besprechung mit Arbeitgeber), Dämpfung mit Valium usw.

Primitivreaktionen: Massive Explosivhandlungen, Aggressivität, blindes Wegdrängen und weitere Kurzschlussreaktionen.

Therapie: Gespräch nutzlos, suggestives Verhalten, massive Dämpfung mit Moscop, Neuroleptika. Bei Haftreaktionen: Internierung.

2.2. Schizophren-katatone Hyperkinese
Inadäquat zur Situation, uneinfühlbar, Wechsel von Stupor und Raptus, Logorrhoe oder Mutismus. Maniforme Erregung.

Therapie: Feste und entschiedene Haltung zum Transport in psychiatrisches Spital, Prazine, Moscop.

2.3. Epileptischer Erregungszustand
Therapie: Hypnophen i.v., i.m., sofortige Internierung.

3. *Paranoid-halluzinatorisches Syndrom*
Stimmen, Wahnideen, speziell Verfolgungs- und Vergiftungsideen bei Angst, Unruhe, Spannung.

Therapie: Konsilium durch Psychiater (Differentialdiagnose Schizophrenie, Alkoholhalluzinose, symptomatische Psychose, Intoxikation bei Sucht, zerebrale Prozesse usw.) oder Internierung; zum Transport Dämpfung: Prazine, andere Neuroleptika, Vorsicht bei Intoxikationen.

4. *Verwirrtheits- und Dämmerzustände*
Definition von Dämmerzustand und Verwirrtheit S. 75.

Hysterischer Dämmerzustand: traumhaft-verloren, theatralisches Gebaren; evtl. Ganser-Syndrom, Pseudodemenz.

Therapie: Bei günstigem Milieu intensiver Nachtschlaf (Valium, Melleril), anschliessend evtl. leichte Dämmerkur. Bei Haftpsychose: Internierung.

Epileptischer Dämmerzustand: Unruhe, Primitivhandlungen; auch wenn ansprechbar: sofortige Internierung. Zum Transport Hypnophen, evtl. Pentothal.

Arteriosklerotische Verwirrtheit: Leichtere Unruhe und Desorientiertheit zunächst nachts. Zur Regulierung des Wach-Schlaf-Rhythmus möglichst Dämpfung nur nachts: Melleril, Prazine, Hemineurine

(Distraneurin), Chloralhydrat, evtl. Mogadon, Nervifen. Vorsicht mit Barbituraten, Valium, Phenothiazin (ausser oben erwähnten). Herz-Kreislauf-Therapie. Morgendliche Gaben von Analeptika umstritten. – Bei stärkerer Verwirrtheit Hospitalisierung (sofern man in der glücklichen Lage ist, ein Bett für einen Alterskranken zu erhalten). Delirium tremens S. 127. *Cave:* Moscop, Barbiturate. Dämpfung für Transport in Klinik: Librium hochdosiert.

5. Akute und chronische Schlafmittel- oder Morphiumintoxikation S. 119, 120.

Forensisches

Besondere zivil- und strafrechtliche Gesetze betreffen die juristische Behandlung der Geisteskranken. Der Arzt und speziell der Psychiater werden als Gutachter von Richtern und Zivilbehörden zugezogen. Die im Gesetz verwandten Bezeichnungen «Geisteskrankheit» und «Geistesschwäche» sind keine psychiatrischen Begriffe, sondern es ist gemeint, was das «Volk» darunter versteht. Geisteskrankheit ist eine qualitative und Geistesschwäche eine quantitative Abweichung vom Normalen (z. B. eine Schizophrenia simplex kann als Geistesschwäche und ein Schwachsinniger mit psychogenen Dämmerzuständen als geisteskrank im Sinne des Gesetzes bezeichnet werden)[55]. Die Gesetze der verschiedenen Länder weichen in Einzelheiten voneinander ab. Wir beziehen uns im folgenden auf das Schweizerische Gesetzbuch und vermerken nur die entsprechenden Artikel der übrigen deutschsprachigen Gesetzbücher unter Berücksichtigung der praktisch wichtigsten Unterschiede[56].

1. Zivilrechtliches
Bezeichnung des Zivil- bzw. bürgerlichen Gesetzbuches: Schweiz ZGB, Deutschland BGB, Österreich ABGB.

1.1. Vormundschaftsrecht
1.1.1. Entmündigung wegen Geisteskrankheit oder Geistesschwäche (Art. 369 ZGB). Unter Vormundschaft gehört jede mündige Person, die infolge Geistes-

---

[55] BINDER, H.: Die Geisteskrankheit im Recht (Schulthess, Zürich 1952).
[56] Für Arzt und Student sind selbstverständlich nur die Artikel des für sie zuständigen Gesetzbuches wissenswert.
Über österreichisches Recht s. BERZE, J.: in BLEULER und BLEULER Lehrbuch der Psychiatrie, p. 540 (Springer, Berlin 1969).
Ausführliche Darstellung: WYRSCH, J.: Gerichtliche Psychiatrie (Haupt, Bern 1945). LANGELÜDDEKE, A.: Gerichtliche Psychiatrie (de Gruyter, Berlin 1959).

krankheit oder Geistesschwäche ihre Angelegenheiten nicht zu besorgen vermag, zu ihrem Schutze dauernd des Beistandes und der Fürsorge bedarf oder die Sicherheit anderer gefährdet.

§ 6, 1 BGB: ... Wer infolge von Geisteskrankheit oder Geistesschwäche seine Angelegenheiten nicht zu besorgen vermag.

§ 1, 1 und 2 ABGB: 1. Personen im Alter über 7 Jahre, die wegen Geisteskrankheit oder Geistesschwäche unfähig sind, ihre Angelegenheiten selbst zu besorgen, können voll entmündigt werden.

2. Volljährige, die zwar nicht unfähig sind, ihre Angelegenheiten selbst zu besorgen, aber wegen Geisteskrankheit oder Geistesschwäche zur gehörigen Besorgung ihrer Angelegenheiten eines Beistandes bedürfen, können beschränkt entmündigt werden.

Zur Entmündigung bedarf es eines ärztlichen Gutachtens, ebenso zur Wiederbemündigung bei Fortfall der Gründe. Der Experte hat sich zu äussern, ob der zu Entmündigende vom Richter angehört werden kann.

1.1.2. Entmündigung wegen Verschwendung und Trunksucht usw. (Art. 370 ZGB). Unter Vormundschaft gehört jede mündige Person, die durch Verschwendung, Trunksucht, lasterhaften Lebenswandel oder die Art und Weise ihrer Vermögensverwaltung sich oder ihre Familie der Gefahr des Notstandes oder der Verarmung aussetzt, zu ihrem Schutze dauernd des Beistandes und der Fürsorge bedarf oder die Sicherheit anderer gefährdet.

§ 6, 2 und 3 BGB: Entsprechend wie ZGB.

§ 2, 1 und 2 ABGB: Entsprechend wie ZGB, aber beschränkte Entmündigung. Zur Errichtung dieser Form der Vormundschaft ist kein ärztliches Gutachten notwendig.

1.1.3. Entmündigung auf eigenes Begehren (Art. 372 ZGB).

1.1.4. «Mildere» Formen. Eine *mildere* Form der Fürsorge als die Vormundschaft ist angebracht, wenn nur ein enger Kreis der Angelegenheiten nicht besorgt werden kann (insbesondere Vermögensverwaltung).

Art. 392–395 ZGB: Beistand- und Beiratschaft (kein Verlust des Stimmrechts).

§ 1, 2 und 2, 1 und 2, 2 ABGB: Beschränkte Entmündigung s. oben.

1.2. Eherecht

1.2.1. Eheunfähigkeit wegen Geisteskrankheit (Art. 97 ZGB). Um eine Ehe eingehen zu können, müssen die Verlobten *urteilsfähig* sein. Geisteskranke sind in keinem Falle ehefähig.

Über juristischen Begriff der «Geisteskrankheit» s. oben. Der Gutachter muss prüfen, ob genügendes Verständnis für Wesen der Ehe, Wahl des Partners, Pflichten als Ehegatte vorhanden ist; eugenische Gesichtspunkte spielen ebenfalls eine Rolle.

1.2.2. Eheungültigkeit. Wegen Geistesstörung zur Zeit der Trauung, wegen Irrtums oder Täuschung betreffend Ehegatten.

Nichtigkeit (Art. 120, 123 ZGB; § 18 EG, BGB; § 22, 1 EG, ABGB); Anfechtbarkeit bei Irrtum (Art. 124 ZGB; § 32, 1 EG, BGB; § 27 EG, ABGB), Täuschung (§ 33 EG, BGB; § 38 EG, ABGB) oder Verschweigen einer die Nachkommen gefährdenden Krankheit (Art. 125 ZGB).

1.2.3. Ehescheidung wegen Geisteskrankheit (Art. 141 ZGB). Ist ein Ehegatte in einen solchen Zustand von Geisteskrankheit verfallen, dass dem andern die Fortsetzung der ehelichen Gemeinschaft nicht zugemutet werden darf, und wird die Krankheit nach dreijähriger Dauer vom Sachverständigen als unheilbar erklärt, so kann der andere Ehegatte jederzeit auf Scheidung klagen. *§ 44, 54 EG, BGB;* § 50, 51 EG, ABGB: Entsprechende Bestimmung betreffend Geisteskrankheit und Geistesstörung, jedoch ohne Bedingung der dreijährigen Dauer.

1.3. Testierunfähigkeit wegen Geisteskrankheit usw.

Voraussetzung zur Testierfähigkeit ist die Urteils- bzw. Geschäftsfähigkeit für ein ganz bestimmtes Rechtsgeschäft (Testament). Der Antragsteller auf Testierunfähigkeit muss die Urteilsunfähigkeit nachweisen, d.h., dass für die Testierung die Fähigkeit, vernunftgemäss zu handeln, fehlte, und zwar wegen Geisteskrankheit, Geistesschwäche, Trunksucht oder aus ähnlichen Gründen (Art. 16 ZGB; § 104, 2, 105, 2 BGB; § 566 ABGB).

2. Strafrechtliches

Schweiz: Schw. StGB; Deutschland: DStGB; Österreich: Öster. StGB.
Das Strafrecht unterscheidet totale Unzurechnungsfähigkeit und verminderte Zurechnungsfähigkeit. Geisteskrankheit (z. B. Schizophrenie) bedeutet nicht ohne weiteres Unzurechnungsfähigkeit, sondern es muss stets untersucht werden, wie die geistige Störung sich auswirkte, und zwar im Augenblick der Tat. Der Gutachter hat sich zur *Fähigkeit* (Fehlen oder Verminderung) hinsichtlich Einsicht in das Unrecht der Tat, und Fähigkeit, gemäss dieser Einsicht zu handeln, auszusprechen.

2.1. Unzurechnungsfähigkeit wegen Geisteskrankheit, Schwachsinn, schwerer Bewusstseinsstörung (Art. 10 Schw. StGB)

Wer wegen Geisteskrankheit, Schwachsinns oder schwerer Störung des Bewusstseins zur Zeit der Tat nicht fähig war, das Unrecht seiner Tat einzusehen oder gemäss seiner Einsicht in das Unrecht der Tat zu handeln, ist nicht strafbar. *§ 51, 1 DStGB; § 2 Öster. StGB:* Entsprechend.

2.2. Verminderte Zurechnungsfähigkeit wegen Einschränkung der geistigen Gesundheit usw. (Art. 11 Schw. StGB)

War der Täter zur Zeit der Tat in seiner geistigen Gesundheit oder in seinem Bewusstsein beeinträchtigt oder geistig mangelhaft entwickelt, so dass die Fähigkeit, das Unrecht seiner Tat einzusehen oder gemäss seiner Einsicht in das Unrecht der Tat zu handeln, herabgesetzt war, so mildert der Richter die Strafe nach freiem Ermessen.
Der Gutachter hat sich zum *Grad* der Verminderung zu äussern: ...so dass die Fähigkeit ... in leichtem, mittlerem oder schwerem Grad herabgesetzt war. *§ 51, 2 DStGB:* Entsprechend. – *Öster. StGB:* Mildernde Umstände.

2.3. Sichernde Massnahmen

2.3.1. Fehlende oder verminderte Zurechnungsfähigkeit. *Unterbringung in einer Heil- oder Pflegeanstalt* bei fehlender oder verminderter Zurechnungsfähigkeit. Früher nach Art. 14 (Verwahrung) und Art. 15 (Behandlung und Versorgung) Schweiz. StGB. Nach dem revidierten StGB vom 18. März 1971 neu:

Art. 43, 1: Ist ärztliche Behandlung oder besondere Pflege notwendig und ist anzunehmen, es lasse sich die Gefahr weiterer mit Strafe bedrohter Taten verhindern oder vermindern, ist eine Einweisung in eine Heil- oder Pflegeanstalt anzuordnen. Es kann ebenfalls eine *ambulante Behandlung angeordnet* werden, sofern der Täter für Dritte nicht gefährlich ist.

Gefährdet der Täter infolge seines Geisteszustandes die öffentliche Sicherheit in schwerwiegender Weise, so wird vom Richter die Verwahrung angeordnet und in einer geeigneten Anstalt vollzogen.

Art. 43, 2: Wird eine Einweisung in eine Heil- oder Pflegeanstalt oder eine Verwahrung angeordnet, so wird der Vollzug der Freiheitsstrafe aufgeschoben. Zwecks ambulanter Behandlung kann der Richter den Vollzug der Strafe ebenfalls aufschieben.

Art. 43, 3: Wird die Behandlung in der Anstalt als erfolglos eingestellt, entscheidet der Richter, ob und wieweit aufgeschobene Strafen vollstreckt werden sollen. Erweist sich die ambulante Behandlung als unzweckmässig oder für andere gefährlich, ordnet der Richter eine Einweisung in eine Heil- oder Pflegeanstalt an. Der *Richter entscheidet nach Anhören des Arztes*, ob und wieweit aufgeschobene Strafen im Zeitpunkt der Entlassung aus der Anstalt oder der Behandlung noch vollstreckt werden sollen. Er kann vom Strafvollzug absehen, wenn zu befürchten ist, dass der Erfolg der Massnahme gefährdet wird. Entsprechend § 42b DStGB Unterbringung in Heil- und Pflegeanstalt, wenn öffentliche Sicherheit es fordert.

2.3.2. Trunksucht oder Rauschgiftsucht. Art. 44 Schw. StGB (neu): Ist der Täter *trunksüchtig* und steht das beurteilte Delikt damit in Zusammenhang, erfolgt die Einweisung in eine Trinkerheilanstalt. Ambulante Behandlung des Trunksüchtigen hingegen gemäss Art. 43, 2. Dieser Artikel wird sinngemäss auch auf *Rauschgiftsüchtige* angewendet. Entsprechend § 42c DStGB.

2.3.3. Arbeitsscheu. Art. 100 Schw. StGB (neu): Bezieht sich auf Täter im Alter von über 18, aber unter 25 Jahren. Nach Art. 100bis *Einweisung in eine Arbeitserziehungsanstalt*, wenn der Täter in seiner charakterlichen Entwicklung erheblich gestört oder gefährdet ist, wenn er verwahrlost, liederlich oder arbeitsscheu ist und die Tat damit in Zusammenhang steht. Mindestdauer der Einweisung 1 Jahr, dann bedingte Entlassung auf 3 Jahre. Früher für alle Altersstufen Einweisung in Arbeitserziehungsanstalt nach Art. 43 Schw. StGB (alt).

2.3.4. Jugendliche. Strafen und Massnahmen bei Jugendlichen dienen der Erziehung. Jugendanwälte bzw. Jugendrichter entscheiden – vielfach unter Beizug des Psychiaters – über die erzieherisch zweckmässigen Massnahmen (Einweisung in eigene Familie, Einweisung in Fremdfamilie, Einweisung in Erziehungs- oder Heilanstalt). Leichtere Strafen kommen bei älteren Jugendlichen zur Anwendung (z. B. Verweis, Busse, Einschliessung).

Art. 82–100 Schw. StGB: Frage der Zurechnungsfähigkeit erst für 18- bis 20-jährige. – § 3 und 4 DJGG: Massstab für Zurechnungsfähigkeit richtet sich nach Reife. – § 2 und 10 Österr. JGG.

2.4. Unterbrechung der Schwangerschaft

Es gibt nur eine *medizinische Indikation* zur straflosen Interruptio, nicht aber eine eugenische oder soziale Indikation. Die medizinische Indikation setzt eine nicht anders abzuwendende *Gefahr für Leben und Gesundheit der Schwangeren* voraus. Fachärztliche Begutachtung und Zustimmung der zuständigen Behörde sind meistens erforderlich; die gesetzlichen Regelungen sind je nach Land und Landesteil verschieden und notfalls bei der zuständigen Behörde zu erfahren.

Psychiatrische Indikation: Die Interpretation dessen, was unter nicht anders abzuwendender Lebensgefahr und grosser Gefahr dauernden schweren Schadens an der Gesundheit zu verstehen ist, hängt nicht nur von fachlichen, sondern auch weltanschaulichen Gesichtspunkten ab und differiert entsprechend.

Nach schweizerischer Praxis[57]: Ein dauernder seelischer Gesundheitsschaden ist vor allem bei der Gefahr einer *abnormen seelischen Fehlentwicklung* zu befürchten. Vorbestehende abnorme Persönlichkeit (infantil, schwachsinnig, selbstunsicher, neurotisch usw.) oder eine schwere Belastungssituation durch die Gravidität (Entwurzelung, Einengung der Persönlichkeitsentfaltung) sind Voraussetzungen für eine derartige Fehlentwicklung. Die Suizidgefahr ist relativ gering, jedoch bei jugendlichen Ledigen vorhanden. Schwachsinn, endogene Psychosen (Schizophrenie, Depression, Epilepsie) stellen Indikationen nur bei bestimmten Situationen dar.

Art. 120, 1 Schw. StGB: Eine Abtreibung im Sinne dieses Gesetzes liegt nicht vor, wenn die Schwangerschaft mit schriftlicher Zustimmung der Schwangeren infolge von Handlungen unterbrochen wird, die ein patentierter Arzt nach Einholung eines Gutachtens eines zweiten patentierten Arztes vorgenommen hat, um eine nicht anders abwendbare Lebensgefahr oder grosse Gefahr dauernden schweren Schadens an der Gesundheit von der Schwangeren abzuwenden.

3. Anhang

3.1. Abfassung von Gutachten

Der Anfänger tut gut, als Vorlage Gutachten erfahrener Psychiater zu benutzen, um die übliche Form und den speziellen amtlichen Stil zu lernen. Der Auftrag wird von den dazu befugten Behörden (Gerichten, Strafuntersuchungsbehörden, Adminstrativbehörden) erteilt. Der entsprechende *Gutachtenauftrag* enthält immer den Hinweis auf Art. 307 Schw. StGB (Abgabe eines falschen Gutachtens wird mit Zuchthaus bis zu 5 Jahren oder Gefängnis nicht unter 3 Monaten bestraft).

Gutachten zuhanden von Vormündern, Anwälten usw. sind lediglich *Privatgutachten*, die das Gericht nicht zu akzeptieren braucht und mit deren Abgabe man vorsichtig sei. Die Begutachtung erfolgt klinisch (meist wenn der zu Begut-

---

[57] Wyss, R.: Psychiatrische und neurologische Erkrankungen; in Müller und Stucki Richtlinien zur medizinischen Indikation der Schwangerschaftsunterbrechung (Springer, Berlin 1964).

achtende in Untersuchungshaft sitzt) oder ambulant. Das Material gewinnt man durch persönliche Untersuchung des Exploranden (so sagt man in Gutachten und nicht Patient) sowie durch Kenntnis der Akten und eventuell durch Befragung von Drittpersonen. Bei der schriftlichen Abfassung des Gutachtens empfiehlt sich folgender Modus: Anrede, Wiederholung des Auftrages und der gestellten Fragen, Aufzählung des benutzten Materials *(Vorsicht bei Benutzung fremder Krankengeschichten!).* Dann folgt als erster Abschnitt – bei strafrechtlichen Expertisen – der *Tatbestand* (Art des Deliktes und Hergang nach den Akten), hierauf die *Vorgeschichte* (objektive, familiäre und persönliche Anamnese, ohne subjektive Bemerkungen des Exploranden!), dann die *eigenen Untersuchungen und Beobachtungen* (subjektive Anamnese des Exploranden, Stellungnahme zum Delikt; Beschreibung des Verhaltens des Exploranden bei Untersuchung, evtl. auf der Abteilung; Intelligenz- und experimentelle Prüfungen, körperlicher Befund; anschliessend evtl. Angaben von Drittpersonen). N.B.: Bei *Kurzgutachten* werden oft Vorgeschichte und eigene Untersuchungen als Titel zusammengefasst. Hier *Unterscheidung von objektiven und subjektiven Angaben* durch konsequente Verwendung von Infinitiv bzw. Konjunktiv!

Bis hierher hat sich der Experte jeder eigenen urteilenden und diagnostischen Bemerkung zu enthalten. Es folgt der *Gutachtenteil* bzw. die Beurteilung. *Gutachten:* Man beginnt mit einem kurzen zusammenfassenden Überblick über Lebensgeschichte und Entwicklung der Persönlichkeit des Exploranden, *soweit für die Persönlichkeitsbeurteilung relevant,* geht über zu nochmaliger Aufzählung der für die späteren Schlüsse notwendigen Fakten und stellt dann die psychiatrische Diagnose. *Fachausdrücke sind stets zu erklären* (z. B. «Alzheimersche Krankheit = frühzeitige Alterserkrankung des Gehirns»). Im folgenden Absatz des Gutachtenteiles wird die Zurechnungsfähigkeit bzw. Fähigkeit zur Besorgung eigener Angelegenheiten usw. diskutiert. Man hat dabei den diagnostischen Begriff, z. B. der Schizophrenie, als juristischen Begriff der Geisteskrankheit oder -schwäche zu bestimmen. Bei strafrechtlichen Gutachten konzentriere man sich besonders auf die *Diskussion der Zurechnungsfähigkeit im Moment der Tat* und vermeide kurzschlüssige Folgerungen, wie: Abnorme Persönlichkeit = verminderte Zurechnungsfähigkeit. Anschliessend erörtert man die notwendigen Massnahmen. Den Schluss bildet die zusammenfassende Beantwortung der einzelnen gestellten Fragen.

3.2. Beurteilung für Versicherungen

3.2.1. Unfallversicherung.
Schreckreaktionen rufen Primitiv- und Konversionsreaktionen hervor und klingen spontan in Stunden bis Tagen, evtl. Wochen ab. Die Versicherungen sind verpflichtet, den Erwerbsausfall für diese Zeit zu entschädigen. Dauern die Störungen länger, so sind sie psychogen fixiert (und damit nicht mehr entschädigungspflichtig).

Hypochondrische und hysterische Störungen treten nur bei disponierten Persönlichkeiten auf, der Unfall wirkt lediglich auslösend. Es besteht somit keine Entschädigungspflicht; einmalige Abfindungen können als «goldene Brücke», «Deckung des Rückzugs» günstig wirken. Oftmals ist die Übernahme einer Kurztherapie verantwortbar. Eine Psychotherapie (Stütz- oder Suggestionstherapie) drängt sich auch auf, falls das Leiden «iatrogen» fixiert ist, d.h. dass lange medizinisch behandelt wurde, der Patient an seine Symptome zu glauben lernte, und nun abrupt die somatische These fallengelassen wird. Leicht schliessen sich hier sonst querulatorische Entwicklungen an. Die hysterische Tendenz benutzt den Unfall, um vor sich selbst und der Umgebung eine Krankheitsrolle zu spielen. Nur bei einem kleinen Teil der Hysteriker ist das Verlangen nach einer Rente («Rentenbegehren») die Ursache. Allerdings sind die Übergänge zur Simulation (bewusste Täuschung) fliessend. Je mehr die Begehrungstendenz im Vordergrund steht, um so rascher und vollständiger bringt die Ablehnung der Ansprüche Heilung.

Neurosen und paranoische Entwicklungen nach Unfall sind sehr selten. Der Begriff «Rentenneurose» meint grösstenteils nur das Vorliegen psychogener Momente, hat aber mit dem psychiatrischen Begriff der Neurose nichts zu tun. Eine Entschädigungspflicht ist hier oft abzulehnen, wenn die Grundpersönlichkeit die ausschlaggebende Rolle spielt.

Über besondere und anders zu beurteilende Verhältnisse bei rassisch und politisch Verfolgten siehe Beiträge von MEYER, KORNHUBER, FRANKL, WILKE[58].

3.2.2. Invaliditätsversicherung. Psychiatrische Indikation: Chronische Schizophrenie, schwerer schizophrener Defekt, Epilepsie (Demenz, Wesensveränderung, häufige Anfälle), seltener chronische endogene Depression; schwere Oligophrenie und Demenz, selten schwere Psychopathie usw. Für jedes Land verschiedene Bedingungen.

Schweiz. Invalidenversicherung: Entschädigt werden medizinische Massnahmen ausschliesslich dann, wenn sie direkt zur beruflichen Wiedereingliederung dienen, nicht aber zur Heilung des Leidens an sich. Rentenberechtigung beginnt deshalb erst nach mindestens *1jähriger ununterbrochener Arbeitsunfähigkeit.* Eine halbe Rente wird gewährt bei einer Beeinträchtigung der Erwerbsfähigkeit von mindestens 50%, eine volle Rente bei einer Beeinträchtigung der Erwerbsfähigkeit von mindestens zwei Dritteln. Diese Beurteilung bezieht sich auf die *ursprünglich ausgeübte Tätigkeit;* Vergleichsmassstab: *theoretisch realisierbares Einkommen* im ursprünglichen Beruf verglichen mit effektiv realisiertem Einkommen. Für phasisch bzw. schubweise verlaufende psychische Krankheiten ist der *Durchschnittsverdienst* von 1 bis 2 Jahren verglichen mit dem realisierbaren Durchschnittsverdienst eines Gesunden in gleicher Tätigkeit zu berücksichtigen. Invalidität als Folge von Suchtkrankheiten kann von Gesetzes wegen Anlass zu einer *Rentenkürzung* (bis 40%) wegen Selbstverschuldens führen. Nach dem Grundsatz «Eingliederung kommt vor Rente» sind in jedem Fall Chancen und Möglichkeiten einer *Rehabilitationsmassnahme* (Rehabilitation S.224) zu prüfen, die von der Invalidenversicherung durch Übernahme der Kosten und Ausrichtung eines Taggeldes an den Patienten finanziert werden.

Etwas abweichend von der schweizerischen Regelung unterscheiden die *Deutsche RVO* (Reichsversicherungsordnung) bzw. das *AVG* (Angestelltenversicherungsgesetz, analog etwa AHV/IV) zwischen *Berufsunfähigkeit* und *Erwerbsunfähigkeit* bei der Beurteilung der Rentenberechtigung. Unter Berufsunfähigkeit wird eine Reduktion der Erwerbsfähigkeit um mindestens 50% verstanden, dies im Vergleich zu einem Gesunden mit ähnlicher Ausbildung und gleichwertigen

[58] Psychiatrie der Gegenwart, vol. 2 (Springer, Berlin 1972).

Fähigkeiten. Erwerbsunfähigkeit bezieht sich auf Unfähigkeit, *irgendeiner* Erwerbstätigkeit einigermassen regelmässig nachzugehen oder aus einer solchen auf absehbare Zeit mehr als nur geringen Verdienst zu erzielen. Für ehemalige Verfolgte des Naziregimes gelten besondere Regelungen nach dem *BEG* (Bundesentschädigungsgesetz, S. 140). *Eingliederungsmassnahmen* werden im *AFG* (Arbeitsförderungsgesetz) und im *BSHG* (Bundessozialhilfegesetz) in analoger Weise wie im IV-Gesetz geregelt, wobei allerdings die «administrative Zerstückelung» nicht kontinuitätsförderlich ist.

3.3. Begutachtung der Verkehrssicherheit

3.3.1. Fahrtauglichkeit[59]. Sicherheit und Zuverlässigkeit im Verkehr hängen weniger von der Art der Krankheit als von der Bedeutung der psychischen Auffälligkeit innerhalb der Gesamtpersönlichkeit und damit des Verkehrsverhaltens ab. So können schizophrene Defektpersönlichkeiten disziplinierte Autofahrer sein. Kontraindikationen: akute Schizophrenie, manische Verstimmung, schwere Oligophrenie; leichterer Schwachsinn mit affektiver Unbeherrschtheit. Epileptiker sind fahrtauglich, wenn Anfalls- oder Absenzenfreiheit seit 3 Jahren vorliegt, keine erhebliche Wesensveränderung besteht, Alkoholabstinenz eingehalten wird. Organisch Hirngeschädigte gefährden häufig den Strassenverkehr wegen Kritiklosigkeit, Verlangsamung, Umstellungsschwäche; die Beurteilung richtet sich nach dem Grad der Ausfälle und der Fähigkeit, die Mängel zu kompensieren. Besonders sorgfältig ist die Zulassung von Psychopathen (reizbar, stimmungslabil) zu prüfen, da sie eine hohe Verkehrsgefährdung und Unfallbereitschaft aufweisen. Der objektive Nachweis einer sozialen Anpassung über längere Zeit und einer evtl. Nachreifung ist bei Erteilung von Fahrausweisen oder Wiedererwägungen nach Entzug notwendig. Genauer Prüfung bedürfen auch Neurotiker mit gespanntem, ambivalentem Verhalten sowie Persönlichkeiten mit reaktiven Verstimmungen. Trinker und Toxikomane sind fahruntauglich. Bei Zuverlässigkeit und Verpflichtung zur Abstinenz können Alkoholiker wieder zugelassen werden, falls nicht zusätzlich ein Hirnschaden (s. oben) die Tauglichkeit einschränkt. Nur bedingte Abstinenz (vor und während des Fahrens) wird von Alkoholgefährdeten nicht eingehalten. Bei Rückfall (Fahren in alkoholisiertem Zustand) Bewährungsfrist totaler Abstinenz von 1 Jahr. Bei ärztlicher Medikation (Neuroleptika, Tranquilizer) individuelle Beurteilung der Fahrtauglichkeit auf Hintergrund der Gesamtpersönlichkeit durch den behandelnden Arzt.

3.3.2. Alkoholrausch und Blutalkoholwert. Bei Blutproben nach Verkehrsdelikten oder -gefährdung muss der Arzt das Gesamtverhalten des Patienten beschreiben und zu den Blutalkoholwerten in Beziehung setzen.

Erste Anzeichen (ab 0,3 Gewichtspromille): Reaktionsverlangsamung, Verminderung der Aufmerksamkeit, gesteigertes Leistungsgefühl bei objektiv verringertem Leistungsvermögen.

Grenzbereich (0,6–0,8 Gewichtspromille): Euphorisierung mit Verminderung der Selbstkritik. Störung der Aufmerksamkeit (Tenazität und Vigilität).

---

[59] PETER, H.: Die psychiatrische Beurteilung von Motorfahrzeugführern (Huber, Bern 1960).

Angetrunkenheit (0,8–1,2 Gewichtspromille): Zusätzlich erste Alterationen des Lagegefühls und der muskelfreien Bewegungen. Störungen des stereoskopischen Sehens und des Gleichgewichtssinnes. Verlängerte Erholungszeit nach Blendung.
Leichter Rausch (1,2–1,6 Gewichtspromille): Ausgeprägte Enthemmung mit Situationsverkennung und Fehleinschätzung von Gefahrensituationen. Aufmerksamkeit und Reaktionsvermögen erheblich reduziert. Peripheres Sehen eingeschränkt. Unpräzise Schallokalisation. Schädigung des Gleichgewichtssinnes.
Mittelschwerer Rausch (1,6–2,0 Gewichtspromille): Im folgenden sukzessive Zunahme der erwähnten Merkmale.
Ziemlich schwerer Rausch (2,0–2,4 Gewichtspromille), schwerer Rausch (über 2,4 Gewichtspromille): Euphorie kann in depressive Verstimmung umschlagen, zunehmende Schwerbesinnlichkeit. Übergang in Narkose.
Medikamente können die Alkoholwirkung verstärken[60].

3.4. Juristisches zur Klinikeinweisung

Möglich sind *freiwilliger Eintritt* mit oder ohne ärztliches Zeugnis, *Zwangseinweisung durch die zuständigen Behörden* (Regierungsrat oder seine Direktionen, Regierungsstatthalter, Gerichtsbehörden) mit ärztlichem Zeugnis oder zur Begutachtung bzw. zum Vollzug einer vom Gericht angeordneten Massnahme (s. auch S. 187) zwecks Behandlung eines Delinquenten. Das genaue Prozedere wird auf dem Dekretswege geregelt (sog. *Anstaltsdekret:* Es wird z. B. verlangt, dass das Einweisungszeugnis nicht älter als 14 Tage sein darf, dass der einweisende Arzt die Notwendigkeit einer klinischen Behandlung ausdrücklich und aufgrund einer eigenen Untersuchung bestätigt usw.). Die Einweisung kann mit Zustimmung der Angehörigen oder der Vormundschaftsbehörde ebenfalls erzwungen werden, wenn das ärztliche Zeugnis *akute Selbst- oder Gemeingefährlichkeit* attestiert. Beschwerderecht des Eingewiesenen bei der Aufsichtskommission, evtl. Klage wegen Freiheitsberaubung.
In Deutschland analoge Regelung, allerdings muss der *Unterbringungsrichter des zuständigen Amtsgerichtes* über Zulässigkeit und Dauer einer zwangsweisen Anstaltsunterbringung entscheiden. Ausführungsbestimmungen verschieden nach Bundesländern.

---

[60]   Bei der jetzigen Toleranzgrenze von 0,8⁰/₀₀ sind nicht in allen Fällen klinische Symptome nachweisbar. – Wir verdanken diese Zusammenstellungen und den Hinweis Herrn Prof. Läuppi, Direktor des Gerichtsmedizinischen Institutes Bern.

Psychiatrische Untersuchung

Die psychiatrische Diagnostik stützt sich auf eine somatische und psychische Untersuchung. Die psychische Untersuchung umfasst die *Anamnese* (subjektive, objektive, familiäre, persönliche Anamnese) sowie äusserer Lebenslauf («harte» Daten), innere Lebensgeschichte (erlebte Ereignisse und Entwicklung) und Vorgeschichte des jetzigen Leidens, das *Zustandsbild* (Konstitution, äussere Erscheinung, Kontakt, Bewusstseinszustand und Orientierung, Stimmung, Gedankengang, Gedankeninhalte), spezielle *Testuntersuchungen* (Intelligenzprüfung, psychoorganische Prüfungen, Persönlichkeitstests) sowie die Beurteilung des *Verlaufs*.

Somatische Untersuchung: Üblicher Allgemeinstatus und je nach Fall spezielle Untersuchungen (vor allem neurologischer Befund). Man achte auch auf Zungen- oder Kopfnarben bei Epileptikern; Injektionsstellen bei Süchtigen; Schnitt über dem Handgelenk bei Suizidversuch usw.

Psychische Untersuchung: Das folgende Schema erinnert daran, was alles zu beobachten und zu erfragen ist, welche Worte für welche Zustände nach der psychiatrischen Konvention gebraucht werden, und in welche Punkte man den erhobenen Befund gliedert. Diese Ordnungshilfe für die Darlegung und Formulierung der Resultate sollte aber nicht den praktischen Ablauf der Untersuchung bestimmen. Jedes diagnostische Vorgehen dient dem Therapeutischen, und *wenn diese therapeutische Haltung nicht da ist, kommt vom Patienten her keine oder ausweichende Antwort, was wiederum die Diagnose falsch macht.* Anders ausgedrückt: die Herstellung einer Vertrauensbeziehung ist das Wesentliche und Voraussetzung für die weiteren diagnostisch-therapeutischen Schritte. Einen verzweifelten Patienten fragt man nicht zunächst nach der Familienanamnese (statt der aktuellen Schwierigkeit). Einen Gehemmten schüchtere man nicht mit allzu direkten Fragen ein, sonst kann er sich nicht öffnen. Einen Schwachsinnigen stelle man nicht bloss, indem man mit ihm unvermittelt eine Intelligenzprüfung vornimmt. Die erste Untersuchung soll vor allem der Kontaktnahme dienen. Aus dem vom Arzt mit Takt und Geschick geleiteten Gespräch wachsen dann natürlich gezielte Einzelfragen und spezielle Untersuchungen heraus.

Im folgenden geht es nicht um das Wie der Untersuchung und der Gesprächsführung (S. 218), sondern um das Was der Resultate, ihre systematische Gliederung und die inhaltliche Darstellung spezieller Prüfungsverfahren.

Anamnese

Bei der Erhebung der Vorgeschichte sind *subjektive* Anamnese (Angaben des Patienten selbst) und *objektive* Anamnese (von Angehörigen, Akten) zu unterscheiden.
Folgende Punkte sind vor allem zu berücksichtigen:

Familienanamnese (Heredität): Alle Arten von Geisteskrankheiten, Internierungen, Suizid, Trunksucht, auffällige Charaktere, Kriminalität usw.

Persönliche Anamnese: Geburtstraumen (z.B. bei Schwachsinn, Epilepsie), verlängertes Bettnässen, Pavor nocturnus (z.B. bei Neurosen), allgemeine oder nur intellektuelle Entwicklungsverzögerung (z.B. Neurosen, Schwachsinn), Erziehungsschwierigkeiten (z.B. Verwahrlosung, Psychopathie), Unfälle, Enzephalitiden (z.B. Charakterveränderungen). Art der Schulleistungen, Beziehung zu Eltern und Geschwistern, Kontakt zur übrigen Umwelt; Pubertät und sexuelle Reifung; Berufswahl und sozialer Werdegang (Arbeitswechsel), Stellung zu Vorgesetzten und Kollegen; eheliche Verhältnisse, Kinder; Freizeitgestaltung, Interessen; Alkohol- und Giftabusus usw.

Aktuelles Leiden: Beginn (akut, schleichend; erstmalig); Verlauf (stationär, phasisch, schubartig); Schlaflosigkeit, Angst, depressiv-euphorische Verstimmung, Suizidneigung; Charakterveränderung, Gedächtnisstörungen, Entfremdungserlebnisse; auffällige Gedanken und Handlungen usw.

Zustandsbild

Konstitutionstyp: leptosom (schizoid), pyknisch (zykloid, hypomanisch-depressiv), athletisch (viskös-explosiv), infantil-dysplastisch (Abwegigkeiten, Infantilismen).

Äussere Erscheinung: Kleidung (übertrieben, elegant, gesucht, verwahrlost); Haartracht (Künstlermähne, Prophetenbart, «Männlichkeits»-Schnurrbart; ungepflegt, wirr).

Psychomotorik: Mimik (übertrieben, lebhaft, hektisch; stumpf, ausdruckslos, schlaff, starr; Tics, Grimassieren, Paramimie). Gestik (weiblich-männlich; eckig, fahrig, maniert, geltungssüchtig), Sprechweise (laut/leise, überstürzt/langsam, monoton, singend, abgehackt, übertrieben artikuliert, undeutlich, verwaschen oder mutistisch), Gesamtverhalten (stuporös, gesperrt, gehemmt, negativistisch, verlangsamt; erregt, enthemmt; Stereotypien).

Kontakt: gut/mangelhaft/fehlend; schlechter- oder besserwerdend.

Bewusstseinszustand: benommen-somnolent, getrübt-verwirrt, traumhaft.

Orientierung: Ort, Zeit, eigene Person und Situation (orientiert oder desorientiert).

Stimmung: euphorisch, depressiv, dysphorisch; angstvoll, verzweifelt, läppisch, gleichgültig; wechselnd oder gleichbleibend; inadäquat (Parathymie), Affektlabilität und -inkontinenz.

Gedankengang: sprunghaft, zerfahren, inkohärent, unklar, Sperrungen, Gedankendrängen; ideenflüchtig; umständlich, haftend, perseverierend, verlangsamt, beschleunigt.

Gedankeninhalte: Alle Angaben des Patienten über seine innern und äussern Erlebnisse, seine Wünsche und Befürchtungen, insbesondere über abnorme Trieb-, Drang-, Zwangs- und Willensimpulse, über Halluzinationen, Illusionen und Personenverkennungen, über Wahn- und Zwangsideen und überwertige Ideen, über Selbstvorwürfe usw.

Spezielle Testuntersuchungen

1. Intelligenzprüfung[1]

Geprüft werden in erster Linie Wissen und Denkleistungen, indirekt aber auch der Bewusstseinszustand, da ein Benommener nicht recht aufzufassen und zu urteilen vermag. Bei Bewusstseinsstörung dürfen somit die schlechten Leistungen nicht als Intelligenzmangel gewertet werden; ebensowenig lassen fehlende Bereitwilligkeit oder Fähigkeit zur Prüfung (z.B. schwere Depression oder gesperrte Schizophrenie) Schlüsse auf die Intelligenz zu. Ausserdem werden bei der Intelligenzprüfung die Funktionen der Aufmerksamkeit, Auffassung und des Gedächtnisses mitgeprüft, die aber später gesondert untersucht werden. In der Klinik wird bei jedem Patienten eine Intelligenzprüfung durchgeführt, ambulant beschränkt man sich bei folgenden Zuständen auf eine Intelligenzprüfung:

Verdacht auf *Schwachsinn*, hirnorganische *Demenz* sowie auf *Bewusstseinsstörungen* (in letzterem Fall nur kurze Stichproben).

1.1. Schul- und Allgemeinwissen

1. Schreiben des Lebenslaufs;

2. Rechnen: 23×44; $40-16$; $12+13$; $\frac{1}{2}+\frac{1}{4}$;

3. Geographie: Angrenzende Länder und Hauptstädte, Flussverläufe;

4. Geschichte: Je nach Land Tell, Friedrich der Grosse, Luther, Zwingli; Dauer des Ersten und Zweiten Weltkrieges, Landesregierungen;

5. Berufswissen: Hausfrau (Säuglingspflege, Warenpreise, Menüs), Bauer (Getreidearten, Düngemittel).

---

[1]   KLOOS, G.: Anleitung zur Intelligenzprüfung in der psychiatrischen Diagnostik (Fischer, Stuttgart 1952).

1.2. Denkleistungen

Binet-Bilder[2]*:* In Einzelheiten beschreiben und Sinn der ganzen Szene deuten (Frage: Was sehen Sie und was ist es?);

Salzesel: Lesen, Nacherzählen und Moral der Geschichte verstehen;

Unterschiedsfragen: Unterschied zwischen Bach und See, Kind und Zwerg (konkrete Beispiele); Lüge und Irrtum, Mitleid und Barmherzigkeit (abstrakte Beispiele);

Sinn von Sprichwörtern: Wer dem andern eine Grube gräbt, fällt selbst hinein; der Apfel fällt nicht weit vom Stamm; Morgenstund hat Gold im Mund.

Definition von Begriffen: Geschwister, Aktie, Gerechtigkeit.

1.3. Hamburg-Wechsler-Intelligenztest

Unterteilung in Verbal- und Handlungstest; Differenzierung zwischen Funktionen, die altersbeständig sind, und solchen, die im Alter nicht funktionstüchtig bleiben. Möglichkeit, sich Bild über ursprüngliche Intelligenz zu verschaffen und Leistungsstörungen verschiedener Genese zu unterscheiden (z.B. Differenzierung zwischen Oligophrenie und Demenz).

Abgekürzte Prüfung: Muss sich der geübte Prüfer aus Zeitgründen auf Stichproben beschränken, so zeige er ein Binet-Bild, stelle eine konkrete und eine abstrakte Unterschiedsfrage und lasse sich ein Sprichwort erklären.

2. Psychoorganische Prüfung

Zu prüfen vor allem bei Frage einer *organischen Hirnstörung*.

2.1. Intellektuelle Leistungsfähigkeit

Altgedächtnis: Daten aus Anamnese (die Untersucher bekannt sein müssen), Berufsabschluss, Geburt der Kinder usw.

Merkfähigkeit: Vorsprechen von 7 einstelligen Zahlen mit 1 sec Abstand und sofortiges Nachsprechenlassen (nur 5 einstellige Zahlen und weniger: pathologischer Befund); Aufzählen der Namen von Ärzten, Pflegern, Mitpatienten auf Abteilung; Rekapitulieren der Binet-Bilder, des Salzesels.

Auffassung: Kurzes Vorzeigen von Bildern, auf denen Einzelheiten aufzufassen sind; Verwendung der Binet-Bilder oder besser des Meggen-

---

[2]   Binet-Bilder I–III und Fabel vom «Salzesel» befinden sich in der Klappe des hinteren Buchdeckels.

dorfer-Albums. Pathologisch sind starke Auffassungsverlangsamungen und Ungenauigkeiten.

Konzentration
1. Fortlaufendes Abziehen einer Zahl (100–3, –3, –3 usw.);
2. Wochentage und Monatsnamen rückwärts aufsagen;
3. Buchstabieren von längeren Worten (Gartenlaube, Hängebrücke); pathologisch sind wiederholtes Steckenbleiben, Fehler, Versiegen der Aktivität.
Schrift: Im Lebenslauf Verzitterungen, Verklecksungen, Auslassung und Verdoppelung von Buchstaben.

Für klinische Untersuchung auf psychoorganische Störung:

2.2. Benton-Test
Kurze Exposition von Zeichnungsvorlagen und Nachzeichnen aus dem Gedächtnis. Auswertung nach Gesamtpunktzahl (richtig/falsch der Zeichnung) und Einzelfehlern, gemessen an Normwerten (Lebensalter, Intelligenzgrad berücksichtigt). Prüfung der visuellen Merkfähigkeit, geeignet für hirnorganische Störung.

2.3. Kraepelinscher Rechenversuch
1 h lang addieren einstelliger Zahlen; Zahl der Addierungen und Fehler pro Minute wird in Kurve dargestellt. Normal: treppenförmige Leistungssteigerung wegen Übung, Ermüdung lässt Leistung nicht unter Ausgangspunkt absinken; Fehler zirka 1 %. Organiker: nur kurzer Leistungszuwachs, flache Kurve; rascher Abfall durch Ermüdung unter Ausgangswert.

3. Persönlichkeitstests
Die Persönlichkeitstests eignen sich nur für die fachpsychiatrische Untersuchung und stellen Anforderungen an Vorbildung und Zeit.

3.1. Rorschachscher Formdeutversuch
Ein- und mehrfarbige, symmetrische Klecksbilder, deren Formen zu deuten sind[3].

Die 10 Tafeln sind dem Patienten nacheinander vorzulegen mit der Frage, was diese Klecksfiguren darstellen könnten. Im Protokoll sind für jede Tafel die numerierten Antworten mit Markierung von Ort und Zeitdauer zu notieren. Unterschieden wird mit folgender Signatur nach Erfassung der ganzen Tafel (G), Detaildeutungen (D, Dd), Zwischendeutung (Dzw), nach Formdeutung

---

[3]   BOHM, E.: Lehrbuch der Rorschach-Psychodiagnostik (Huber, Bern 1951).

(F+, F–), Bewegungs- (B) und Farbdeutung (Fb), Deutung der Hell-Dunkel-Schattierung (Hd), nach dem Inhalt: Mensch (M), Tier (T), Anatomie (A) usw. sowie nach der Originalität der Antwort: die häufigen Vulgärantworten (V) und die seltenen Originalantworten (Orig. +, –).
Die Auswertung des Protokolls bedarf grosser Erfahrung:
Normale: viele G, hohes F+ %, einige B, kleines T%, mittleres V% und Orig.%.
Epileptiker: kleben am Thema, verlängerte Zeit, viel Fb und B, niedriges F+ %, viel Orig.–, niedriges T%.
Organiker: verlängerte Zeit, wenig Antworten, viele G– und Dd bei wenig D, wenig B, relativ viel Fb, niederes F+ %, viel Orig.–.
Depressive (endogen): wenig G, hohes F+ %, sehr wenig B und Fb, hohes T%.
Schizophrene: häufig Versager (d.h. keine Antwort bei einer Tafel), Nebeneinander guter Orig.+ und absurder Orig.–; niederes F+ % und V%.
Neurotiker: Farb- und oft Dunkelschock, Komplexantworten.

3.2. TAT (Thematic Apperception Test)

Serie von Bildern mit affektiv stark ansprechenden Szenen, zu denen der Patient eine Geschichte erzählen soll: was sich vorher ereignete, was die Szene selbst darstellt und was nachher geschieht. Bei Neurotikern erfolgt häufig eine Projektion ihres Konflikts in die Bildszenen.

3.3. MMPI (Minnesota Multiphasic Personality Inventory)

Nach Fragebogen werden vom Patienten Antworten auf Antwortblatt eingetragen. Auswertung nach Standardskalen, graphische Darstellung des Skalenprofils. Geeignet zur Erfassung von Persönlichkeitszügen, zur diagnostischen Differenzierung.

4. Testuntersuchung bei Kindern

4.1. Intelligenztest nach Biäsch sowie Hamburg-Wechsler[4]

Beim normalen Kind entspricht das Intelligenzalter dem Lebensalter.
Als *Intelligenzquotient* (IQ) bezeichnet man den Quotient aus Intelligenz- und Lebensalter, der bei «normaler» Intelligenz 1 beträgt,
z. B. $\dfrac{\text{Intelligenzalter } 8}{\text{Lebensalter } 8} = 1.$
Der IQ variiert je nach angewendetem Test. Die Einteilung des Intelligenzgrades nach dem IQ ist regional verschieden.

4.2. Szenotest als Persönlichkeitstest

Dem Kind steht ein Spielkasten mit verschiedenen menschlichen Figuren, Tieren und Gegenständen zur Verfügung. Die vom Kind gestaltete Szene gibt Einblick in seine Konflikte (z.B. Person, mit der sich der Patient identifiziert, allein im Wald, von Wolf bedroht, während die Schwester als Prinzessfigur geborgen auf dem Schoss der Mutter sitzt)[5].

---

[4]   Hamburg-Wechsler-Intelligenztest (Huber, Bern 1956).
[5]   STAABS, G. v.: Der Szeno-Test (Huber, Bern 1951).

4.3. Familienzeichnung
Das Kind zeichnet seine Familie; in der Art der Darstellung wird seine Beziehung zu Eltern und Geschwistern deutlich.

Verlauf

Nach Aufnahme der Anamnese und Beurteilung des Zustandsbildes folgt die Schilderung des *Verlaufs* während der Dauer der ambulanten oder klinischen Beobachtung.
Alle Ergebnisse werden in einem *Résumé* mit Diagnose zusammengefasst.
Eine *klinische* Untersuchung wird durch ein ausführliches Résumé abgeschlossen. Der praktische Arzt kann aus Zeitgründen seinen Befund nur *kurz* formulieren; eine schriftliche Zusammenfassung wird er vor allem bei der Einweisung eines Patienten in die Klinik abzugeben haben. Wir lassen daher das Beispiel eines *Einweisungsberichtes* folgen:

«...Aufgrund telephonischer Vereinbarung weise ich Ihnen als Notfall meinen Patienten A. C., geb. 1923, zur klinischen Behandlung ein. Familienanamnese: zahlreiche Sonderlinge, eine Schwester der Mutter O. F. wegen Schizophrenie einmal kurz in M. interniert. Persönliche Anamnese: Nach objektiven Angaben ungestörte Kindheits- und Pubertätsentwicklung, jedoch stets schizoides Verhalten, Minderwertigkeitsgefühle; nicht verheiratet; erfolgreicher Berufsabschluss als Maurer, tüchtig im Beruf. Mit 21 Jahren nach einer Liebesenttäuschung kurze Störung mit Schlaflosigkeit, Angst, Unruhe und Verfolgungsideen, jedoch ohne Internierung. Vor 1 Woche Beginn des jetzigen Leidens mit unklaren neurasthenischen Beschwerden, Arbeitsunfähigkeit. Patient fühlte sich verfolgt, dann wieder hatte er ein ekstatisches Glücksgefühl. Seit 3 Tagen folgendes Zustandsbild: stuporös, ängstlich-gespanntes Verhalten, zeitweise agitiert, aggressiv gegen Angehörige, hört Stimmen, äussert Suizidideen; klagt über «Gedankenkarussell» im Kopf, fühlt sich hypnotisiert. Der körperliche Befund ist o.B. Bisherige Therapie: 4 × 25 mg Largactil p.d., ohne Erfolg. Wegen Fremd- und Selbstgefährlichkeit und zur Durchführung einer klinischen Behandlung ist eine Internierung notwendig. Wegen akuten Erregungszustandes beim Abtransport erhielt Patient um 23.30 Uhr 75 mg Prazine i.v.»
Rechtliches zur Einweisung S. 192.

Therapie

Die körperliche Therapie seelischer Störungen ist eine Dienerin der Psychotherapie. Nur als Vorbereitung oder Unterstützung der seelischen Behandlung kann sie bei einem Teil der Psychosen und der Neurosen nützen. Als Klaesi 1921 mit der Schlafkur die moderne somatische Therapie einleitete, sah er den Effekt der Schlafkur vor allem in der psychotherapeutischen Wirkung, die durch die dauernde Fürsorge und Zuwendung während der Kur zustande kommt.

Vielfach vermag die Somatotherapie quälende Einzelsymptome zu beseitigen, wodurch der Schub oder die Phase besser ertragen und sogar abgekürzt oder eine chronische Erkrankung weitgehend beherrscht werden kann. Bisher gibt es jedoch keine körperliche Behandlung, die kausal die Ursachen der endogenen Psychosen direkt zu beseitigen vermag, sondern die Wirkung ist nur symptomatisch oder indirekt über eine Umstimmung des Gesamtorganismus. Hierdurch wird aber die Tür geöffnet für die natürlichen Heilungstendenzen im Kranken, die von der Psychotherapie aktiviert und gelenkt werden. Die Somatotherapie ebnet also den Weg für die Psychotherapie.

Medikamentöse Therapie

Stoffe, die die Psyche beeinflussen, nennt man Psychopharmaka oder psychotrope Substanzen.

1. Praktische und wissenschaftliche Einteilung
Sie werden unterteilt in Schlaf- und Beruhigungsmittel, Neuroleptika, Thymoleptika, Tranquilizer, Psychotonika und Phantastika oder in Psycholeptika, Psychoanaleptika und Psychodysleptika.

Wissenschaftlich[1] unterscheidet man:

1.1. Psycholeptika

1.1.1. Hypnotika. Barbiturate usw.

1.1.2. Neuro- und Thymoleptika

Phenothiazinderivate: Promazine (Handelsnamen Prazine = Verophen = Protactyl), Chlorpromazin (Largactil = Megaphen), Lävomepromazin (Nozinan = Neurocil), Thioridazin (Melleril), Promethazin (Phenergan = Atosil), Perazin (Taxilan), Butyrylperazin (Randolectil), Chlorperphenazin (Trilafon = Decentan).

Azaphenothiazine: Prothipendyl (Dominal).

Thioxanthenderivate: Chlorprothixen (Taractan = Truxal), Clopenthixol (Sordinol).

Dibenzazepinderivate: Imipramin (Tofranil), Dibenzepin (Noveril), Dibenzodiazepin (Entumin), Desipramin (Pertofran).

Trimeprimin (Surmontil).

Dibenzo-cyclo-heptadien-Derivate: Amitriptylin (Laroxyl = Tryptizol), Nortriptylin (Nortrilen = Aventyl).

Rauwolfiaalkaloide: Reserpin (Serpasil).

Butyrophenonderivate: Haloperidol (Haldol), Trifluperidol, (Triperidol).

1.1.3. Tranquilizer (Ataraktika)

Psychorelaxantien: Quaname, Miltown, Pertranquil sowie Meprobamat.

Chlordiazepoxyd (Librium), Diazepam (Valium) usw.

Banactyzin (Suavitil), Hydroxyzin (Atarax), Azacyclonol (Frenquel).

1.2. Psychoanaleptika

Psychotonika, «Weckamine»: Amphetamine, Methamphetamine (Pervitin, Dexedrin, Ritalin).

Thymoanaleptika (Monoaminoxydasehemmer = MAOH): Isocarboxacid (Marplan), Nialamid (Niamid).

Centrophenoxin (Lucidril = Helfergin).

---

[1] ANGST, J.: Die somatische Therapie der Schizophrenie (Thieme, Stuttgart 1969).

CORNU, F.: Psychopharmakotherapie. Psychiatrie der Gegenwart, vol. 1 und 2 (Springer, Berlin).

HAASE, H. J.: Therapie mit Psychopharmaka und anderen psychotropen Medikamenten (Janssen, Düsseldorf 1969).

KIELHOLZ, P.: Psychiatrische Pharmakotherapie in Klinik und Praxis (Huber, Bern 1965).

PÖLDINGER, W.: Kompendium der Psychopharmakologie (Hoffmann-La Roche, Basel 1967) (über chemische Struktur).

Im folgenden sind die verschiedenen Handelsnamen jeweils in Klammern angegeben.

1.3. Psychodysleptika (Phantastika)
Mescalin, LSD usw.

Bei dem Überangebot an täglich neuen Mitteln halte sich der Praktiker an die Medikamente, deren Effekt und vor allem Gefahren bereits bekannt sind. Notfalls hole er sich bei der zuständigen psychiatrischen Klinik Rat. Wir fassen die für die Praxis wichtigsten Punkte auf S. 208–215 in einer Tabelle zusammen.

Hauptangriffsorte der verschiedenen Pharmaka im ZNS: Barbiturate: Dämpfung der Formatio reticularis (Vigilanzsteuerung). Phenothiazine: Abschirmung der Formatio reticularis gegen Reizüberflutung. Benzodiazepine: Dämpfung des limbischen Systems (Affekt-Trieb-Steuerung).

2. Schlafmittel

Barbiturate (Veronal, Medomin, Plexonal, Chloral); Persedon, Doriden, Noludar. Suchtgefahr macht häufige Wechsel notwendig.

Über psychische und körperliche Schäden des chronischen Abusus S. 119.

Mogadon: Neuartiges, Normalschlaf induzierendes, untoxisches Ein- und Durchschlafmittel; muskelrelaxierend. Bei älteren Patienten vorsichtig dosieren.

3. Beruhigungsmittel

3.1. Sedativa
Bellergal, Neurotrasentin, Calcibronat wirken vegetativ beruhigend, gleichzeitig leicht sedativ.
Akute schwere Erregungszustände: Mo-scop (= Morphium-Scopolamin); SEE (Scopolamin-Eukodal-Ephetonin). Nicht bei exogenen Psychosen. Hemineurine = Distraneurin (Chlormethiazol): starkes Hypnotikum, geringe Wirkung auf vegetative Zentren. Speziell bei Delirium tremens. Nebenwirkungen: Kollaps, Allergie, Thrombophlebitis (Infusion).

3.2. Tranquilizer (= Ataraktika)
Gruppe für die ambulante Therapie geeigneter Medikamente; bekämpfen die innere Spannung, Unruhe, Angst (anxiolytisch) und wirken wenig hypnotisch. Begleiterscheinungen: Innervationsstörungen.

Aus der Fülle der im Handel befindlichen Substanzen seien genannt: Meprobamat sowie Quaname, Miltown, Pertranquil, Suavitil, Atarax, Frenquel.

Librium ist im Effekt den Tranquilizern ähnlich; Wirksamkeit und gute Verträglichkeit machen Librium besonders geeignet für die ambulante Therapie leichter *Spannungszustände* verschiedener Genese. Indikationen: Angst, Unruhe, Reizbarkeit sowie Muskelspasmen und funktionelle Organstörungen.

Anwendung von Höchstdosen Librium bei Erregungszuständen (z. B. Delirium tremens). Günstiger Effekt bei Epileptikern (allgemeine Beruhigung, evtl. Verminderung der Anfälle). Schläfrigkeit und Ataxie können bei älteren, schwächlichen Patienten auftreten. Limbitrol bei Angst und leichter Depression.

Valium wirkt entspannend, vegetativ stabilisierend, sedativ und muskelrelaxierend.

Hauptindikationen: Unruhe, Angst, Schlaflosigkeit. Valium ist dem Librium ähnlich, aber stärkere Wirkung. Kontraindikation: Myasthenia gravis. Nobrium sowie Seresta = Praxiten (Oxazepam): gleiche Indikation und Nebenwirkung wie Valium, jedoch schwächere Wirkung.

4. *Dämpfungsmittel: Neuroleptika*

Die 1952 eingeführte neuroleptische Therapie hat durch die Möglichkeit der dauernden Dämpfung akut und chronisch Kranker den Charakter der Anstalten grundlegend geändert: Dank den Neuroleptika sind die psychiatrischen Kliniken zu ruhigen Spitälern geworden. Raschere Entlassungen sind möglich und Dauerhospitalisierungen vermehrt vermeidbar. Durch die ambulante Neuroleptikatherapie können Klinikeinweisungen oft umgangen, Wiedererkrankungen gemildert und die soziale Anpassung gefördert werden.

4.1. Therapeutische Wirkung

Die Neuroleptika wirken nicht spezifisch «antipsychotisch», sondern unspezifisch, sekundär durch Beeinflussung von psychischen Syndromen (Erregung, Spannung, Angst, paranoid-halluzinatorische Aktivität). Sie wirken *dämpfend, motorisch-extrapyramidal, vegetativ.*

Die *Dämpfung* geht je nach Medikament mit wechselndem sedativem Effekt (d.h. «schlafanstossende» Wirkung) einher; bei Dauerbehandlung verschwindet meistens die Schläfrigkeit.

Die *motorisch-extrapyramidale Wirkung* (Parkinson-Syndrom, Dyskinesien) differiert je nach Medikament; sie scheint eine Bedingung für den therapeutischen Erfolg zu sein.

Der Begriff «antipsychotisch» ist missverständlich, da keine kausale Wirkung vorliegt. Gemeint ist Besserung komplexer Störungen wie Verminderung der

Wahneinfälle und Halluzinationen. Der «antipsychotische» Effekt geht bis zu einem gewissen Grad mit der Ausprägung des Stammhirnsyndroms parallel. Unter «psychischer Eigenwirkung» sind die durch die psychotrope Substanz selbst bewirkten Symptome zu verstehen. Die «neuroleptische Potenz» ist die Dosis, mit der die «neuroleptische Schwelle» (Auftreten extrapyramidaler Symptome) überschritten wird.

Die wichtigsten Neuroleptika sind die *Phenothiazin-, Thioxanthen-* und *Butyrophenonderivate*, während die *Rauwolfiaalkaloide* heute seltener verwendet werden. Von den Phenothiazinderivaten hat besondere Bedeutung *Chlorpromazin* (Largactil = Megaphen), von den Thioxanthenderivaten *Chlorprothixen* (Taractan = Truxal), *Clopenthixol* (Sordinol = Ciatyl) und *Flupentixol* (Fluanxol) sowie von den Butyrophenonderivaten *Haloperidol* (Haldol), *Trifluperidol* (Triperidol) und *Methylperidol* (Luvatren). Von den Rauwolfiaalkaloiden kam früher vor allem das *Reserpin* (Serpasil) zur Anwendung.

4.2. Begleiterscheinungen (Nebenwirkungen)

4.2.1. Motorisch-extrapyramidal. Parkinson-Syndrom (Tremor, Speichelfluss, Rigor, Verlangsamung). Akathisie (Bewegungsunruhe). Anfallsartige Dyskinesien (Verkrampfungen der Hals-Gesichts-Zungen-Muskulatur). Therapie: Antiparkinsonmittel, z. B. Ponalid (retard), evtl. Coffein.

4.2.2. Vegetativ (< Vagotonus). Kreislaufkollaps (Therapie: Analeptika). Puls-Temperatur-Veränderung, Schwindel, Schwitzen, Gewichtszunahme, Magen-Darm-Symptome, Akkommodationsstörungen.

4.2.3. Andere Nebenwirkungen. Allergische Hautreaktionen, Photosensibilisierung. Ikterus bei Phenothiazinen (prophylaktisch: Felamin). Akuter exogener Reaktionstyp, z. B. Delirium (Therapie: Librium). Paradoxe Erregungen, Exazerbationen. Erhöhung der Krampfbereitschaft.

4.3. Wichtigste Neuroleptika

Reihenfolge ungefähr entsprechend Zunahme der neuroleptischen Potenz.
Prazine = Verophen = Protactyl: Starke Anfangswirkung, die nicht lange anhält; kann i. v. injiziert werden. Daher vor allem bei kurzen, akuten Erregungen indiziert.
Melleril: Gute «antipsychotische» Wirkung bei schwacher Dämpfung, besonders für ambulante Therapie geeignet.
Taxilan: Bei Spannung, Unruhe; kaum vegetative, sedierende Wirkung, extrapyramidale Störungen seltener als bei Largactil.
Dominal: Wirkungsweise ebenfalls wie Largactil, aber weniger Nebenerscheinungen und weniger wirksam bei endogenen Psychosen.
Nozinan = Neurocil: Wirkungsweise wie Largactil, jedoch intensivere Dämpfung; weniger Nebenerscheinungen.

Taractan = Truxal: Wirkt dämpfend, vegetativ regulierend; antidepressiver Effekt. Wenig Nebenerscheinungen. Kontraindiziert bei Kollapsneigung und akuten Intoxikationen.

Largactil = Megaphen: Sehr häufig verwendet. Auch bei Dauerbehandlung bleibt leichte Schläfrigkeit. Relativ häufig Nebenerscheinungen.

Leponex: Scheinbar stärker neuroleptisch, aber mit geringfügigeren Nebenerscheinungen als Largactil (bei etwa analoger Indikation). Gelegentlich Hyperthermie zu beobachten.

Sordinol = Ciatyl: Indiziert bei akuter schizophrener Erregung, bei Manie. Günstig ist Kombination mit Phenergan. Nebenwirkungen: Parkinsonoid, Akkommodationsstörungen, motorische Reizerscheinungen.

Randolectil: Günstig bei paranoid-halluzinatorischen Psychosen, auch bei Manie. Deutliche extrapyramidale Nebenerscheinungen (Parkinson, Dyskinesien).

Dapotum: Günstig bei Schizophrenie und bei manischen Zuständen, bei denen Erregung, Aggressivität und Angst im Vordergrund stehen. Extrapyramidale Nebenwirkungen relativ häufig. Vorteil: Depotinjektionen («Dapotum-D») alle 3–4 Wochen als Basismedikation möglich; klinische Einstellung allerdings empfehlenswert.

Fluanxol: Indiziert eher bei «ruhigen», apathisch-antriebslosen, autistischen Schizophrenen. Relativ häufig extrapyramidale Nebenerscheinungen, oft Schlafstörungen (Therapie: Sordinol, Melleril). Ebenfalls Depotinjektionen («Fluanxol-Depot») alle 2–3 Wochen möglich.

Haldol: Indiziert bei starker psychomotorischer Erregung; besonders wirksam bei manischen Zuständen. Motorische, vegetative, allergische Nebenerscheinungen, Parkinson-Syndrom. Kontraindiziert bei spastischer Parese, Epilepsie; Vorsicht bei älteren Patienten.

Triperidol: Günstig bei antriebslosen oder schwer autistischen Schizophrenen. Gelegentlich gute Erfolge bei «Zwangsneurosen». Nebenwirkungen und Kontraindikationen wie Haldol.

4.4. Kombinationspräparate

Phasein forte (Reserpin + Orphenadrin): Weniger Nebenerscheinungen als Serpasil; relativ rascher Dämpfungseffekt. Wirkt entspannend, bei chronisch antriebslosen Schizophrenen evtl. stimulierend. Selten Delir als Komplikation.

Vesitan (Thiopropazat + Chlorphencyclan): In hohen Dosen Dämpfung motorischer Erregung; in niedriger Dosierung eher Stimulierung anergischer Schizophrener.

Lytischer Cocktail (30 Tropfen Pethidin + 40–100 mg Largactil + 75 mg Phenergan + evtl. 20 Tropfen Hypnophen = Somnifen = Barbital + Aprobarbital): Dämmerschlaf, als Tagesberuhigungs- oder Schlafmittel.

4.5. Anhang

Phenergan = Atosil: Relativ stark dämpfend, für sich allein zu neuroleptischen Zwecken kaum je gebraucht, jedoch häufig in Kombination mit Largactil (1:3) oder Sordinol (1:1). Günstig vor allem wegen anticholinergischen und allergischen Eigenschaften.

Serpasil: Indikationsbereich entsprechend Largactil. Relativ viele Komplikationen. Heute weitgehend durch ungefährlichere Medikamente ersetzt.

5. Antidepressiva: Thymoleptika

5.1. Therapeutische Wirkung

Wahl des Antidepressivums nach den Zielsymptomen: vitale Traurigkeit, Hemmung, Angst und Unruhe. Begleiterscheinungen s. Neuroleptika.

Bei Thymoleptika (spez. antriebsfördernden) Medikation nicht abends.

5.2. Wichtigste Antidepressiva

Tofranil: Die Wirkung besteht in Hebung der Stimmung; indiziert bei allen Formen der Depression (vor allem endogenen Depressionen).

Bisher wirksamstes antidepressives Mittel; für ambulante und klinische Therapie geeignet. Nebenerscheinungen: Entsprechend vegetativer Wirkung (< Sympathikus) Mundtrockenheit, Unruhe, Schwindel, Schwitzen, Tremor, Tachykardie, Hypotension; kurze Verwirrtheitszustände sind möglich, ebenso Erhöhung der Krampfbereitschaft. Vorsicht bei älteren oder kardiovaskulär geschädigten Patienten sowie bei Glaukom. Bei Kollaps: Hypertensin (besser nicht Noradrenalin).

Noveril: In Wirkung ähnlich wie Tofranil, etwas schwächer im Effekt, weniger Nebenwirkungen, daher besonders geeignet für ambulante Therapie. Indiziert bei gehemmter ängstlicher Depression, auch bei älteren Patienten.

Laroxyl = Tryptizol: Besonders geeignet zur Therapie der agitierten, ängstlichen Formen der Depression; wirkt lytisch auf das Vegetativum. Effekt und Komplikationen ähnlich wie bei Tofranil. Kontraindikation: Glaukom.

Surmontil: Dämpfung und Hebung der Stimmung. In Wirkung ähnlich wie Kombination Tofranil + Nozinan. Indiziert bei erregter Depression. Komplikationen wie Tofranil; ferner Schläfrigkeit.

Nortrilen: Antriebsfördernd bei gehemmter Depression.

Weitere Thymoleptika: Pertofran (Desipramin) und Protriptylin.

Marplan (Thymoanaleptikum, MAOH): Steigerung der psychomotorischen Aktivität bei Depressionen. Latenzzeit: 3–10 Tage. Kontraindikationen: Leber- und Nierenschäden, Kombination oder Vorbehandlung mit Tofranil, Laroxyl, Surmontil, Phasein. Bei MAOH keine Nahrung mit Käse, Bohnen, keine Kombination mit Weckaminen. Falls Kollaps: Hypertensin (kein Noradrenalin). Bei Hypertoniekrise: Hydergin.

Weiterer MAOH: Niamid.

Ludiomil: Nimmt eine Sonderstellung ein, soll bei sämtlichen Depressionsformen wirksam sein. *Wirkungseintritt rascher* als bei übrigen Antidepressiva. Die antidepressive Wirkung entspricht etwa derjenigen von Tofranil (jedoch weniger antriebssteigernd) und von Laroxyl (jedoch weniger stark dämpfend). Relativ gute Verträglichkeit.

6. Psychotonika

Die Psychotonika bewirken eine Steigerung des Antriebs sowie Verminderung des Ermüdungsgefühls und des Appetits; sie werden zur Antriebsvermehrung, Abmagerung und zum Wachbleiben verwandt. Da Rauschzustände auftreten, besteht Suchtgefahr. Zu nennen sind: Weckamine (Pervitin, Dexedrin) sowie Ritalin.

Lucidril: Indiziert bei Bewusstseinsstörungen zerebral-organischer Natur (Trauma, Intoxikation). Stellt Vigilität wieder her. Auch bei stuporösen Schizophrenen empfohlen.

7. Lithiumlangzeittherapie[2]

Lithiumsalze werden nicht nur zur *Behandlung der Manie*, sondern auch als *Prophylaxe bei Zyklothymien mit hoher Phasenfrequenz* eingesetzt. Anzustreben ist ein Serum-Lithium-Spiegel zwischen 0,8 und 1,3 mval/l (Blutkontrollen zuerst wöchentlich, später monatlich). Zu Beginn der Behandlung relativ häufig passagere Nebenwirkungen von seiten des Magen-Darm-Traktes (Brechreiz, weiche Stühle usw.). Zunehmende Intensität dieser Symptome bei Werten über 1,6 mval/l (dazu Somnolenz), eigentliche *Intoxikation* bei Werten über 2,0 mval/l. Vorsicht geboten bei gleichzeitiger Verabreichung von Diuretika, bei kochsalzfreier Diät, bei alten Leuten.

Präparate: Quilonorm, Quilonorm retard, Lithiofor.

8. Phantastika

Diese zu Psychosen führenden Substanzen spielen theoretisch als sog. «Modellpsychosen» eine Rolle, nicht aber für die praktische Therapie (höchstens evtl. als Unterstützung der Psychotherapie). Meskalin und LSD (Lysergsäurediäthylamid) sind die bekanntesten Phantastika; sie erregen experimentelle Psychosen, die mit der Schizophrenie eine gewisse Ähnlichkeit haben. Ferner Haschisch (Cannabis, Marihuana).
Näheres S. 118, 120.

9. Kombinationen (von Psychopharmaka)

Kombinationen verschiedener Medikamente setzen grosse Erfahrung voraus und sind daher mit Zurückhaltung zu verwenden. Der praktische Arzt halte sich am besten an fertige Kombinationspräparate.

---

[2]   SCHOU, M.: Lithium-Prophylaxe bei manisch-depressiven Psychosen. Nervenarzt *42* (1971).

Beispielsweise Limbitrol = Librium + Laroxyl; Phasein: Serpasil + Orphenadrin; Sandoxal: Barbiturat + Melleril; Dexamyl: Dexedrin + Barbiturat.

Mögliche evtl. günstige Kombinationen
Neuroleptika + Hypnotika (bei Erregung, als Dämmerschlaf)
          + Tranquilizer (bei Erregung, als Dämmerschlaf)
          + Thymoleptika (vorsichtig bei schizophrenen Depressionen)
          + Antiparkinsonmittel (gegen motorisch-extrapyramidale Wirkung)
          + andere Neuroleptika (z.B. Largactil + Phenergan, Cocktails)
Thymoleptika + Neuroleptika (bei agitierter Depression)
          + Tranquilizer (bei ängstlich-unruhiger Depression)

Kontraindikationen: Neuroleptika, Thymoleptika und Tranquilizer werden in ihrer Wirkung durch Alkohol und Hypnotika (Barbiturate, Opiate, Narkotika usw.) potenziert.
Bei Kombination von kreislauflabilisierenden Substanzen besteht Kollapsgefahr (z.B. Nozinan, Taractan, Largactil, Dominal + Thymoleptika). Relative Kontraindikation ist die Gabe von Noradrenalin bei Thymoleptikatherapie (besser: Hypertensin).

Absolute Kontraindikation
MAOH   + Thymoleptika
            + verschiedene Neuroleptika (z.B. Reserpin, Phasein)
            + Noradrenalin
            + Käse, Bohnen
            + Weckamine

Dauerschädigungen durch Neuroleptika (spez. Trilafon, Haloperidol) werden heute diskutiert als sog. «terminales extrapyramidales Insuffizienzsyndrom» mit choreiformen Hyperkinesen (während langer Medikation oder nach brüskem Absetzen).
Nochmals sei betont: Der Praktiker sei sehr zurückhaltend mit Gaben neuer Medikamente und verschreibe sie erst, falls *längere klinische Erfahrungen zuverlässiger Kliniken vorliegen.* Man gebe nicht dem aussermedizinischen, modischen Druck nach immer neuen Mitteln nach, über die der Patient durch die Tagespresse «orientiert» wird. Neue oder nur scheinbar neue Medikamente haben oft lediglich einen Scheinerfolg. Selbst das Placebo kann helfen! Der Arzt muss die Kunst der Medikation und auch deren Suggestiveffekt planvoll handhaben.

10. Indikation, Nebenwirkung und Dosierung der wichtigsten Psychopharmaka

Medikament	Indikation	Komplikation	Dosierung (Tagesdosis)
Schlafmittel			
Barbiturate (Veronal, Medomin, Plexonal) sowie Persedon, Doriden, Noludar	Schlaflosigkeit	Dösigkeit bis Koma. Sucht	1–2 Tabletten
Mogadon	Schlaflosigkeit	ataktische Störung	1–2 Tabletten
Beruhigungsmittel			
Bellergal, Neurotrasentin, Calcibronat	psychovegetative Beschwerden	leicht hypnotische Wirkung	1–3 Dragees
Mo-scop, SEE	akuter Erregungszustand	keine Kombination mit Neuroleptika	½–1 Ampulle i.m.
Hemineurine = Distraneurin	akute Erregung	Kollaps, Allergie	2–8 g p.o. oder Infusion (1 Dragee = 0,5 g)
Tranquilizer			
Meprobamat, Quaname, Miltown	Spannung	Sucht	2–4 Tabletten (1 Tablette = 400 mg)
Librium	Spannung, Alkoholpsychose	evtl. Schläfrigkeit	10–100 mg (evtl. bis 600 mg) p.o. (evtl. i.v.)
Valium	Spannung, Unruhe, Schlaflosigkeit	motorische Schwäche	10–30 mg p.o., i.v., i.m. (evtl. bis 60 mg)
Nobrium	psychovegetative Beschwerden	wie Valium	wie Valium
Seresta = Praxiten (Seresta forte = 50 mg!)	Spannung	wie Valium	30–60 mg p.o. (evtl. bis 150 mg)

Medikament	Indikation	Komplikation	Dosierung (Tagesdosis)

Dämpfungsmittel (Wirkungsspektrum S. 213)
Neuroleptika

Medikament	Indikation	Komplikation	Dosierung (Tagesdosis)
Prazine = Verophen	akute kurze Erregung	Kollaps, wie Largactil	klinisch: 50–100 mg i.v.; 100–600 mg i.m. ambulant: 50–100 mg
Melleril	chronische Erregung, Angst	gering	klinisch: 100–600 mg ambulant: 50–200 mg retard zu 30, 200 mg
Taxilan	Spannung, Unruhe	gering	klinisch: 100–500 mg ambulant: 25–250 mg
Dominal	wie Largactil	gering	klinisch: 100–500 mg
Nozinan = Neurocil	wie Largactil	gering	klinisch: 100–300 mg ambulant: 25–200 mg
Taractan = Truxal	Angst, Erregung, Depression	gering	klinisch: 20–200 mg ambulant: 20–100 mg
Largactil = Megaphen	akute, chronische Angst- und Erregungszustände (bei endogenen und exogenen Psychosen)	Kollaps, Parkinson, Ikterus, Gewichtszunahme, Hauterscheinungen	klinisch: 100–600 mg ambulant: 25–250 mg
Leponex	psychomotorische Erregung, paranoid-halluzinatorisches Syndrom	gering, gelegentlich Hyperthermie, Gewichtszunahme	klinisch: 150–600 mg ambulant: 25–200 mg
Sordinol = Ciatyl	psychomotorische Erregung, Manie	Parkinson, Dyskinesien	klinisch: 15–150 mg i.m. ambulant: 15–150 mg p.o.
Randolectil	paranoid-halluzinatorische Erregung, Manie	Parkinson, Dyskinesien	60–90 mg
Dapotum	Erregung und Aggressivität bei Manie und Schizophrenie	Parkinson, Dyskinesien	2,5–10 mg *per os* (Dapotum D = Depotinjektion i.m. 0,5–2 ml alle 3–4 Wochen)

Medikament	Indikation	Komplikation	Dosierung (Tagesdosis)
Dämpfungsmittel, Neuroleptika (Forts.)			
Fluanxol	eher autistische, «ruhige», antriebsgestörte Schizophrenie	wie Dapotum	einschleichend, 1–6mg (Fluanxol-Depot = Depotinjektion i.m. 1 Ampulle zu 20 oder 40 mg alle 2–3 Wochen)
Haloperidol	psychomotorische Erregung, Manie	Parkinson, Dyskinesien	klinisch: 3–5 mg ambulant: 2–4 mg
Triperidol	Antriebslosigkeit	wie Haloperidol	klinisch: 1–5 mg ambulant: 1–3 mg
Kombinationspräparate			
Phasein forte (= Reserpin + Orphenadrin)	Erregung, Spannung	gering, evtl. Delir	klinisch: 3–9 Dragees ambulant: 1–3 Dragees
Vesitan (= Neuroleptikum + Chlorphencyclan)	Erregung, Antriebslosigkeit	gering	3–6(–8) Dragees, niedrige Dosen antriebssteigernd, hohe sedierend
Cocktail	Erregung	wie Largactil	½–3
Andere			
Phenergan = Atosil (stark sedierendes Antiallergikum!)	Erregung	gering	klinisch und ambulant Kombination vor allem mit Sordinol 1:1
Antidepressiva (Wirkungsspektrum S. 214) *Thymoleptika*			
Tofranil	Depression (vor allem endogen)	Vorsicht bei alten und kreislaufgefährdeten Patienten; selten kurze Verwirrtheit	klinisch: 100–300 mg ambulant: 50–200 mg
Noveril	ängstlich-gehemmte Depression	Hypotonie	klinisch und ambulant: 120–480 mg p.o.
Laroxyl = Tryptizol	agitierte Depression	gering	klinisch und ambulant: 50–200 mg

Medikament	Indikation	Komplikation	Dosierung (Tagesdosis)
Antidepressiva, Thymoleptika (Forts.)			
Surmontil	erregte Depression	ähnlich wie Tofranil	klinisch: 50–250 mg i.m., p.o. ambulant: 30–125 mg p.o.
Nortrilen	gehemmte Depression	Unruhe	klinisch und ambulant: 50–150 mg p.o.
Marplan	Depression	Schwindel, Hypotonie, Reizbarkeit, Schlafstörung, *cave* Med.-Kombination	ambulant: 10–50 mg p.o.
Ludiomil	Depressionen und Verstimmungszustände verschiedener Genese	gering	30–150 mg
Kombinationspräparate			
Limbitrol (= Laroxyl + Librium)	ängstlich-agitierte Depression	wie Laroxyl bzw. Librium je nach Empfindlichkeit	2–6 Kapseln
«Unechte» Antidepressiva (Indikation S. 207)			
Lithium	Intervall manisch-depressiver Phasen	Schwindel, Brechreiz, Tremor	400–1200 mg
Psychotonika			
Weckamine	Antriebsmangel	Rausch, Sucht	Pervitin und Dexedrin: 3–15 mg
Ritalin	Antriebsmangel	Rausch, Sucht	10–20 mg
Lucidril	hirnorganische Bewusstseinsstörung		1000–1500 mg (Tabletten zu 250 mg)

11. Versuch einer klinisch-therapeutischen Einstufung der Neuroleptika[1]

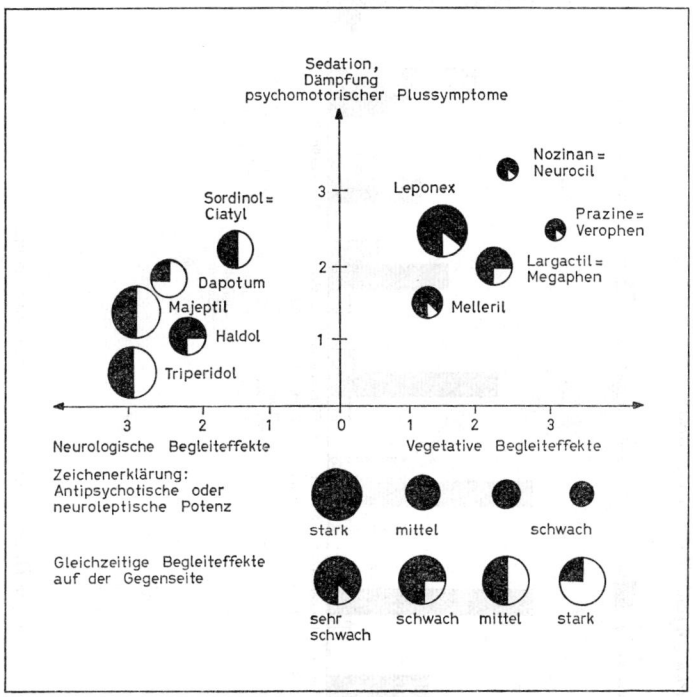

12. *Schematische Darstellung der Wirkungsprofile der Antidepressiva*[1]

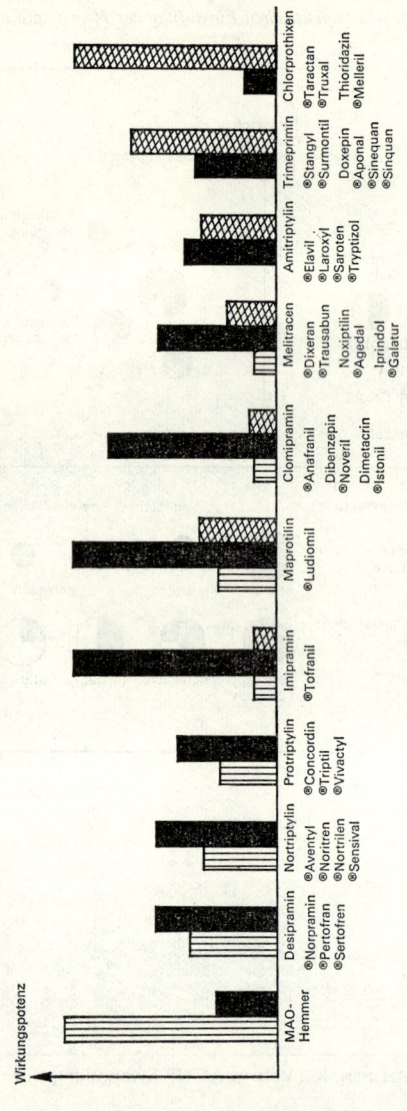

[1]   Wir danken Herrn Prof. P. KIELHOLZ für die Überlassung dieses erweiterten Schemas.

13. Wichtigste Begleiterscheinungen («Nebenwirkungen») der Psychopharmakotherapie[1]

	Neuroleptika	Tranquilizer	Thymoleptika	Thymoanaleptika (MAOH)
Neurologische	Tremor, Parkinson-Syndrom, Dyskinesien	Innervations-störungen, Ataxie	Tremor	
Vegetative	orthostatische Hypotonie, Schwitzen, Schwindel		Mund-trockenheit, Tachykardie, Schwitzen, Schwindel, Miktions-störungen	orthostatische Hypotonie oder hypertone Krisen
Allgemein-befinden	Müdigkeit		Müdigkeit, innere Unruhe	
Psycho-pathologische	passagere paradoxe Erregungs-zustände	Gewöhnung	delirante Zustandsbilder, Umschlag depressiver in manische Zustandsbilder, Aktivierung akut schizophrener Symptome	
Kombina-tionsgefahren	Potenzierung der Alkohol- und Barbiturat-wirkung		Inkompati-bilität mit MAOH	Inkompatibilität mit Thymo-leptika, Käse, Sympathiko-mimetika

[1] PÖLDINGER, W.: Die verschiedenen Wirkungsspektren der Psychopharmaka. Praxis 60: 711–719 (1971).

14. Kurschema

In der somatischen Behandlung stehen die Neurothymoleptika und Tranquilizer dank ihrer Wirksamkeit und Ungefährlichkeit ganz im Vordergrund. Die Elektroschockbehandlung ist auf wenige Indikationen beschränkt, die Insulinkur wird nur in seltenen Ausnahmefällen angewendet, und die klassische Schlafkur ist ganz durch die leichte Dämmerschlaftherapie ersetzt.

14.1. Neurothymoleptika

Dämpfende, antidepressive und spannungslösende Behandlungen werden klinisch und ambulant durchgeführt (Indikation, Komplikation, Dosierung S. 209, 212).

Klinisch: Vorbedingung zur Durchführung einer Kur ist eine gründliche körperliche Untersuchung. Kontraindikationen sind schwerere körperliche Erkrankungen oder Funktionsstörungen (akute Infektionskrankheiten, Herz-, Kreislauf-, Nieren- und Leberschäden); bei fraglicher Kontraindikation Spezialuntersuchung (z. B. EKG), evtl. Zuziehung eines Internisten. Beginn bei akuten Zuständen mit Injektionen 3mal pro Tag; Bettruhe. Einschleichende Dosierung mit Steigerung; nach zirka 2–5 Tagen sukzessive Umstellung auf Tabletten (relativ höhere Dosen), unter möglichst rascher Mobilisierung. Blutdruck-, Pulskontrollen; Kollapsgefahr beachten. Bei subakut-chronischen Störungen von Anfang an Tablettenkur möglich, evtl. ohne Bettruhe. Nach Stabilisierung des therapeutischen Effekts vorsichtiger Abbau auf Erhaltungsdosis (individuell unterschiedlich), die ambulant während längerer Zeit unter ärztlicher Kontrolle weiter gegeben wird (mehrere Monate, evtl. dauernd).

Ambulant: Unter Berücksichtigung des körperlichen Zustandes (Kontraindikationen; Nebenwirkung der Medikamente) sukzessive Steigerung während zirka 3 Tagen mit Medikation 3mal pro Tag auf ambulante Dosis. Beachtung von individuell verschiedener Reaktion, Vermeidung der Unter- und Überdosierung. Bei stark dämpfenden Medikamenten eher Konzentrierung auf Abenddosis, bei aktivierenden auf Morgen- und Mittagsdosis. Behandlungsplan mitgeben (evtl. Merkblatt). Patient, Angehörige über Nebenwirkungen, Potenzierung durch Alkohol, Beeinträchtigung der Fahrtauglichkeit aufklären. Konsultation zunächst zweimal, dann einmal pro Woche zur Festigung des therapeutischen Kontakts; Möglichkeit zu telephonischer Information zwischen Konsultationen. Erhaltungsdosis über längere Zeitperiode, allmählicher Abbau, Konsultationen in grösseren Abständen.

14.2. Elektroschockkur

Erzeugung eines epileptischen (tonisch-klonischen) Krampfes durch elektrische Reizung des Gehirns. Beim gemilderten Elektroschock (ES) Vermeidung des Krampfes durch Lysthenon oder Curare.

Indikation: Depression (vor allem endogene, ferner schizophrene), Katatonie (Methode der Wahl bei febriler perniziöser Katatonie).
Vorbereitung: Nüchtern, Zahnprothesen entfernen, bei Neigung zu Verschleimung ¼ Stunde vor Schock ½–1 Ampulle Atropin s.c. Neuerdings Vermeidung des Muskelkrampfs durch «*gemilderten*» ES (Vermeidung von Wirbelfrakturen usw.): Narkotisierung durch 3(–10) cm^3 2,5%iges Pentothal i.v.; durch gleiche

Nadel anschliessend das Muskelrelaxans Lysthenon forte 30–60(–80–100) mg, das zur Lähmung der willkürlichen Muskulatur führt, einschliesslich Zwerchfell. Sofortige O_2-Beatmung mit Rubens- oder Ambu-Beutel.

Schock: Kopf des im Bett liegenden Patienten leicht gehoben; Schläfen mit Kochsalz befeuchtet; Anlegen der Elektroden an Schläfen. Bei Abklingen der Lysthenonwirkung (wieder Schluck- oder andere Bewegungen beobachtbar): Beatmungsmaske entfernen, Elektroden fest an Schläfe andrücken und Schock durch Betätigung des entsprechenden Knopfs am Apparat auslösen. Einstellung der Stromstärke nach Apparat verschieden. Positiver Schock an Flattern der Augenlider, Zucken der Bauchdecken erkennbar. Nach Schock wiederum Beatmung, bis normale Atmung einsetzt. Nach zirka ½–1 h Erwachen.

Komplikation: Stimmritzenkrampf (Therapie: Intubation; bei Misslingen erneut Lysthenon; letzte Möglichkeit: Einführen der Wassermann-Nadel in Luftröhre). – Als Folge des ES kann psychoorganisches Syndrom auftreten, das nach Tagen bis Wochen spontan verschwindet.

Dosierung: Durchschnittlich 5–10 Schocks (je nach Erfolg), 2mal pro Woche 1 ES. ES-Block: 1 ES an 2 aufeinanderfolgenden Tagen, anschliessend mehrtägige Pause. Bei febriler Katatonie können 2–3 ES pro Tag lebensrettend sein. ES kann mit Insulin-, Largactil- und Tofranilkur kombiniert werden.

14.3. Insulinkur (SAKEL)
Während 2–3 Monaten wird täglich mit steigenden Insulindosen eine Hypoglykämie erzeugt, die zum Schock führt und durch Traubenzucker unterbrochen wird. Indikation: Nur noch in seltenen Ausnahmefällen bei paranoider Schizophrenie.

14.4. Schlafkur (KLAESI)
Medikamentöser Dauerschlaf von 10 bis 14 Tagen mit Somnifen oder Balophen. Nur noch von historischem Interesse.

Leichte Dämmerschlaftherapie: Bei psychosomatischen Störungen (Spannungszuständen, Managerkrankheit), Erregungen usw.: 1–2 Tage mit Tranquilizer evtl. in Kombination mit Neuroleptika.

15. Anhang
15.1. Leukotomie (sog. Psychochirurgie)
Operative Durchtrennung von Hirnbahnen zur Beseitigung quälender Antriebe und Verstimmungen.

Präfrontale Lobotomie: Durchtrennung der fronto-thalamischen Bahnen. Neuerdings stereotaktische Operationen mit Zielgerät. Topektomie: Entfernung eines Frontalrindenstücks. – Leukotomie heute nur noch in Ausnahmefällen.

Indikation: Durch andere Therapie nicht zu beeinflussende, jahrelang bestehende Störung, die für den Kranken selbst wie seine Umgebung nicht mehr zu ertragen ist (aggressiv-erregte chronische Schizophrene, Zwangskranke, aggressiv-reizbare Epileptiker). Da der Eingriff gefährlich ist und zu dauernder Schädigung (im Sinne eines hirnlokalen Psychosyndroms) führt, ist grösste Zurückhaltung bei der Indikationsstellung geboten. Der Effekt einer allgemeinen Beruhigung und Antriebsverarmung stellt sich häufig erst nach Monaten ein. Unmittelbar nach der Operation ist der Patient für 1–2 Wochen verwirrt und erregt.

15.2. Kastration (beim Mann; operativ/chemisch)[3]

Körperliche Kastrationsfolgen (meist geringfügig): Adipositas, weibliche Fettverteilung und Behaarung, vegetative Beschwerden (Wallungen, Schweissausbrüche, Schwindel usw.) bei 57% (gelegentlich bis 1 Jahr andauernd). Schmerzen in Genitalgegend, Appetit-, Schlafstörungen, Hypertonie, frühe Vergreisung. Bei zirka 10% der Fälle bleibt Fähigkeit zum Geschlechtsverkehr erhalten.
Psychische Folgen: Verminderung der Triebstärke, allgemeine Beruhigung und Sozialisierung. Die Kastrierten werden lenkbarer, ausgeglichener, fleissiger, es kann jedoch auch zu Hypochondrie, Dysphorie, Antriebslosigkeit, querulatorischem Verhalten, vermehrter Reizbarkeit und Empfindlichkeit, zu Minderwertigkeits- und Beeinträchtigungsgefühlen und Depressionen kommen. Bei richtiger Indikationsstellung in mindestens 70% der Fälle subjektiv positive Einstellung zum Resultat.
Indikation: Durch andere Therapie nicht zu beeinflussende, psychisch wenig differenzierte Sexualperverse (bei Homosexuellen geringste Erfolge). Auch schwer Imbezille, schwere Psychopathen und Geisteskranke können sich eignen. Durchführung nicht vor dem 25. Altersjahr und nur mit Einverständnis des Patienten. Effekt tritt nach 3–9 Monaten ein. Rückfälle nur bei zirka 5% (operative Kastration).
Ethische Bedenken gegen die ärztlich indizierte Operation bestehen nicht.
Neuerdings *chemische Kastration.* Behandlung von Triebtätern mit Östrogenen wegen körperlicher Feminisierung wenig günstig. Mit *Antiandrogenen* aber wird nach zirka 3 Wochen eine libido- und potenzdämpfende Wirkung erreicht. Keine ins Gewicht fallende körperliche Nebenwirkungen und keine Dauerschädigung. 3–4 Wochen nach Absetzen der Medikation Erholung von Libido und Potenz. Normalisierung der Spermiogenese nachhinkend. Verwendet wird *Cyproteronacetat (Androcur)* 200–300 mg pro Tag *per os* oder 300 mg i.m. zirka wöchentlich[4].

Psychotherapie

Die Arzt-Patient-Beziehung (S. 41) ist Voraussetzung für jede Form von Psychotherapie. Die Beziehungsdynamik ist in den einzelnen Techniken verschieden, so dass die Erlernung einer Technik stets die Beachtung dieser dynamischen Wechselwirkung miteinschliesst. Das

[3]   CORNU, F.: Katamnesen bei kastrierten Sittlichkeitsdelinquenten aus forensisch-psychiatrischer Sicht. Bibl. psychiat. neurol. No. 149 (Karger, Basel 1973).
[4]   HOFFET, H.: Über die Anwendung des Testosteronblockers Cyproteronacetat. Praxis *57:* 221 (1968).

affektive, sich in Äusserung und Gegenäusserung beeinflussende Verhalten bedarf von seiten des Arztes einer ständigen Selbstreflexion.
Die einzelnen psychotherapeutischen Methoden lassen sich unterteilen in allgemeine und spezielle. Die allgemeinen Methoden gelten für alle seelischen Störungen. Sie sind: ärztliches Gespräch, psychagogische Stütztherapie, Soziotherapie (Arbeits-, Beschäftigungs-, Milieu-, Gruppentherapie und Rehabilitation). Die speziellen Methoden kommen vor allem bei den psychogenen Störungen zur Anwendung: zudeckende Suggestiv- und Hypnosetherapie, Trainingsmethoden (Autogenes Training), Verhaltenstherapie sowie aufdeckende analytische Psychotherapie.
Die Behandlung kann ambulant, in der psychotherapeutischen Station eines Allgemeinspitals, im psychiatrischen Krankenhaus oder als Teilzeithospitalisierung in Tages- oder Nachtspital erfolgen. Sie kann eine Einzelbehandlung oder Therapie in einer Gruppe sein (individuelle oder Gruppenpsychotherapie).

1. Allgemeine Methoden

1.1. Ärztliches Gespräch

Das Gespräch zwischen Arzt und Patient ist auch in seinen diagnostischen Aspekten immer auf ein therapeutisches Ziel ausgerichtet. Es begründet die Vertrauensbeziehung und bleibt das Medium, dessen sich jede spezielle Therapieform bedient. Als Typen der Gesprächsführung sind zu unterscheiden: Anamneseerhebung (gezielte Befragung, S. 43, 194), Exploration (Symptom-Konflikt-Analyse auf dem Hintergrund der inneren Lebensgeschichte, S. 43), eigentliches ärztliches Gespräch (zugleich Anamneseerhebung, Exploration und freie Spontanäusserung, S. 43) sowie der völlig offene Dialog mit freien Assoziationen der speziellen psychoanalytischen Therapie.
Das *Erstgespräch* nimmt eine Sonderstellung ein. Es soll die Beziehung zum Arzt begründen und dem Patienten die Möglichkeit zur Selbstdarstellung geben. Die einleitenden Fragen des Arztes sind *möglichst ungerichtet* (z.B. LANGEN: «Nun, was hat's denn?»), und auch die weiteren Fragen lassen durch Wiederholen der letzten Äusserung des Patienten in Frageform die *Gesprächsführung offen, frei.* Besonders aufmerksam ist der Arzt bei der Beobachtung der Ausdrucksphänomene (S. 24, 42); so lassen sich z.B. bei der Schilderung der Körpersymptome übertreibende Formulierungen oder auffällige Ge-

sten (aggressiv, hilflos usw.) beobachten. Falls der Patient bei Erwähnen der körperlichen Beschwerden mehrfach gleichzeitig auf den Arbeitsplatz zu sprechen kommt, oder die Erwähnung der Ehefrau von ängstlich-abweisendem Gesichtsausdruck begleitet ist, gibt dieses dem Arzt schon entsprechende Hinweise. Einige «Schlüsselfragen»[5] erweisen sich als vorteilhaft: *was der Patient selbst für die Ursachen der Beschwerden hält, welche Behandlungsvorschläge er selbst hat*. Während des Gesprächs reflektiert der Therapeut für sich über folgende Punkte: Warum bringt der Patient seine Beschwerden in dieser Weise vor, sind sie mehr körperlich oder psychisch bedingt, welches ist das Grundanliegen, wie ist der Patient zu mir eingestellt, ist er bereit, Vorschläge, evtl. Deutungen anzunehmen usw. Auch über die *eigenen affektiven Reaktionen versucht sich der Arzt Rechenschaft zu geben* (Gefühle der Sympathie, Gehemmtheit, allgemeine Stimmung). Dieses zirka ½–¾ h dauernde Gespräch dient – neben diagnostischen Hinweisen für den Arzt – vor allem dazu, dass sich der Patient verstanden fühlt und sich durch eine möglichst freie Selbstäusserung entspannen kann.

In den *weiteren Gesprächen* ist zur Anamneseerhebung überzuleiten, die gezielte Fragen notwendig macht. Der aktuelle Konflikt, Lebens- und Familienverhältnisse erfordern direkte Fragen, und oft fühlt sich der Patient befreit, wenn man ihn ganz konkret über ein Intimthema, z.B. Sexualität, zu erzählen bittet («Parzivalfrage»). Auslassungen oder Überbetonungen in der Schilderung des Lebenslaufes können aussagekräftigere Informationen als direkte Mitteilungen sein; sie geben Hinweise auf das Abwehrverhalten des Patienten. Ein weiterer Schritt ist, in den objektiv-subjektiven Daten den roten Faden einer inneren Lebensgeschichte zu finden, um das Symptom auf seinen biographischen und aktuellen Gehalt hin zu interpretieren (z.B. Hyperventilation als Ausdruck der Angst in einer Versagungssituation, die frühere Frustrierungen wieder aktiviert). In dieser Exploration wird der Patient dazu geführt, Zusammenhänge zu sehen, sich durch das Aussprechen zu entspannen und selbst verstehen zu lernen. In weiteren Gesprächen tritt das Therapeutische stärker in den Vordergrund. Der Patient wird sich wieder vermehrt spontan äussern und zeitweise die Gesprächsführung nach seinen Einfällen übernehmen.

---

[5]   MEERWEIN, F.: Das ärztliche Gespräch (Huber, Bern 1969).

Die Klärung innerer und äusserer Situationen wird zum Schwerpunkt des Gesprächs.

Aus diesen verschiedenen Komponenten (Anamneseerhebung, Exploration, Spontanäusserung) bildet sich das *ärztliche Gespräch* als *verstehender, entspannender und klärender Dialog.* Diese Gesprächstherapie ist geeignet für leichtere reaktive Störungen, Spannungszustände familiärer und beruflicher Natur, für psychische Reaktionen auf körperliche Krankheiten mit verzögerter Erholung, leichtere Konversionssymptome und psychosomatische Beschwerden. Zugleich ist das ärztliche Gespräch Ausgangspunkt für weitere Therapieformen, wie psychagogische Stütztherapie, Soziotherapie, Autogenes Training oder eine (vom Facharzt geübte) analytisch orientierte Gesprächsbehandlung.

Die Gesprächsführung (Interviewtechnik) ist eine erlernbare Methode. Die Führung eines ärztlichen Gesprächs ist nicht einfach etwas, das man kann oder nicht kann, oder das sich nur aus einer jahrelangen Erfahrung im Umgang mit Patienten und dann aber von selbst ergibt. Man muss es zuerst bei Erfahrenen sehen, unter Anleitung üben und so schrittweise lernen. Und doch: Beim ärztlichen Gespräch handelt es sich um etwas Unmittelbares, das die Beziehung zwischen Arzt und Patient begründet. So muss der Stil eines Therapeuten echt, persönlich sein, er kann nicht eine Technik üben, die ihm nicht liegt. Dieses gilt zwar für jede Therapie, vor allem aber für die Gesprächsführung. Der psychotherapeutische Adept (mehr als der praktische Arzt) ist aber oft ungeduldig, seine frisch erworbenen Methoden zu erproben. So wird das Erstinterview zum «Stressinterview», es wird ins Schwarze getroffen, aber der Patient fühlt sich auch getroffen. Es bedarf psychotherapeutischer Reifung, bis sich das Methodische (selbst wenn es gerade den natürlichen Kontakt propagiert) selbstverständlich wieder im Natürlichen löst und ein lebendiges, aber gesteuertes Gespräch möglich wird. Mit Nachdruck ist zu betonen, dass der erfahrene praktische Arzt nach langjährigem Umgang mit körperlich Kranken diese Schwierigkeiten oft gar nicht hat, sondern dass sich bei ihm eine Art «besonderer Arztverstand» entwickelt hat, der ihn intuitiv den rechten Ton im Gespräch treffen lässt. Was den durch Verfehlen und Glücken klug gewordenen Erfahrenen den rechten Ton im Gespräch treffen lässt, enthebt den Anfänger nicht der Mühe, das unbekümmerte Drauflosreden und -hören von Anfang an durch ein methodisches Steuern zu ersetzen. Gerade hierdurch wird ihm die Arzt-Patient-Beziehung mit ihren therapeutischen Möglichkeiten bewusst.

1.2. Psychagogische Stütztherapie

Sie dient der Führung und Stütze bei reaktiven Konfliktsituationen und einfachen Fehlentwicklungen. Aufklärendes Besprechen über eigene Möglichkeiten und Beschränkungen lenkt den Kranken auf ihm gemässe, realisierbare Ziele hin (Persuasion). Bei fixierten neurotischen oder charakterlichen Fehlhaltungen, die einer tiefergehenden Therapie nicht zugänglich sind, kann versucht werden, die eigenen Bedürfnisse auf die Forderungen der Umgebung abzustimmen.

1.3. Soziotherapie

Der *Sozialpsychiatrie*[6] kommt in neuerer Zeit vermehrte Bedeutung zu. Die Anregungen entstammen vor allem den angelsächsischen Ländern. Vom Arzt seit jeher Geübtes vereint sich hier mit neuen Methoden und Möglichkeiten. Ein grundlegender Begriff ist der der «community psychiatry»[7]: Prophylaktische und therapeutische Bestrebungen kombinieren sich, die Haltungen und Toleranzgrenzen einer bestimmten Gemeinschaft so zu verändern, dass ihren kranken Gruppenmitgliedern eine adäquate Behandlung zuteil werden kann. Die Kranken selbst werden auf die Möglichkeiten und Bedingungen der bestimmten Gruppe, der sie angehören, eingestellt und anzupassen versucht. Die «therapeutic community»[8] umfasst die Patienten und den therapeutischen Staff. Die Beziehungen zwischen den Patienten und dem Behandlungsteam betreffen die Kontakte innerhalb und ausserhalb des Spitals oder Ambulatoriums. Aussprachen innerhalb des therapeutischen Staffs (Arzt, Fürsorgerin, Beschäftigungstherapeutin, Krankenschwester usw.) sind notwendig, um zu einer

---

[6] MAXWELL JONES: Social psychiatry in practice (the idea of the therapeutic community) (Penguin Press, London 1968).
RUESCH, J.: Social psychiatry. Arch. gen. Psychiat. *12:* 501 (1965).
SPOERRI, TH. und WINKLER, W. TH.: Psychiatrie in der Gemeinschaft – Gemeinschaft in der Therapie (Karger, Basel 1969).
[7] HUME, P. B.: General principals of communiy psychiatry. American Handbook of Psychiatry, vol. 3 (Basic Books, New York 1966).
[8] KRAFT, A. M.: The therapeutic community. American Handbook of Psychiatry, vol. 3 (Basic Books, New York 1966).

gemeinsamen Haltung in bezug auf Einzelpatient oder Gruppe zu
kommen, eigene Reaktionen auf das Verhalten der Patienten und
Konflikte unter den Staffmitgliedern selbst zu klären. Die frühere
hierarchische Struktur (innerhalb des Staffs und innerhalb der «therapeutic community») macht immer mehr einem gemeinsamen Planen
und Handeln mit entsprechenden Funktionsteilungen Platz. Die verschiedenen, ineinander übergehenden Methoden lassen sich wie folgt
unterteilen:

1.3.1. Milieutherapie. Sie deckt sich weitgehend mit dem Begriff
«community psychiatry». Die Schaffung eines günstigen persönlichen
und beruflichen Klimas vereint sich mit dem Bemühen, den Patienten
selbst hieran anzupassen. Kontakte mit dem Arbeitgeber, Betreuung
durch Fürsorgerinnen und Beratungsstellen vermögen oft den Kranken vor Rückfällen zu bewahren, die regelmässige Einnahme von
Medikamenten zu gewährleisten und gefährdende Reaktionen des
Patienten selbst oder seiner Umgebung aufzufangen. Beziehungen zu
der Patientenfamilie können bis zu einer Behandlung der Angehörigen
selbst ausgebaut werden (Familientherapie). Gleichzeitige Behandlung des Patienten und seiner Angehörigen nennt man auch bifokale
Therapie. In sogenannten «social clubs» können klinikentlassene
oder ambulant betreute Kranke zu einer Art Familiengemeinschaft
zusammengefasst werden.

1.3.2. Beschäftigungstherapie (occupational therapy). Einzeln oder in
Gruppen werden die Kranken zum Zeichnen oder Modellieren ange-
halten; das Programm reicht vom (regressiv-analen) Malen mit Fingerfarben bis zu differenzierten Gestaltungen («art therapy»). Neben
der gruppentherapeutischen Wirkung ist die Darstellung von Kom-
plexmaterial und die befreiende Wirkung der Gestaltung die therapeutische Absicht.

1.3.3. Arbeitstherapie. In der Arbeitstherapie wird durch eine sukzessive Steigerung der Anforderungen eine *Gewöhnung an Arbeit* erstrebt. Dabei stellt die *Arbeit eines der Mittel der Therapie* dar. Es
muss sich dabei um wirkliche Arbeit handeln und darf nicht Spiel
oder unverbindliche Beschäftigung zur Ausfüllung der Zeit des An-
staltsaufenthaltes werden. Der Beginn besteht in einem genauen
Tagesprogramm mit Stundeneinteilung, wobei allmählich die Bean-

spruchung erhöht werden kann. Ordnung, Ablenkung von Krankheitssymptomen und Befriedigung durch erreichte Leistung wecken die Gesundungskräfte. Auslastung in körperlicher und seelischer Hinsicht führen zu Beruhigung. Gesamthaft geht es darum, Anstaltsartefakte zu vermeiden. Hiezu stehen in der Klinik Werkstätten mit geschultem Personal für handwerkliche Arbeiten zur Verfügung. Der gemeinschaftsfördernde Effekt besteht in der Einstellung auf den Mitpatienten, dem dabei in die Hand gearbeitet werden muss. Im Unterschied zur Beschäftigungstherapie lernt der Patient hier, dass er *einer Leistungsanforderung zu genügen* hat. Mögliche Widerstände seitens des Patienten oder der Angehörigen entstehen gegen diese Therapieform oftmals dann, weil Krisen und Erkrankung nicht selten auf vermeintliche Überarbeitung zurückgeführt werden.

1.3.4. Rehabilitation. Es geht dabei um eine *Wiedereingliederung in einen voll anerkannten* sozialen Stand, d.h. es wird keine *Restitutio ad integrum* angestrebt. Dies ist vor allem dann der Fall, wenn der Patient aufgrund seines Leidens nicht in den früher ausgeübten Beruf zurückkehren kann. An sich zeigt schon die Arbeitstherapie Ansätze zur Rehabilitation, im Prinzip jedoch nur innerhalb des Anstaltslebens. In der eigentlichen Rehabilitation wird durch Schulung und Training versucht, Leistungsausfälle zu kompensieren und eine *soziale Wettbewerbsfähigkeit des Patienten zu erreichen.* Entscheidend dafür ist aktive Mitwirkung des Patienten und seiner Angehörigen. Zur Durchführung der Rehabilitation stehen spezielle Rehabilitationszentren zur Verfügung, wo der Patient durch Fachkräfte in enger Zusammenarbeit mit einem therapeutischen Team auf das Ziel der Wiedereingliederung in beruflicher Hinsicht (im Grunde genommen Anpassung an die Leistungsgesellschaft) angeleitet wird. Arbeits- bzw. Stellenvermittlung und lange dauernde Nachbetreuung gehören dazu. Für dauernd oder länger Invalide stehen Arbeitsplätze zur Verfügung, die den besonderen Bedürfnissen (verminderte Belastbarkeit usw.) möglichst Rechnung tragen *(geschützte Werkstätten).*

1.3.5. Tages- und Nachtspitäler (day-night hospitals). Sie nehmen eine Mittelstellung zwischen Hospitalisierung und ambulanter Therapie ein. Patienten, die tagsüber arbeiten, kehren nachts ins Krankenhaus zurück, da sie der abendlichen Gemeinschaft, therapeutischer Aussprachen oder medikamentöser Betreuung bedürfen. Zu Hause wohnende oder noch hospitalisierte Patienten kommen in das Day-Hospital und verbringen dort den Tag in der therapeutischen Gemeinschaft (Einzel- oder Gruppenpsychotherapie, Beschäftigungstherapie, Rehabilitation usw.). Patienten, die mit der Institution durch Gruppenbehandlung oder Social Clubs verbunden sind, können für kurze Zeit, z. B. über das Wochenende, aufgenommen werden. Während die Vollhospitalisierung in einer Klinik der Regression Vorschub leistet (der Rückzug in verantwortungsfreie Krankenrolle kann auch therapeutisch indiziert sein), aktiviert die Teilzeithospitalisierung den Patienten durch den Anspruch sozialer Pflichten und Rechte.

1.4. Gruppentherapie[9]

Die systematische Gruppentherapie gehört aufgrund der Anwendung von Suggestions-, Trainings- und analytischen Verfahren bereits teilweise zum Kapitel der «speziellen Methoden», s. Gruppe S. 33ff.

Man kann Diskussionsgruppen (Besprechung allgemeiner Themen), Suggestionsgruppentherapie (aktive Rolle des Leiters, straffe Gesprächsführung), Trainingsgruppen (Übung des Autogenen Trainings) und analytische Gruppen (Äusserung freier Einfälle durch Teilnehmer, Interpretation von Träumen, Widerstand usw.) unterscheiden. Die Behandlung kann in grossen Gruppen (vor allem Diskussion) oder kleinen Gruppen (analytisch), nach Geschlechtern getrennt oder gemischt, mit hospitalisierten oder ambulanten Patienten (Innen- und Aussengruppen) durchgeführt werden. Auch Gruppen mit Familienangehörigen der Kranken haben sich bewährt. Indiziert ist Gruppentherapie vor allem bei Alkoholikern, Toxikomanen, beziehungsgestörten Jugendlichen sowie bei Neurotikern, Schizophrenen, Depressiven. Als Gruppentherapie kann auch die gemeinsame Behandlung von Ehepartnern in der gleichen Sprechstunde eingestuft werden.

Nicht nur zwischen dem Arzt – als einer «Vaterfigur» – und dem Patienten, sondern auch unter den einzelnen Patienten selbst kommt es zu einer dynamischen Beziehung. Es entsteht eine Rangordnung. Durch die «Interaktion» zwischen den Gruppenmitgliedern bildet

---

[9] SLAVSON, S. R.: Analytic group psychotherapy (Columbia University Press, New York 1951).
BATTEGAY, R.: Der Mensch in der Gruppe (Huber, Bern 1967).

sich eine hierarchische Stufung aus (z. B. Alpha/Omega-Patienten). Fixierungen an Eltern oder Geschwister, Projektionen auf Arzt und Mitpatienten werden deutlich. Der Therapeut hat diese Auseinandersetzungen klärend zu lenken.

Psychodrama: Besondere Form der Gruppentherapie[10]. Im psychodramatischen Theater stellen die Kranken innerhalb der Gruppe ihre Konflikte dar, wiederholen sie dramatisch und agieren ihre Umweltbeziehungen («acting out»). Mit Agieren von Hilfstherapeuten (als «auxiliary egos»), durch Rollenwechsel usw. wird eine Art «Handlungskatharsis» erstrebt.

1.5. «Partnerschaftstherapie»

Spezielle Methoden zur Behandlung von Partnerschaftsstörungen (d. h. gestörte Interaktion zwischen zwei Menschen, in der Regel Ehepartnern). Objekt der Behandlung ist *primär die Beziehung* und erst sekundär der einzelne Partner. Angegangen werden *Kommunikationsstörungen* im intellektuellen, affektiven oder sexuellen Bereich. Die Behandlung erfolgt durch ein Therapeutenteam (1 männlich und 1 weiblich!) im Rahmen von Zweiersitzungen (abwechslungsweise gleichgeschlechtlicher und gegengeschlechtlicher Therapeut) und Vierersitzungen. Dadurch sollen Explorations- und Kommunikationsspektrum erweitert und «Frontenbildung» (Gegenübertragung!) vermieden werden. Eigentliche Behandlung nach den Prinzipien von Gesprächstherapie (S. 219), Verhaltenstherapie (S. 230), Entspannungstechniken wie Autogenes Training (S. 228), Psychodrama (S. 226), Rollenspiel und speziellen Techniken, z. B. nach MASTERS und JOHNSON[11], besonders bei sexuellen Störungen.

2. Spezielle Methoden

2.1. Zudeckende Psychotherapie

«Zudeckend» heissen Verfahren, die die Konflikte dem Patienten nicht bewusst machen, sondern für ihn zugedeckt lassen. Die zudeckende Therapie greift weniger in die Persönlichkeit ein und ist weniger zeitraubend als die «aufdeckende» Behandlung.

---

[10] MORENO, J. L.: Gruppenpsychotherapie und Psychodrama (Thieme, Stuttgart 1959).
[11] MASTERS, W. H. und JOHNSON, V. E.: Impotenz und Anorgasmie (Goverts, Frankfurt am Main 1973).

2.1.1. *Suggestionsbehandlung.* Übertragung von heilungsfördernden Vorstellungen und Impulsen.

Einfachste Form der Suggestion ist die der überzeugenden, zwingenden Rede. Bei den eigentlichen Wachsuggestionsmethoden wird das Wort durch drastische Hilfsmittel unterstrichen: Medikamente, physikalisch-therapeutische Mittel und Faradisation.

Faradisation zur Unterstützung der Wachsuggestion (Protreptik KRETSCHMERS):
Indikation: Massive hysterisch-psychogene Körpersymptome bei primitiven Persönlichkeiten.
Technik: Der Patient z.B. mit psychogener Beinlähmung wird auf ein Bett gelegt, möglichst im Operationssaal; die grössere Elektrode (Platte mit Kochsalz angefeuchtet; Anode) wird an entfernter Körperstelle, z.B. Oberschenkel des gesunden Beines, befestigt; die kleinere aktive Reizelektrode (Kathode) ist ein Pinsel oder Stab. Vorbereitung durch das Pflegepersonal. Der Arzt suggeriert mit kräftigen Bildern die Heilkraft des elektrischen Stroms (...pumpt Kraft in die Muskeln, renkt Nerven wieder ein usw.). Das gelähmte Bein wird mit der aktiven Elektrode gereizt, wobei die Stromstärke allmählich bis zum schmerzhaften Effekt zu steigern ist. Gleichzeitig wird zur Bewegung aufgefordert und mit entsprechenden Stromstössen die Aktion unterstützt. Alles kommt auf die Überzeugungskraft an, mit der der Arzt – bald beruhigend monoton, bald eindringlich befehlend – die Besserung suggeriert. Die Faradisation wird jeweils 3–5 min durchgeführt, dann eine Pause von 5 min eingelegt, in der der Patient allein bleibt. Dieser Turnus wird im ganzen dreimal wiederholt. Die Gesamtdauer sollte ½ h nicht überschreiten. Bei robusten Patienten soll die Heilung in einer Sitzung erreicht werden, bei sensibleren schonenderes Vorgehen in mehreren Sitzungen.

2.1.2. *Hypnosebehandlung.* Suggestive Beeinflussung des hypnotisierten – d.h. in einem schlafähnlichen Zustand befindlichen – Kranken [12].

Über Hypnose S. 60.

Indikation: Wie bei Suggestionsfaradisation; ferner psychogene Einzelsymptome (Enuresis, einfache Schlafstörungen, Stottern, nervöses Asthma, Impotenz, spastische Obstipation, Magen-«Neurosen», Erwartungsangst usw.), bei undifferenzierten, aber konzentrationsfähigen Persönlichkeiten.
Kontraindiziert ist die Hypnose bei hysterischem Charakter, Schizophreniegefährdung und den meisten Neurosen.
Technik: Hypnosetechnik muss unter Anleitung eines erfahrenen Kollegen erlernt werden. – Kein Kampf um die Hypnose; dem Patienten wird gesagt, dass es sich um eine Entspannungsübung handelt, deren Erfolg von seiner Mitarbeit abhängt; selbstverständlich-sicheres Auftreten des Therapeuten. Durchführung in ruhigem, leicht verdunkeltem Raum; Lagerung des entspannten Patienten mit geschlossenen Augen auf einer Couch. Die Sätze werden ständig mit mono-

---

[12] STOKVIS, J. und LANGEN, D.: Lehrbuch der Hypnose (Karger, Basel 1965).

ton-einschläfernder Stimme wiederholt. Man kann in folgenden Etappen vorgehen: *Bilder der Entspannung*, des Einschlafens (...Sie sind ganz ruhig, ruhig und gelöst, ganz ruhig; Sie liegen ruhig, entspannt da, als ob Sie einschlafen wollten, ganz ruhig und gelöst; die Arme werden schwer, die Beine werden schwer...).

Fixieren z. B. der Reflexhammerspitze in 40 cm Abstand (...öffnen Sie langsam die Augen, fixieren Sie diese Spitze, bis Ihre Augen müde werden, ganz müde und von selbst zufallen...).

Katalepsie (...Ihr rechter Arm und Ihr linkes Bein sind ganz steif und behalten die Lage, die ich ihnen gebe...).

Anästhesie (...der Handrücken Ihrer rechten Hand ist ganz unempfindlich, Sie spüren den Nadelstich nur als leichte Berührung...).

Lähmung (...Ihr Arm ist so schwer, dass Sie ihn nicht mehr heben können, wie gelähmt; versuchen Sie Ihren Arm zu heben, es geht nicht mehr...).

Schlaf (...jetzt fallen Sie in einen erquickenden Schlaf, hören aber immer noch meine Stimme...).

Ist der Zustand der tiefen Hypnose erreicht, so gibt man mit einfachen Bildern die therapeutischen Suggestionen, evtl. als *posthypnotische Suggestion* (...wenn Sie heute abend ins Bett gehen, fallen Sie sofort in Schlaf...). Das *Aufwecken* aus der Hypnose muss sehr sorgfältig erfolgen, da alle gegebenen Suggestionen zurückgenommen werden müssen (...ich werde Sie jetzt aufwecken, Ihre Arme sind leicht und frei, Ihre Beine sind leicht und frei, der Kopf ist leicht und frei; atmen Sie tief ein und aus, Sie fühlen sich ausgeruht, frisch und wohl in jeder Hinsicht. Sie sind ganz wach, machen Sie die Augen auf...).

2.2. Trainingsmethoden (übende Therapie)

2.2.1. *Autogenes Training* (SCHULTZ)[13]. Selbstentspannungsübung.

In Unterscheidung zur Hypnose beeinflusst der Patient sich selbst und bewirkt über Bilder der Schwere und Wärme eine Muskel- und Gefässentspannung, die zu einer allgemeinen Entspannung, Versenkung und Erholung führt. Das Autogene Training hat heute die Hypnose therapeutisch weitgehend abgelöst.

Indikation: Normale: Selbstruhigstellung («Resonanzdämpfung der Affekte»), Entspannung, Erholung. Allgemeine vegetativ-nervöse Labilität und Störungen, Erwartungsangst, Schlafstörungen, psychogene Kopfschmerzen, Herzbeschwerden, Magen-Darm-Störungen, Asthma usw. Vorsicht bei vaskulären und Krampfleiden.

Technik: Der praktische Arzt kann diese Übung durchführen, lasse sich aber bei Komplikationen vom Spezialisten beraten. – Der Arzt übt zunächst jede Stufe des Trainings, das schrittweise erarbeitet wird, mit dem Patienten. Für die Erlernung einer Stufe werden durchschnittlich 14 Tage gerechnet; der Patient trainiert für sich dreimal täglich 3 min (vor dem Aufstehen, nach dem Mittagessen, vor dem Einschlafen). Am besten wird das Training in horizontaler Lage

---

[13]   SCHULTZ, J. H.: Das autogene Training (Thieme, Stuttgart 1966).

in einem stillen Raum geübt. Als erstes hat sich der Patient ein beruhigendes Bild vorzustellen (z. B. See), von dem er sich ganz ausfüllen lassen soll. Er denkt intensiv die Formel: «Ich bin ruhig, ganz ruhig und gelöst, ganz gelöst und ruhig». Ist die Vorübung verstanden und erlebt worden, beginnt man mit der eigentlichen Übung.

Schwereübung: Formel «der rechte Arm ist schwer, ganz schwer» (bei Rechtshändern Beginn mit rechtem, bei Linkshändern Beginn mit linkem Arm). Zunächst wird nur ganz kurz (1 min) geübt, ohne Rücksicht auf das Gelingen. Abgeschlossen wird jeweils (d. h. jede einzelne Übung, soweit man fortgeschritten ist) durch «*Zurücknahme*»: Arme fest anziehen, tief einatmen, Augen auf. – Sobald der rechte Arm subjektiv schwer und objektiv entspannt ist, wird Übung mit linkem Arm angeschlossen, und entsprechend geht man auf die Schwereübung beider Beine über (... beide Beine sind schwer, ganz schwer...). Nach der Schwereübung folgen:

Wärmeübung: Formel «der rechte (linke) Arm ist warm, ganz warm». Nach Erarbeitung des Wärmegefühls in den Armen Übergang auf beide Beine.

Herzübung: Formel «Herz schlägt ganz ruhig». Fehlt dem Patienten «Herzgefühl», so muss es erarbeitet werden: rechte Hand auf das Herz legen, bereits vor Übungsbeginn, Unterarm durch untergelegtes Kissen in waagrechter Lage fixieren.

Atemübung: Formel «Atem ganz ruhig, es atmet mich».

Sonnengeflechtübung: Formel «Sonnengeflecht strömend warm». Stellt sich das intensive Wärmegefühl in der Gegend des Plexus solaris nicht ein, so hilft die Vorstellung, dass man bei der Einatmung bis in den Bauch hinunter atmet.

Kopfübung: Formel «Stirn angenehm kühl».

Den Abschluss der ganzen Übung (bzw. der bereits erarbeiteten Stufen bei der Erlernung) bilden die sogenannten «*formelhaften Vorsatzbildungen*»: Vom Patienten selbst gemeinsam mit dem Arzt bei der Besprechung zu definierende persönliche Leitsätze (z. B. bei einem verkrampften Pessimisten etwa «alles ist hell und gut und ich bin glücklich entspannt»). Nach diesen persönlichen Formeln Beendigung des Trainings durch «*Zurücknehmen*» (s. oben).

Das Autogene Training eignet sich vorzüglich als «*Gruppenbehandlung*». Die Übung kann auch in Sitzhaltung durchgeführt werden: Im Ohrenfauteuil oder mit «Droschkenkutscherhaltung» (gerades Zusammensinken des Rumpfes; Oberschenkel gespreizt, Unterarme daraufgelegt).

2.2.2. Gestufte Aktivhypnose (KRETSCHMER)[14].

Nach Erlernung der Schwere- und Wärmeübung des Autogenen Trainings (sog. «Grundübungen») übt der Patient aktiv das Fixieren eines Punktes. Mit dieser «Fixierübung» wird ein hypnoider Zustand eingeleitet.

2.2.3. Zweigleisige Standardmethode (KRETSCHMER).

Kombination von Trainings- und analytischen Methoden.

Indikation: Aktualneurosen. – In getrenntem Arbeitsgang wird 1. eine gestufte Aktivhypnose und parallel hierzu 2. eine Kurzanalyse der aktuellen Konfliktsituation durchgeführt. Ergebnisse der Analyse werden in den Arbeitsgang der

---

[1] LANGEN, D.: Die gestufte Aktivhypnose (Thieme, Stuttgart 1967).

Hypnose übernommen und als prospektive Parolen in knappen «Kurzformeln» der Tiefenperson eingeprägt.

2.3. Verhaltenstherapie

Durch Ver- und Neulernen wird eine Veränderung von Verhalten, Einstellungen und Haltungen erreicht. Die Behandlung zentriert sich auf die *aktuelle Störung* (z. B. Phobie) und versucht, diese durch planmässiges Setzen bestimmter Lernbedingungen anzugehen. Die lebensgeschichtliche Entwicklung des Symptoms spielt dabei nur insofern eine Rolle, als ihre Kenntnis Aufschluss über möglicherweise noch wirksame Einflussfaktoren geben kann. In der Behandlung wird davon ausgegangen, dass psychische Störungen durch die unmittelbar auf das Individuum einwirkenden Umweltsereignisse aufrecht erhalten werden.

Die «behavior therapy» erlangt in jüngster Zeit wegen ihrer Zeitökonomie und Wirksamkeit zunehmende Bedeutung. Die Behandlung lässt sich in zwei Abschnitte unterteilen: *Verhaltensanalyse* und *Verhaltensmodifikation.*

2.3.1. Verhaltensanalyse. Man versucht die funktionalen Beziehungen aufzudekken, die zwischen der Störung und Ereignissen in der Umwelt des Patienten bestehen (Analyseformel: *S*timulus – *O*rganismus – *R*eaktion – *K*onsequenz).

2.3.2. Verhaltensmodifikation. Eine Behandlung erfordert meist den *Einsatz mehrerer Modifikationsverfahren,* die in einer «therapeutischen Strategie» miteinander kombiniert werden müssen. Je nachdem, ob die Störung darin besteht, dass ein Verhalten oder eine gefühlsmässige Reaktion zu häufig, zu selten oder am falschen Ort auftritt, werden andere Verfahren notwendig.

2.3.3. Verfahren zur Beseitigung von Fehlverhalten. Desensibilisierung von Angst: Reziproke Hemmung der Angst durch Entspannung. Die angsterzeugenden Objekte oder Situationen werden ihrem Schwierigkeitsgrad nach in einer Liste gesammelt *(Angsthierarchie).* In den Sitzungen muss Patient sich die Angstsituationen der Reihe nach unter gleichzeitiger Entspannung vorstellen. Sobald eine Stufe angstfrei erlebt wird («Entspannung hemmt Angst»), fortschreiten zu Objekten nächststärkerer Angstbesetzung. Anwendung: z. B. Phobien.
Reizüberflutung: Patient wird über längere Zeit mit intensiven Angstreizen konfrontiert, ohne ihnen ausweichen zu können. Nach einiger Zeit sinkt Angst ab, *wird gelöscht* (S. 23). Anwendung: z. B. Agoraphobie, Zwänge.

Aversionstherapie: Verhaltensweisen, welche unmittelbar lustvolle Konsequenzen haben (z. B. Alkoholismus, Perversionen), folgen unangenehme Konsequenzen (elektrische Schläge, Apomorphin). Das gestörte Verhalten sinkt durch die unmittelbare Bestrafung ab.

2.3.4. Verfahren zum Aufbau von Verhaltensrepertoires. Operantes Konditionieren: Gewünschte Handlung (z. B. Nicht-Stottern) wird von Umgebung *belohnt* und damit *verstärkt.* Versuche zum Aufbau komplexer Verhaltensrepertoires bei Schizophrenen und Oligophrenen. Beschleunigung der Lernvorgänge durch *Modellernen.* Nach vorherigem Imitationstraining können komplizierte Handlungsabläufe (z. B. Sprache) durch Beobachtung erlernt werden.

Selbstbehauptungstraining: Ausdrücken von Gefühlen und Emotionen gegenüber Partner, um soziale Angst zu vermindern (z. B. bei Aggressionshemmung). Erweiterung: Training sozialer Kompetenzen. Durch Modelle und *Rollenspiel* lernt Patient sich in sozialen Situationen adäquat und gemäss seinen Bedürfnissen zu verhalten.

2.3.5. Stimuluskontrollmethoden. Bettnässerbehandlung durch Alarmgerät: Propriozeptive Reize von der Blase werden durch Koppelung mit Weckton zu einem Auslöser für Aufwachen oder Kontraktion des Sphinkters.

Bio-Feedback und operantes Konditionieren vegetativer Funktionen: Durch Rückmeldung und Verstärkung von Veränderungen vegetativer Funktionen lernt Patient, dieselben zu beeinflussen, z. B. bei Hypertonie Blutdruck zu senken.

Stottererbehandlung mit Hilfe von Metronom: Sprechweise wird einem äusseren Reiz angepasst. Dieser steuert Sprechfluss. Durch Ausblenden des Reizes wird ein neues, störungsfreies Sprechverhalten erzeugt.

2.3.6. Selbstkontrollverfahren. Patient lernt, einige der oben erwähnten Techniken selbst anzuwenden. Behandlung als «Hilfe zur Selbsthilfe».

2.4. Anhang

Psychokatharsis: Abreagieren gestauter Affekte durch Wiedererleben der pathogenen Erlebnisse. *Technik:* Der Patient wird auf eine Couch gelagert; in Hypnose oder noch besser in einem Einschlafzustand (evtl. durch Autogenes Training) werden die entsprechenden Szenen aktualisiert und der «Affektdampf abgelassen».

Narkoanalyse: Zur Psychokatharsis oder vertieften Exploration wird eine Narkose mit Pentothal oder Narkonumal i. v. eingeleitet und das Einschlaf- und Aufwachstadium zur therapeutischen Einwirkung benutzt.

Die bisher besprochenen Methoden lassen sich als sogenannte «*kleine Psychotherapie*» zusammenfassen, d. h. diese Verfahren können – nach entsprechender Ausbildung – vom Nichtpsychiater angewendet werden. Nachdrücklich ist zu betonen, dass suggestive und übende Therapie nur das Symptom behandeln, nicht aber den Konflikt beseitigen. Sie sind nur auf dem Hintergrund einer allgemeinen und vor allem sozialen Therapie sinnvoll. Verbirgt sich hinter der Störung eine komplexbedingte neurotische Fehlentwicklung, so ist die «*grosse Psychotherapie*» indiziert, d. h. die aufdeckende analytische Therapie, die dem Psychiater vorbehalten ist.

2.5. Aufdeckende Psychotherapie

Die aufdeckende analytische Psychotherapie geht auf FREUD (S. 61) zurück; er erkannte, dass der Neurose frühkindlich verdrängte Konflikte zugrunde liegen. Therapeutische Aufgabe ist nicht nur die Bewusstmachung des unbewussten Komplexes, sondern die Aufhellung der unbewussten «Schattenseite» überhaupt. Eine derartige Therapie kann nicht isoliert die neurotische Fehlhaltung angehen, vielmehr muss sie die ganze Persönlichkeit mit ihren Selbstwertproblemen, Umweltsbeziehungen, vitalen Strebungen, geistigen Interessen, mit ihren bewussten oder unbewussten Wünschen oder Befürchtungen einbeziehen. Hierdurch wird eine Umgestaltung und Erweiterung des Erlebens angestrebt und die Persönlichkeit zu einer neuen, umfassenderen Synthese geführt («Selbstverwirklichung»).

Mit der *anthropologisch-personalen* Psychotherapie [15] ist die alte analytische Zielsetzung der Erlangung der «Arbeits- und Genussfähigkeit» verlassen. Indem der kranke Mensch als ein geistiges Wesen mit personalen Werten gesehen wird, erlangen Begriffe wie Gewissen, Schuld, Leidfähigkeit besondere Bedeutung. Die Psychotherapie greift damit über den engeren ärztlichen Bereich hinaus. Ähnliches strebt FRANKL mit seiner «Logotherapie» an.

---

[15] BRÄUTIGAM, W.: Psychotherapie in anthropologischer Sicht (Enke, Stuttgart 1961).
FRANKL, V. E.: Ärztliche Seelsorge (Deuticke, Wien 1946).

2.5.1. Analytische Kurztherapie. Da die klassische psychoanalytische Langzeittherapie für Patienten und Arzt einen ausserordentlichen Zeitaufwand bedeutet,
ist versucht worden, abgekürzte Verfahren zu entwickeln. In Auswahlkriterien
und Methoden konträre Auffassungen stehen einander gegenüber.

Palliative Kurzanalyse akuter Störungen: Nur kurzdauernde Neurosen mit ich-
starker, gesunder Persönlichkeitsbasis werden einer «milden» Psychoanalyse
zugeführt, die sich auf Oberflächendeutungen beschränkt und die Übertragungsneurose vermeidet. Behandlungsziel: nur palliative Symptomheilung.

Fokaltherapie (MALAN): Deutungen werden auf bestimmtes Problem zentriert
(Fokus). Indikation selbst für schwere, langdauernde Störungen, falls bei Patient
starke Motivation (Leidensdruck) vorliegt sowie die Bereitschaft zu deutender
Übertragungssituation und echt-affektiver Mitarbeit. Auf seiten des Therapeuten:
genauer Behandlungsplan, entsprechender Enthusiasmus usw. Näheres s.
MALAN[16].

2.5.2. Analytische Psychotherapie. Indikation: Infantilneurosen, chronifizierte
Aktualneurosen. Voraussetzung ist höheres Intelligenz- und Persönlichkeits-
niveau; nicht über zirka 50 Jahre alte Patienten. Indikation wird nicht nur von
der Störung, sondern ebenso von der Persönlichkeit her gestellt.

Die analytische Psychotherapie geht auf FREUD zurück. Sie wird
heute als klassische Analyse («orthodox» nach FREUD) oder «neo-
psychoanalytisch» abgewandelt (Verzicht auf Primat der Sexualität,
Bedeutung sozialer Faktoren usw.) oder nach der Jungschen Methode
durchgeführt (aktivere Rolle des Therapeuten, Amplifikation, Sinn-
deutung usw.). Unsere folgenden Hinweise nehmen eine neutrale
Mittelstellung ein und sind absichtlich kurz gehalten. In Analyse zu
dilettieren, kann nämlich für Patient und Arzt verhängnisvoll sein
(*Gefahr der Gegenübertragung;* «Zauberlehrling» S. 44). Die analytische Therapie setzt eine spezielle jahrelange Ausbildung voraus.
Eine «Lehranalyse» des zukünftigen Therapeuten selbst kann förder-
lich sein, ist aber keine Bedingung; hingegen sind «Kontrollanalysen»
(mit Kontrolle durch erfahrenen Analytiker) notwendig. Zu den analytischen Regeln gehört, dass der Patient in der Konsultation alles
sagen darf und soll, was ihm in den Sinn kommt, jedoch seine Emotionen nur verbal auslebt und auf ein Agieren gegenüber dem Therapeuten verzichtet. Im Verlauf der Analyse wird die Bindung des
Patienten an den Arzt besonders eng. Der Arzt wird zur Projektions-
figur, da der Kranke auf ihn seine affektiven Beziehungen überträgt
(«Übertragung»). Je nach den Komplexen des Kranken und der Phase,

---

[16]   MALAN, D. H.: Psychoanalytische Kurztherapie (Huber, Bern 1956).

in der sich die Therapie befindet, kann sich die Übertragung in Hass-gefühlen oder Zuneigung oder Ambivalenz zwischen beiden zeigen. In dieser von Erwartungen gefärbten Beziehung des Patienten zum Arzt entstehen das Vertrauen, aber auch die Ängste wieder, die meist im Kontakt mit den frühkindlichen Beziehungspersonen sich ent-wickelt haben. Sie werden in der Übergangsbeziehung zum Thera-peuten wiederholt. Es kommt zu einer «künstlichen Neurose», die die klinischen Symptome entkräftet und ersetzt durch das konflikt-reiche Verhältnis zum Therapeuten *(Übertragungsneurose)*. Die Durch-arbeitung dieser Beziehung und der vielfältigen Besetzungen lässt die frühkindliche Wiederholung bewusst und zur Erinnerung werden. Der Patient lernt die Versagung. Als «*Widerstand*» wird die unbewusste Abwehr des Kranken gegen die Bewusstmachung der Kräfte bezeich-net, die der Neurose zugrunde liegen. Vorsichtige Auflösung des Widerstandes und kunstgerechte Handhabung der Übertragung bis zu deren Entaktualisierung sind wichtige und schwierig zu bemei-sternde Etappen in der analytischen Arbeit. Das Ziel der Gesundung und Neukonstituierung der Persönlichkeit wird oft erst nach langer Behandlung (1–3 Jahre) erreicht.

Technik: Der Patient liegt auf einer Couch, im entspannten und gelösten Zustand leichten Dahindämmerns, so dass das begriffliche Denken der rationalen Ober-schicht zurücktritt und die Einfälle aus tieferen Schichten aufsteigen. Den Aus-gangspunkt können die neurotischen Symptome, die Fehlhandlungen oder die Träume des Patienten bilden, zu denen alle Einfälle angegeben werden oder – mit dem Fachausdruck gesagt – «*frei assoziiert*» wird. Die durch keine Über-legung und Kritik gehemmten Einfälle oder «freien Assoziationen» führen von den verschiedensten Seiten her in das Kräftespiel hinein, aus dem die Neurose hervorgeht. Der Arzt hat eher passiv zu bleiben, bei Stockungen etwa durch Zwischenfragen (...was kommt Ihnen in den Sinn) die Analyse in Fluss zu halten und Fragen des Patienten als Fragen an diesen zurückzugeben. Mit Deutungen sei der Arzt zurückhaltend, jedoch auch nicht so «zugeknöpft», dass der Patient sich beunruhigt fühlt, einschläft oder nur Banales daherplaudert. Gibt der Arzt eigene Einfälle, so hat er es ohne Dogma und Besserwisserei zu tun, auf der Wellenlänge des Patienten und als Hilfe, um dessen eigene Phantasie zu lösen und anzuregen. Deutungen, auch richtige, aufdrängen zu wollen, ist immer falsch; nur was der Patient selbst als wichtig und richtig (d.h. evident) erlebt und entdeckt, hat Sinn, hilft zur Aufhebung der Verdrängung und zur Assi-milierung dieses Verdrängten und damit zur Erweiterung der bewussten Per-sönlichkeit.

Als *analytisch orientierte* Langzeittherapie bezeichnet man eine unkonventionelle Analyse (Konsultationen in grösseren Abständen, Patient sitzt usw.)

2.6. Andere Methoden

2.6.1. Traumanalyse. Die seelische Situation des Träumers bildet sich in den Traumszenen ab. Da gerade die Konflikte in den Spiegel der sinnbildhaften, verschlüsselten Traumbilder drängen, liegt die Bedeutung der Traumdeutung für die psychiatrische Diagnostik und Therapie auf der Hand[17]. Über Traum S. 58.

Technik: Der Ausdrucksgehalt des Traumes gibt bei jeder seelischen Störung Aufschlüsse, und zwar auch ohne Traumanalyse im engeren Sinne. Bei vordergründigem Symbolgehalt kann der Traum mit dem Patienten durchgesprochen und vorsichtig gedeutet werden (z. B. bei abnormer Reaktion auf Konflikt mit Vorgesetzten ein Traum mit Vernichtung des Arbeitsplatzes, Beförderung des Patienten usw.). Bei der eigentlichen Traumanalyse genügt die einfache Bildbetrachtung mit Berücksichtigung des Stimmungsgehaltes nicht, sondern die Methoden der freien Assoziation und Symboldeutung sind anzuwenden. Man beachte, dass Träume nur als Traumserien und unter Berücksichtigung der Lebensgeschichte und der aktuellen Situation zu deuten sind. Vorteilhaft ist das Anlegen eines Traumheftes, das der Patient auf seinem Nachttisch liegen hat und in das er bereits in der Nacht Notizen einträgt, die er am Morgen vervollständigt. Das Heft wird nur einseitig beschrieben; auf der freien Seite notiert der Arzt die Einfälle des Patienten. Übriges Vorgehen wie Analysetechnik.

2.6.2. Bildgestaltungen. Mit Zeichnen und Malen stellt der Patient eine Art künstlicher und sichtbarer «Träume» her, die entsprechend analysiert werden können. Der Gestaltungsvorgang selbst wirkt klärend und heilend. *Technik:* In entspannter Stimmung soll der Patient möglichst absichtslos drauflos zeichnen; das «Gestalten» kann allein oder im Beisein des Arztes durchgeführt werden[18].

2.6.3. Medikamentöse Hilfstherapie. Eine medikamentöse Unterstützung der Behandlung seelischer Störungen ist bei quälenden und fixierten vegetativen und funktionellen Symptomen oft indiziert. Durch eine allgemeine somatische «Umstimmung» oder Milderung der Symptome wird der Kranke hin und wieder erst ansprechbar für die Psychotherapie. In einigen Fällen vermag auch die Beruhigung von der somatischen Seite her eine psychogene Störung des Vegetativums ohne Psychotherapie zum Verschwinden zu bringen. Die eigentlichen Neurotiker fallen aber stets durch die Maschen der medikamentösen Hilfstherapie.
Ambulant: Behandlung von funktionellen Organstörungen und Spannungszuständen mit *Librium* und *Valium* (S. 202, 203).
Klinisch: Leichte Dämmerschlafkuren (S. 217) bei Spannungszuständen, Managerkrankheit. Neben der medikamentösen kommt auch der *physikalischen Therapie* Bedeutung zu. Auf Bäder und Massage sprechen vegetative Beschwerden und depressiv-hypochondrische «Leib»-Störungen häufig gut an.

---

[17] SIEBENTHAL, W. v.: Die Wissenschaft vom Traum (Springer, Berlin 1953).
[18] HEYER, G. R.: Der Organismus der Seele (Reinhardt, Basel 1951).

Historische Daten

Die Psychiatrie in kompendienhafter Kürze zu durcheilen, geht an, falls nur ein Querschnitt durch das gegenwärtige, für die Praxis wichtige Wissen beabsichtigt ist. Für theoretische Fragen und vor allem für die *Geschichte der Psychiatrie* ist das aus folgendem Grund nicht möglich: Die Psychiatrie ist nicht nur Natur-, sondern auch Geisteswissenschaft und hat als solche ein besonderes Verhältnis zur Geschichte. Psychiatrische Begriffsbildung und Systematik erwächst ebenso wie die Befindlichkeit und Geistigkeit des Kranken selbst aus geschichtlichen Situationen, und der Wandel in den psychiatrischen Anschauungsweisen wie den Krankheitsbildern kann fruchtbar nur auf ideen- und problemgeschichtlichem Hintergrund dargestellt werden. Wir verweisen auf den prägnanten historischen Abriss von ACKERKNECHT[1], der als kurzer Überblick auch für den Nichtpsychiater geeignet ist, und auf die kultivierte Studie von WYRSCH[2] für den literarisch und an Deutungsmöglichkeiten Interessierten. Wer von Persönlichem mehr angesprochen wird, findet im Buch von KOLLE[3] über Biographie und Werk grosser Nervenärzte den Weg in die Psychiatriegeschichte. Die Geschichte der abendländischen Psychopathologie von LEIBBRAND und WETTLEY[4] ist hauptsächlich für den theoretisch ausgerichteten Psychiater geschrieben, ebenso das umfangreiche Werk von ALEXANDER und SELESNICK[5].

Wir beschränken uns auf die Wiedergabe einiger weniger historischer Daten aus der neueren Psychiatriegeschichte; die Verschiedenartigkeit der Einflüsse zeigt, aus welch heterogenen Wurzeln Bewegung in den psychiatrischen Bereich einströmt. Die Historiker datieren den

---

[1]   ACKERKNECHT, E. H.: Kurze Geschichte der Psychiatrie (Enke, Stuttgart 1957).
[2]   WYRSCH, J.: Zur Geschichte und Deutung der endogenen Psychosen (Thieme, Stuttgart 1956).
[3]   KOLLE, K.: Grosse Nervenärzte (Thieme, Stuttgart 1956).
[4]   LEIBBRAND, W. und WETTLEY, A.: Der Wahnsinn (Alber, Freiburg 1961).
[5]   ALEXANDER, F. G. und SELESNICK, S. T. F.: Geschichte der Psychiatrie (Diana, Zürich 1969).

Beginn der Psychiatrie als einer selbständigen Wissenschaft in das 18. und 19. Jahrhundert. So lassen wir unsere kleine Zeittafel mit der vorletzten Jahrhundertwende beginnen:

1801	PINEL veröffentlicht sein Werk «Traité médico-philosophique sur l'aliénation mentale». Die Befreiung der Irren von den Ketten (siehe das bekannte Gemälde von FLEURY) ist an die Namen von PINEL und ESQUIROL geknüpft. Humane Grundanschauung, Tatsachensinn, differenzierte Schilderung von Zustandsbildern und die Überzeugung von der Geistesstörung als einer Krankheit kennzeichnen den Beginn der neuen Epoche.
Anfang des 19. Jh.	In Deutschland stehen sich Psychiker und Somatiker gegenüber: Die Geisteskrankheiten sind Krankheiten der Seele selbst, sagen die Psychiker (HEINROTH, IDELER, BENEKE), während nach Ansicht der Somatiker (NASSE, FRIEDREICH, JACOBI) nur der Körper erkrankt. Die «vermittelnde» Theorie (GROOS) nimmt an, dass das Wesen der Störung «psychisch-somatischer Natur sey». – Zeit der Blüte der deutschen Anstaltspsychiatrie.
1845	GRIESINGER gibt mit seiner «Pathologie und Therapie der psychischen Krankheiten» der Psychiatrie einen synthetischen Impuls. Die These: Geisteskrankheiten sind (lokalisierbare) Gehirnkrankheiten, verbindet er mit einer modernen Ich-Psychologie. – Beginn der Universitätspsychiatrie, der psychiatrischen Zeitschriften usw.
1863	KAHLBAUM gruppiert die psychischen Symptomenkomplexe – am Modell der Paralyse – neu und beschreibt die Katatonie (1874), sein Schüler HECKER die Hebephrenie (1871).
1874	WERNICKE ordnet nach dem Vorbild des «aphasischen Symptomenkomplexes» die seelischen Störungen. WERNICKE und MEYNERT sind Vertreter der (oft spekulativen) mechanistischen Gehirnpsychiatrie.
1883 (–1927)	KRAEPELIN entwickelt in 9 Auflagen seines Lehrbuchs die klassische Systematik der Geistesstörungen. Anhand des Verlaufs werden die Dementia praecox, die Paranoia und das manisch-depressive Irresein unterschieden.
1895 (–1956)	FREUD begründet die Psychoanalyse (Lehre vom Widerstand, der Verdrängung ins Unbewusste, der ätiologischen Bedeutung der Sexualität, der Wichtigkeit der Kindheitserinnerungen usw.). Die psychoanalytische Bewegung erlangt weit über das Psychiatrische hinausgehende kulturelle Bedeutung. Grosser Einfluss der Analyse auf die «psychodynamische» amerikanische Psychiatrie. Vorläufer FREUDS auf dem Gebiet der Hypnose und Psychokatharsis sind CHARCOT, BERNHEIM und JANET.
1904	PAWLOWS Lehre vom bedingten Reflex, später (ab 1928) auf die Psychiatrie angewendet.

1906   JUNG veröffentlicht seine Assoziationsexperimente. Nach der Trennung von FREUD (1913) wird JUNG zum Zentrum einer eigenen tiefenpsychologischen Schule. Die analytische Theorie wird durch die «komplexe» Psychologie JUNGs ergänzt (kollektives Unbewusstes, psychologische Typen, Symbolik des Geistes usw.).

1911   E. BLEULER: «Dementia praecox oder Gruppe der Schizophrenien». Die Einführung des Begriffs «Schizophrenie» und die Anwendung Freudscher Gedankengänge auf die Klinik machen den historischen Wert des Werkes aus.

1912   BONHOEFFER beschreibt den akuten exogenen Reaktionstyp.

1913   1. und folgende Auflagen der «Allgemeinen Psychopathologie» von
(–1965)   JASPERS: Erste psychiatrische Methodenlehre, die durch Beschränkung auf verschiedene methodische Aspekte und Verzicht auf eine «Seinsdogmatik» der Psychiatrie ihre wissenschaftstheoretische Grundlage gibt. Einführung der Unterscheidung verständlicher und kausaler Zusammenhänge; Beginn der deskriptiv-phänomenologischen Forschungsrichtung.

1917   WAGNER V. JAUREGG: Malariatherapie der progressiven Paralyse.

1921   KRETSCHMER entwickelt in 24 Auflagen von «Körperbau und Cha-
(–1967)   rakter» seine für Klinik und Konstitutionslehre bedeutsame Typologie.

1922   KLAESI führt die Schlafkur in die Schizophreniebehandlung ein. Beginn der modernen Somatotherapie der Psychosen.

1929   BERGER: Elektroenzephalographie.

1930   «Psychosomatische Medizin» von F. ALEXANDER. Die Psychosomatik entwickelt sich durch Abwandlung der psychoanalytischen Neurosetheorie, zu verschiedenen Schulen fort (WEIZSÄCKER, SCHULTZ-HENCKE, HORNEY, KUBIE u.a.).

1935   Krampfbehandlung der Psychosen: Insulinschock (SAKEL, 1935),
(–1938)   Cardiazolschock (MEDUNA, 1937), Elektroschock (CERLETTI, 1938).

1936   MONIZ: Leukotomie.

1942   BINSWANGER: «Grundformen und Erkenntnis menschlichen Daseins». Auf den Philosophen HEIDEGGER (Fundamentalontologie) und HUSSERL (eidetische, transzendentale Phänomenologie) fussend, entwickelt BINSWANGER die Daseinsanalyse (Interpretation spezieller Daseinsweisen als Abwandlungen existentialer Grundstrukturen). In den weiteren Rahmen phänomenologischer Anthropologie gehören v. GEBSATTEL, STRAUS, MINKOWSKI.

1952   Mit dem Neuroleptikum Chlorpromazin beginnt die neue Ära der Pharmakotherapie (DELAY u.a.).

1940/50	Zunehmender Einfluss der amerikanischen Psychiatrie: Psycho-dynamik, Psychobiologie und «common sense psychiatry», mit der Lehre verschiedener Reaktionstypen (A. MEYER); Kommunikations- und Gruppenlehre (SULLIVAN u.a.).
1960–	Zunahme der ambulanten und Sozialpsychiatrie, Eröffnung von Tag-Nacht-Kliniken.

Die *gegenwärtige Situation* der (europäischen) Psychiatrie ist durch folgende Strömungen charakterisiert: Durchdringung der statisch-deskriptiven Psychiatrie mit der psychodynamischen und sozialen Psychiatrie. Für Theorie und Deutung findet sich der Einfluss anthropologischer Richtungen. Pharmakotherapie und Gruppenbehandlung treten gegenüber der (meist analytisch orientierten) Einzel-therapie in den Vordergrund. Durch die Psychosomatik werden die Beziehungen zur Körpermedizin intensiviert (psychologisches Verständnis des Kranken und der Krankheit). Gegenüber der Klinikpsychiatrie gewinnen ambulante Be-handlung und Teilhospitalisierungen (Tag-Nacht-Spitäler) an Bedeutung. Die Sozialpsychiatrie strebt die Wiedereingliederung des Kranken in die Gemein-schaft der Gesunden an (Rehabilitation) und entwickelt neue therapeutische Stile (z.B. Therapeutic Community).

Stichwortregister

In eckige Klammern gesetzt wurden die zum Begriff gehörenden ICD-Nummern nach dem deutschen Glossar (*Helmchen, H.*: Diagnosenschlüssel und Glossar psychiatrischer Krankheiten. 3. Aufl. Springer, Berlin 1973). Meist dürften mehrere Nummern nötig sein, um ein psychiatrisches Zustandsbild möglichst genau zu umschreiben. Alle in Frage kommenden Nummern jeweils aufzuführen, würde den Rahmen des Stichwortregisters allerdings sprengen, so dass wir uns auf rudimentäre Hinweise beschränken müssen.